Musikethnologische
Sammelbände
7

Musikethnologische Sammelbände

Herausgegeben von

Wolfgang Suppan

Institut für Musikethnologie an der
Hochschule für Musik und darstellende Kunst in Graz

Band 7

AKADEMISCHE DRUCK- u. VERLAGSANSTALT
GRAZ–AUSTRIA
1985

Historische
Volksmusikforschung

TAGUNGSBERICHT LIMASSOL 1982

Referate der 7. Tagung der Studiengruppe
zur Erforschung und Edition historischer Volksmusikquellen
des International Council for Traditional Music/UNESCO

Herausgegeben von

Alois Mauerhofer

AKADEMISCHE DRUCK- u. VERLAGSANSTALT
GRAZ–AUSTRIA
1985

Gedruckt mit Unterstützung der Steiermärkischen Landesregierung
und der Hochschule für Musik und darstellende Kunst in Graz.

Satz: Editio Musica Budapest
© Akademische Druck- u. Verlagsanstalt, Graz/Austria 1985
Printed in Hungary
ISBN 3-201-01281-5

INHALT

VORWORT

Die 7. Tagung der *Studiengruppe zur Erforschung und Edition historischer Volks-musikquellen* im International Council for Traditional Music/UNESCO wurde durch den großen persönlichen Einsatz der zypriotischen Kollegin, Frau Dr. Nefen *Michaelides*, ermöglicht und im Rahmen des *International Art Festivals* in Limassol auf Zypern in der Zeit vom 22.–27. Juli 1982 durchgeführt.

Diese Studiengruppe, mit ihrer spezifischen Zielsetzung auf interdisziplinäre Zu-sammenarbeit ausgerichtet, ja geradezu angewiesen, setzt sich im Kern aus Ethno-musikologen, Ethnologen und Germanisten zusammen. Diesmal hatte sich der Kreis der Teilnehmer erweitert, einerseits themen- und organisationsbedingt um eine Reihe zypriotischer Musikologen und mit zyprischer Volksmusik vertrauter Musiker, an-dererseits in interdisziplinärer Hinsicht um die wissenschaftliche Musikpädagogik.

Um eine Themenkonzentrierung zu gewährleisten, hatten die Vorsitzenden der Studiengruppe (Wolfgang SUPPAN, Benjamin RAJECZKY) für diese Tagung zwei Themenbereiche für Referate und Diskussionen ausgewählt: (a) Orient und Okzi-dent. Historische Quellen zur Erhellung der Beziehungen im Bereich der traditionel-len ethnischen Musik zwischen Ost und West, (b) ethnische Musik des östlichen Mit-telmeeres, vor allem Zyperns. An der seit vielen Jahren bewährten Möglichkeit der freien Themenwahl innerhalb des besonderen Fragenbereiches und mit Blick auf die gesteckten Ziele der Studiengruppe hielt man überdies fest. Damit war eine Vielfalt in der Thematik aus geschichtlicher wie geographischer Perspektive gegeben, rei-chend beispielweise von *früheste*[n] *Nachrichten* zum Musikgebrauch der Mongo-len (E. EMSHEIMER) über die vorzüglich und vornehmlich am Begriffsfeld linquis-tisch untersuchten *ost-westlichen Beziehungen des Charivari* (A. SCHNEIDER) bis zu den aus JOHANNES DE GROCHEIOs Musiktraktat extrahierten und interpre-tierten Informationen zur *Musica vulgaris des Hochmittelalters* (D. STOCKMANN).

Die überwiegende Zahl der Referate beinhaltete das Ergebnis einer umwegsamen, umfangreichen und meist soliden Quellenarbeit, zu ermessen und wertgeschätzt oft nur von jenen, die selbst in mühsamer Kleinarbeit Bausteine und Belege zur Ge-schichte der traditionellen Musik gesammelt und quellenkritisch beleuchtet haben. Es kann positiv vermerkt werden, daß die Fundamente der angestrebten, möglichst umfassenden geschichtlichen Rekonstruktion traditioneller Musik wiederum ein gutes Stück weitergebaut und verbreitert wurden.

Aus finanziellen Gründen konnten leider nicht alle Referate in diesem Band ge-druckt werden. Ihre Veröffentlichung ist in einem der nächsten Sammelbände vor-gesehen. Es sind dies: Ulrich MÜLLERs (Salzburg) Beitrag *Rekonstruktions- und Aufführungsversuche zum Nibelungenlied, zur Kurenberger-Strophe, zu Walthers sog. Elegie und zur mittellateinischen Vagantenstrophe*, weiters Albert PALMs (Schramberg) musikethnologisch ergiebige Erschließung der *Länderartikel der En-cyclopédie méthodique* (Paris 1782–1832) sowie die Referate der zypriotischen Kol-leginnen und Kollegen, Nefen MICHAELIDES, Lenia SERGIS, Pieris ZARMAS, Costas IOANNIDES und Georgios AVEROF, mit inhaltlicher Ausrichtung auf zyp-riotische Musik, ihre geographisch bedingte Vermittlerfunktion und die sie beein-flussenden östlich-mediterranen Zonen.

An der Gestaltung der Vorlagen für die Drucklegung hat Frau Irmgard SCHÜSS-LER wie immer mit der ihr eigenen Genauigkeit und Verläßlichkeit mitgearbeitet.

Frau Lehrbeauftragte Nancy HUNTRESS hat die englischsprachigen Beiträge auf stilistische Gesichtspunkte hin durchgesehen. Diesen beiden Kolleginnen bin ich zu besonderem Dank verpflichtet. Schließlich ist für die finanzielle Unterstützung zu danken: dem Rektorat der Hochschule für Musik und darstellende Kunst sowie dem Kulturreferat der Steiermärkischen Landesregierung.

Graz, Juli 1984   Alois Mauerhofer

Sigrid ABEL-STRUTH, Frankfurt am Main

ZUR GESCHICHTE DER BEZIEHUNGEN ZWISCHEN SCHULMUSIK UND VOLKSLIED.
MATERIALIEN ZUR SCHULMUSIK IM ZEICHEN MUSIKALISCHER VOLKSBILDUNG

Die Idee der Volksbildung wurde durch das Wirken Johann Heinrich Pestalozzis zu einer breiten Strömung auch praktisch-pädagogischer Reformversuche. In ihrem Zuge entwickelten insbesondere Hans Georg NÄGELI und Michael Traugott PFEIFFER parallel zu Pestalozzis Anstoß der Volksbildung ein grundlegendes Programm der sog. musikalischen Volksbildung, im praktischen Teil bestimmt von der Absicht, Pestalozzis pädagogische Prinzipien in Musikmethodik umzusetzen. Die frühere musikpädagogische Geschichte – hier liegt reiches Quellenmaterial vor – belegt, daß Volkslieder nicht als Material der Schulmusik dienten; es wurden Kirchenlieder gesungen. Mußte nicht nun, im Zeichen einer angestrebten und immer wieder als Aufgabe von Schulmusik deklarierten musikalischen Volksbildung, diese schulische Volkslied-Abstinenz durchbrochen werden? Mußte nicht das erklärte musikpädagogische Ziel einer musikalischen Volksbildung den Stellenwert des Volksliedes in der Schule ändern? Dieser Frage wird hier nachgegangen, zugleich mit Blick auf das weiterreichende Problem der historischen Wechselhaftigkeit der Beziehungen zwischen Schulmusik und Volkslied und deren Ursache.

PESTALOZZI, der als Begründer der Volksbildung, als der ein Jahrhundert bestimmende Anreger musikalischer Volksbildung in die europäische Geschichte des Erziehungswesens einging, hat in seinen Schriften musikpädagogische Aufgaben und Materialien detailliert. *Trage Sachen, die tönen, zu deinem Kinde …, mache dein Glöckchen vor dem Kinde klingeln …, bringe selbst Töne hervor, klatsche, schlage, klopfe, wecke, singe – kurz töne ihm, damit es dich liebe …, singe ihm, wenn du kannst, und erhebe es zum Gefühl jeder Harmonie und jeder Schönheit*, heißt es in *Wie Gertrud ihre Kinder lehrt*. Und in *Lienhard und Gertrud* beschreibt Pestalozzi, wie die Mutter die Kinder ein Lied lehrt, *mitten in ihrer Arbeit, ohne Müh, ohne Versäumnis, ohne Buch sangen sie es der Mutter nach, bis sie es konnten*. Der nach Hause kommende Vater wird mit dem Lied begrüßt: *Der du von dem Himmel bist, Kummer, Leid und Schmerzen stillest*. Aber ein Volkslied ist in dem musikpädagogischen Konzept des Volksbildners Pestalozzi nicht zu finden.

Und das gleiche gilt für die zahlreichen Musik-Methodiker im Gefolge Pestalozzis. Trotz Reduzierung kirchlicher Schulaufsicht und demgemäß zurückgehendem Anteil der Choräle im Schulgesang bleibt das Volkslied ausgespart. Die braven Ziffernmethodiker im Gefolge der Volksbildungs-Reform schreiben selbst Stücke zur Realisierung ihrer Methoden im Unterricht. Einer ihrer berühmtesten Vertreter, Johann Friedrich Wilhelm KOCH, führt 1814 im Vorwort seiner *Gesanglehre* aus, daß seine Singstücke die *geistlosen und unsittlichen Volkslieder* verdrängen sollen. Theodor ABS will gemäß Vorrede mit seiner *Darstellung der Pestalozzischen Bildungsmethode* von 1811 die *Straßenlieder, die einen so nachtheiligen Einfluß auf unsere Kinder haben* bekämpfen. Den Grund dieser Aussparung des Volksliedes sieht man in der Literatur zumeist in den Texten des Volksliedes. Wer an Choral-

Singen gewohnt war und an die erzieherische Wirkung von Texten glaubte, mußte ja wohl in den verderbten Texten der *Straßenlieder* teuflische Gefahren für die empfänglichen Gemüter der Schuljugend vermuten. Doch alles scheint nicht geholfen zu haben. Noch 1854 klagt Gustav SCHILLING in seiner *Allgemeinen Volksmusiklehre*, daß nur die Schulen daran schuld seien, *daß man im Volke noch so viele der gemeinsten Gassenhauer hört, welche nicht selten zur betrübensten Unsittlichkeit reizen.* In der Blütezeit musikalischer Volksbildung wurde das Volkslied von Musikpädagogen so durchgängig wegen der Gefahr der *anrüchigen* Texte abgewehrt, daß man hier mit einigem Recht die Gründe der Volkslied-Verweigerung musikalischer Volksbildung suchen durfte. Dafür sprach auch die weitere Entwicklung im 19. Jahrhundert, das nur langsame Einströmen von Volksliedern in die Schul-Materialien, vom 3. Jahrzehnt des 19. Jahrhunderts an, wobei die Auswahl stets von der alles bestimmenden Kategorie der Text-Moral abhängig war. Die musikpädagogische Geschichtsschreibung hat diesen Prozeß mehrfach beschrieben, beginnend mit der gründlichen Quellenerschließung Benedict WIDMANNs von 1878. Nach Darstellungen in den zusammenfassenden Geschichtswerken der Schulmusik von Wilhelm STAHL (1913), Peter EPSTEIN (1929) und Georg SCHÜNEMANN (1968) hat zuletzt Willi GUNDLACH in seiner Dissertation von 1969 am Beispiel der Schulliederbücher von Ludwig ERK die langsame Volkslied-Rezeption der Schulmusik gezeigt und zugleich ein Exempel der Schwierigkeiten gegeben, die uns nun die begriffliche Unterscheidung nicht nur von "Volksliedern" und "volkstümlichen Liedern", sondern auch die Abgrenzung von "Schulliedern" und "Schulkinderliedern" bereitet. Die Vorrangstellung des geistlichen Liedes bleibt erhalten, das weltliche Lied wird unter erzieherischem Aspekt ausgewählt. Es entsteht der "Liedschatz", durch den die Schulmusik ihren Beitrag zur Erziehung leistet und der ihre Funktion in der Schule sichert. Das Volkslied tritt in die Schulmusik ein, aber nur das *anständige* Volkslied, von dem man erzieherische Wirkungen auf die Zöglinge erhofft. Das scheint den Auffassungen Recht zu geben, die das Aussparen der Volkslieder im Zeichen musikalischer Volksbildung nur aus der verbreiteten Unanständigkeit der Straßenlieder-Texte erklären.

Doch die Ursachen dieses weitgehenden Ausschlusses des Volksliedes aus der Schulmusik durch die musikpädagogischen Verfechter einer musikalischen Volksbildung reichen weiter und tiefer. Sie liegen in der Idee musikalischer Volksbildung selbst, und es mag lohnen, ihnen einmal nachzuspüren, nicht zuletzt weil sie noch in den gegenwärtigen Beziehungen zwischen Schulmusik und Volksmusik weiterwirken. Diese Idee musikalischer Volksbildung ist musikalische Variante der gesellschaftlichen Reform-Idee Pestalozzis. Ihre Grundlage ist die Absicht einer Verbesserung der sozial-ökonomischen Lebensbedingungen des Volkes durch eine allen, nicht mehr nur den höheren Ständen offene Möglichkeit der Bildung. Musik wird von Pestalozzi selbst in das Bildungsprogramm für alle aufgenommen, weil sie – nach Pestalozzi – die menschlichen Grundkräfte zu entfalten vermag, insbesondere die Grundkräfte des Gemütes. Die Hoffnungen auf den *Einfluß der Musik auf die Bildung eines Volkes* (Johann Abraham Peter SCHULZ) breiten sich von der Schweiz aus bis zum Norden Europas aus und führen in großzügiger Zusammenschau von Menschenbildung, Ästhetik und Unterrichtsmethodik zu einem ersten systematischen Ansatz des Faches Musikpädagogik.

Doch mit diesem ersten Ansatz von Musikpädagogik, im Fach als das Ende mechanischen Nachsingens und der eigentliche Beginn von schulischem Musikunterricht, als erste Reform gefeiert, geschieht eine entscheidende, und, wie mir scheint, wenig bewußt gewordene Prägung schulmusikalischer Einstellung zu Volksmusik. Gemäß dem von Haus aus sozialen Gedanken der Volksbildung sollte auch die musikalische Bildung für alle Stände die gleiche sein. Der Volksschule fiel die Aufgabe zu, durch eine technisch perfekte Ausbildung der Stimme des Kindes die spätere Mitwirkung bei anspruchsvoller Chormusik vorzubereiten. Die an musikalischen Elementen vollzogene Übung sollte zugleich die Theorie der Musik vermitteln und Musikverständnis bewirken. In PFEIFFER-NÄGELIs *Gesangbildungslehre* von 1810, dem höchst einflußreichen musikdidaktischen Reform-Lehrbuch der Zeit, lesen wir: *Und so leitet an der Hand der Liebe der Lehrer es* (das Kind) *zu höherer Bildung hinan, er giebt ihm bey reifender Jugend die höhere Weihe der Tonkunst, er führt es durch den moralischen Gesang zur allgemeinen Menschenliebe...* In der auf Pfeiffer-Nägeli folgenden methodischen Literatur finden wir die unentwegte Repetition des Grundgedankens. Bei Johann Gottfried HIENTZSCH heißt es 1827 im Vorwort des Lehrbuches *Über den Musikunterricht: Das Wesentliche bei der Sache, das wir durch einen allgemeinen guten Gesangunterricht erreichen wollen, bleibt demnach die mehrere Befähigung im Allgemeinen für das Verstehen und den veredelnden Genuß der Musik. Wir wollen dadurch der Menge einen neuen Sinn zu neuen Empfindungen, Anschauungen und Erkenntnissen, eine neue Welt von Gefühlen, einen neuen Himmel von Freuden und Seligkeiten aufschließen.* Der zu seiner Zeit hochangesehene Oberkonsistorialrat Bernhard Christian Ludwig NATORP schreibt in dem Nachwort seiner *Anleitung zur Unterweisung im Singen für Lehrer in Volksschulen*, 2. Kursus, 1834 (1819), daß seine Übungen eben nicht allein dazu benutzt werden sollen, *die Aufmerksamkeit des inneren und äußeren Singens zu schärfen, die Phantasie zu beleben, den Verstand im folgerechten Nachdenken zu üben, den Sinn für Regelmäßigkeit und Ordnung zu erhöhen, der Geisteskraft eine edle Richtung zu geben und das Gemüth aus dem Rohen heraus zu arbeiten.* Die musikalischen Übungen sollen nach Natorp in der Volksschule vor allem auch eine Lücke füllen, nämlich den *sehr häufig stattfindenden Mangel der ästhetischen Bildung so gut als möglich zu ersetzen.* Hier wird der Grundgedanke der Volksbildung wieder musikdidaktisch gefaßt: Gewiß geht es um Stimmbildung, Chorsingen, Erziehung mit den Mitteln der Musik – aber die bestimmende Absicht der Volksbildung ist, auch in der Volksschule *ästhetische Bildung* zu betreiben, und das heißt: die traditionelle Unterschiedlichkeit der Musikpflege nach Ständen zu überwinden und eine Brücke zwischen Volk und Tonkunst zu schlagen. Musikalische Volksbildung im Zeichen Pestalozzis wendet sich nicht nur wegen anstößiger Texte vom Volkslied ab. Das Volkslied hat vielmehr keinerlei Anteil an der Idee musikalischer Volksbildung, weil diese völlig auf die höhere Tonkunst gerichtet ist, die dem Volk erreichbar werden soll. Das Volkslied hat keinerlei Funktion im Programm musikalischer Volksbildung: die Schule verschließt dem Volkslied ihre Pforten, weil sie zu Höherem strebt, weil das Volkslied keinen Bildungsauftrag für die gesetzten ästhetischen Ziele übernehmen kann.

Doch wie ging es weiter? Führte die ästhetische Bildung zu der erhofften musikalischen Volksbildung? Wie wurde das langsame Einsickern von Volksliedern in die Schulmusik begründet? Erkannte man etwa eine pädagogische Funktion gerade der

Volksmusik in der Schulmusik? Dies alles sind Fragen, die den Musikpädagogen – wenn er die Geschichte seine Faches studiert – tief- und trübsinnig machen. Denn die Epigonen der Reformer begannen nicht etwa über die Musik selbst nachzudenken, die musikalische Volksbildung verwirklichen könne, sondern stürzten sich auf die Methode der Elementarbildung Pestalozzis, ein Bildungsverfahren, das Unterrichtsgrundsätze gemäß den Gesetzen menschlicher Geistesentwicklung suchte; Unterrichtsgrundsätze wie die Gründung allen Unterrichtes auf Anschauung, der Ausgang vom Einfachen – Nächstliegenden und die Forderung nach lückenlosem Fortschreiten zum Schwierigen sind hier entstanden. Der direkte Transfer dieser Elementarmethode in den Musikunterricht führte zu dem Mißverständnis der Elementarisierung von Musik im Sinne einer Separierung ihrer Elemente im Musikunterricht, die nach gründlicher technischer Übung im Einzelnen irgendwann wieder im Lied zusammengeführt werden sollten. Pestalozzis Elementarbildung degenerierte zur Separierung musikalischer Elemente. Jeder merkte, daß das Kind mit solchen Verfahren überfordert war, daß ihm die grundlegende Anschauung eben im gesungenen Lied selbst fehlte. Aber die methodische Lust der Musikpädagogen war stärker als das Kind. Die Idee musikalischer Volksbildung wurde umgesetzt in einen Boom von Treff-Methoden. Die „Aktualisierungen", die man versuchte, beschränkten sich auf die Reihenfolge der Elemente. Der melodische Kurs wurde (entgegen Pfeiffer-Nägeli) vor den rhythmischen gestellt, Akkord-Singen einbezogen und – Krönung methodischen Übermutes – mitunter auch schon vor Abschluß der Kurse ein Liedchen gestattet; dies war taktisches Manöver „musikalische Motivation", ohne direkten Bezug zu musikalischer Volksbildung. Man schwelgte in der methodischen Auswalzung musikalischer Elemente, nur nach der musikalischen Entwicklung des Kindes, seinen Material-Bedürfnissen fragte man nicht. Das Ziel der hohen musikalischen Kunst glaubte man nur über die Separierung der Elemente und eine spätere Synthese erreichen zu können.

Doch es gibt Ausnahmen, die weit in die Zukunft vorausweisen – denen aber zu ihrer Zeit keine Chance gegeben wurde; die Suggestion einer musikalischen Volksbildung, die – wie man langsam erkennen wird – mehr musiksoziale Utopie als musikpädagogische Realität darstellte, war zu stark. In dem wahrschenlich von dem Pfarrer MAIER stammenden *Versuch einer elementarischen Gesanglehre für Volksschulen* von 1810 werden nicht nur die *Elemente* des Gesanges, Rhythmik und Melodik, von Anfang an kombiniert, es werden hier auch die Kinder aufgefordert, selbst Übungsbeispiele zu komponieren. Besonders anregend war der Konsistorialrat HORSTIG, der schon um 1800 nicht nur instrumentale Erfindungen der Kinder anregte, sondern auch Versuche mit Volksweisen, vor allem mit Spielliedern machte. Auch bei Carl August ZELLER und Theodor ABS begegnen wir der Aufforderung an die Kinder, selbst Beispiele zum Singen zu erfinden. HORSTIG schrieb 1801 in der *Allgemeinen Musikalischen Zeitung* unter dem Titel *Laßt den Musikus doch selbst sprechen!: Wir lernen sprechen durch Nachahmung der Worte und Redensarten, die wir von andern hören. Aber diese Worte und Redensarten brauchen wir nach freyer Willkühr, wie es die Bedürfnisse jedes Augenblicks erfordern. Auch die Musik hat ihre Buchstaben, ihre Worte und Redensarten – Töne, Akkorde, Moderationen. Warum lernen wir sie nicht eben so nach Willkühr brauchen, wie unsere Sprache?... Soll ich sagen, was ich denke? Daß so wenig Menschen durch Töne sprechen lernen, daran ist einzig und allein die Art des Unterrichts und der Anweisung schuld. Meine kleinen vier- und sechsjährigen Knaben singen und pfeifen, was Ihnen einfällt. Freylich zunächst immer nur bekannte Melodien...* Friedrich FRÖBEL vertritt 1826 in seiner *Menschenbildung* ähnliche Gedanken. Er erkennt, daß die moralischen Lieder gar nicht die Wirklichkeit des Kindes sind, daß sie vielleicht auch gar nicht die gewünschte erzieherische Wirkung haben. *Das unmittelbar Fordernde fesselt, hemmt, tödtet; es richtet das Kind ab und macht es zur Marionette. Das unmittelbar Anregende, z.B. im Spiegel des Liedchens, ohne moralisierende Nutzanwendung, giebt dem Gemüthe und Willen des Knaben die innere Freiheit.*

Doch vor allem: was wäre aus der ersten Schulmusik-Reform geworden, wenn Pestalozzi nicht den methodischen Elementar-Theoretikern Pfeiffer und Nägeli sein Vertrauen geschenkt hätte, sondern einem Manne wie Friedrich Wilhelm LINDNER, der schon 1805 einer *genetischen Methode für die Musik* das Wort redete, einem methodischen Weg, der natürlich und *der Menschennatur* eigentümlich sei. Für Lindner sind demgemäß Propädeutikum und Lieder-Singen gleichberechtigte Aufgaben. Es *muß dies alles auf den anthropologischen Zustand der Kinder berechnet seyn und nicht in Spielerey ausarten,* sagt er. *Man muß bey den Kindern da anfangen, wo sie mit ihrer ganzen Bildung stehen.* Erst wenn sie *mit dem Ganzen der eigentlichen Elementarmusik wirklich schalten und walten können, wie sie wollen... entsteht von selbst in ihnen ein Drang, diese Elementarmusik, die sie im Gehör gefaßt haben, ... durch Zeichen zu fixieren.* Nachdem Lindner in weiteren Aufsätzen den Primat der Melodik gegenüber der Rhythmik für den Schulgesangsunterricht begründete, kommt er folgerichtig 1811 in einem Beitrag für die *Allgemeine Musikalische Zeitung* auf Volkslieder zu sprechen. Beispielhaft sind ihm die *deutschen Volkslieder* von Johann Abraham Peter SCHULZ, auch die von Johann Friedrich REICHARDT, während von dem *Mildheimischen Liederbuch* abgeraten wird. Mitten in einer Zeit völliger Elementarisierung der Musik für die Schule, die dem Ziel höherer musikalischer Bildung des Volkes dienen soll, vertritt der Leipziger Bürgerschullehrer Lindner volkstümliche Lieder für die Schulmusik, weil dies den Kindern entspreche und ihnen Spaß mache – doch Pestalozzi geht über seine Vorschläge hinweg und autorisiert die Elementaristen Pfeiffer – Nägeli. Deren Methode wird Mode und bestimmt für ein Jahrhundert die deutsche Schulmusik. Die These darf nun wohl gewagt werden: Pestalozzis Autorität und seine Entscheidung für Vertreter von Ästhetik und Technik des Gesanges im Dienst höherer musikalischer Bildung hat lebendiges Singen und Volkslied in der Schulmusik in Mißkredit gebracht und eine dauerhafte Prägung der Schulmusik gegen volksmusikalische Materialien und Praktiken verursacht.

Es wäre nun noch viel über die weitere Entwicklung der Beziehungen zwischen Schulmusik und Volkslied zu sagen, über die Volkslied-Begeisterung der Schulmusik im Zeichen der musikalischen Jugendbewegung, die Volkslied-Umfunktionierung zwischen 1933–1945 und die Volkslied-Übertreibung in der Zeit der Restauration, als schließlich das Volkslied Vehikel aller Musiklehre und Formenlehre in der Schulmusik wurde. Vor allem ist aber für die Schulmusik zu erörtern, daß alle Versuche einer musikalischen Volksbildung im Sinne einer musikalischen Gleichheit aller in Bezug auf höhere Tonkunst fehlgeschlagen sind. Dieser Ansatz ist vertan. Man wollte bürgerlichen Musikgebrauch für alle, die Demokratisierung des Musikgenusses – doch dies war unrealistisch, vielleicht auch in der Absicht töricht. In das musikalische Defizit ist die Massenmusik eingeströmt. In der Gegenwart gibt es erstmals Musikpädagogen, die die Aufgabe der Ausbildung zum Verständnis von Kunstmusik abstreiten, die Massenmusik und Kunstmusik gleichsetzen. Wo bleibt nun die Volksmusik? In welcher Relation steht sie zur Massenmusik? Ist Massenmusik jetzt das Vehikel, das Schülern zu Kenntnis musikalischer Elementaria verhilft? Oder enthält doch gerade "echte Volksmusik" allein die musikalischen Substanzen, die "einer grundlegenden" musikalischen Bildung zu dienen vermöchten? Diese und weitere Fragen bewegen die gegenwärtige Musikpädagogik. Hier begegnen wir musikanthropologischen und -ethnologischen Fragestellungen; hier benötigt und sucht die Musikpädagogik das Gespräch mit den speziellen Disziplinen.

ZITIERTE LITERATUR

T. ABS, Darstellung meiner Anwendung der Pestalozzischen Bildungsmethode, Halberstadt 1811.

P. EPSTEIN, Der Schulchor vom 16. Jahrhundert bis zur Gegenwart, Leipzig 1929 (Musikpädagogische Bibliothek, Heft 5, hrsg. von L. KESTENBERG).

W. GUNDLACH, Die Schulliederbücher von Ludwig Erk, Köln 1969 (Beiträge zur rheinischen Musikgeschichte, Heft 82, hrsg. von der Arbeitsgemeinschaft für rheinische Musikgeschichte).

A. HORSTIG, Laßt den Musikus doch selbst sprechen! In: Allgemeine musikalische Zeitung 3, 1800/01, S. 645–648.

J. G. HIENTZSCH, Über den Musik-Unterricht, besonders im Gesange – auf Gymnasien und Universitäten nebst Vorschlägen..., Breslau 1827.

J. F. W. KOCH, Gesanglehre, Magdeburg 1814.

F. W. LINDNER, Über den Gesang in der Bürgerschule zu Leipzig, in: Allgemeine musikalische Zeitung, 8. Jg., Nr. 10/1805, S. 147 ff., Nr. 11/1805, S. 162 ff.

M. T. PFEIFFER/H. G. NÄGELI, Gesangbildungslehre nach Pestalozzischen Grundsätzen pädagogisch begründet von Michael Traugott Pfeiffer, methodisch bearbeitet von Hans Georg Nägeli, Zürich 1810.

G. SCHILLING, Allgemeine Volksmusiklehre, 2. Ausg., Augsburg 1854 (1852).

G. SCHÜNEMANN, Geschichte der deutschen Schulmusik, 2 Bde, 3. Aufl. Reprint, Köln 1968 (Leipzig 1928).

W. STAHL, Geschichte des Schulgesangunterrichts, Stuttgart 1913.

B. WIDMANN, Die Methode des Schul- und Chorgesang-Unterrichts in ihrer geschichtlichen Entwicklung nach Quellen dargestellt, Leipzig 1878.

Hartmut BRAUN, Freiburg i. Br.

ERWÄHNUNGEN VON VOLKSMUSIK IM SCHRIFTTUM DES 17. JAHR-
HUNDERTS UNTER BESONDERER BERÜCKSICHTIGUNG DER ORIENTA-
LISCHEN MUSIK AM BEISPIEL ADAM OLEARIUS' BESCHREIBUNG SEI-
NER REISE NACH RUSSLAND UND PERSIEN

Wie mein Referat 1979 in Medulin gezeigt hat[1], können vor allem Reisebeschreibungen von Reisenden aus früheren Zeiten eine recht zuverlässige Quelle für unser
Vorhaben, Volksmusik aus der Zeit vor Herder zu erforschen, darstellen. Entschei-
dend sind dabei die unterschiedlichen Interessen der betreffenden Berichterstatter.
Adam Olearius (1599–1671), eigentlich Öhlschlegel, erst später latinisiert, entstammte einer Schneiderfamilie in Sachsen-Anhalt, brachte es nach Schulbesuch
und Studium in Leipzig zunächst bis zum Gymnasiallehrer, pflegte aber bereits in
dieser Position Umgang mit Gelehrten der Universität und war mit berühmten Leuten seiner Zeit, unter denen sich als bekanntester der Dichter Paul Fleming befand, be-
freundet. Es war die Zeit, da Martin Opitz, mit dem Olearius ebenfalls Kontakt
besaß, sich für die Reform des deutschen Verses einsetzte und der Thomaskantor
Hermann Schein wie zuvor schon Hans Leo Haßler, Valentin Haußmann und all die
anderen bekannten Liedmeister ihre *neuen teutschen* Lieder herausbrachten. Olearius
schloß sich in seinen frühen Gelegenheitsgedichten diesen neuen Bestrebungen an.
Seine Laufbahn nahm andererseits durch die politischen Wirren des 30-jährigen Krieges
jedoch eine Wende. Diesen entzog er sich, indem er seinen Schuldienst in Leipzig
quittierte und sich in die Dienste des Herzogs Friedrich III. von Schleswig-Holstein-
Gottorf begab. Dort wurde er als Sekretär einer Gesandtschaft des Hofes eingesetzt,
die beauftragt war, eine groß angelegte Handelsexpedition nach Rußland und Persien
zu unternehmen. Sie verfolgte den Zweck, einen neuen Handelsweg zwischen Europa
und dem Orient zu erschließen, der von der Ostsee durch Rußland auf der Wolga bis
zum Kaspischen Meer nach Persien führen sollte *(Abb.1)*.
Adam Olearius hatte außerdem vom Herzog Friedrich den persönlichen Auftrag,
Denkwürdiges und Sehenswertes während der ganzen Reise, die volle sechs Jahre
von 1633–1639 dauerte, festzuhalten. Und so entstand die berühmte *Vermehrte Newe
Beschreibung der Muskowitischen und Persischen Reyse 1647*, die 1656 vom Autor
sachlich überarbeitet und beträchtlich erweitert wurde und jetzt in einem Nachdruck
von Dietrich LOHMEIER seit 1971 vorliegt[2]. Das 835 Seiten umfassende Werk
zählt zu den Anfängen der wissenschaftlichen Reisebeschreibung und ist gleichzeitig
als wichtige Quelle für die Kulturgeschichte der beiden Länder Rußland und Persien
zu werten. So hat daraus die deutsche Literaturwissenschaft die Zusammenhänge
und Umstände für die Bedeutung Paul Flemings geschöpft. Jedem Orientalisten ist
diese Schilderung so bekannt, daß er sie *kurz als die Olearius-Reise zu bezeichnen
pflegt*[3]. Nur die Musikwissenschaft hat bisher noch wenig Gebrauch davon
gemacht[4], selbt die orientalische Musikethnologie hat dieses Werk kaum beachtet.
Irmgard *Tschakert* erwähnt z.B. in der Bibliographie zu ihrer Studie *Wandlungen
persischer Tanzmusikgattungen unter westlichem Einfluß*[5] eine Ausgabe dieses
Werkes von 1655 (ND, Berlin 1959), nutzt sie aber keineswegs aus. Dabei gibt es insgesamt nahezu 150 Belegstellen, die Auskunft über Musik zu den unterschiedlich-

sten Anlässen geben. Interessant ist dabei vor allem, wie der Autor als Europäer der damaligen Zeit Eindrücke seiner ersten Rezeption von orientalischer Musik wiedergibt.

Natürlich besitzen nicht alle Erwähnungen von Musik Relevanz für unser Forschungsgebiet. Man muß bedenken, daß es sich bei dem Reiseunternehmen um eine fürstliche Delegation mit einer bestimmten Rangordnung und einem gewissen Milieu handelte, beides Qualifikationen, denen die ausländischen Verhandlungspartner ebenso entsprachen. Zwar standen nicht alle 124 Mitglieder in einem fürtslichen Rang, aber sie gehörten in einer bestimmten Funktion zu dem fürstlichen Stab, darunter auch die Musiker, die sich nicht nur aus Feldtrompetern und Trommlern, sondern auch aus zwei *Musicanten*, einem *Discantisten* und einem *Altisten* zusammensetzten. Als weitere Instrumente werden genannt *Viole, Viol di gamba* und *Pandor*[6]. Die Feldmusik hatte die üblichen repräsentativen Aufgaben, Signal zu geben zum Ankleiden, zum Sammeln, zum Aufsitzen auf die Pferde, zum *Lärm blasen* bei der Jagd (Olearius, S.528), zum Alarmieren bei Gefahr, zur Tafel, zur Anmeldung für Besuche, zum Salut. Hierzu haben sich die Trompeter des öfteren *lustig hören lassen* (z.B. Olearius, S.365 u. 379). In ähnlicher Zusammensetzung, bestehend aus Würdenträgern und Gefolge präsentierten sich auch die Partnerparteien. Beim Aufbruch aus Moskau in Richtung Kazan ist die Rede von der Begleitung einer Abordnung des Zaren Fjodorowitsch unter Anführung des Hofmeisters, der ebenfalls seine Trompeter bei sich hatte, die er zum Valet *lustig hören* ließ, *denen die unsrigen antworteten* (Olearius, S.333). Die Trommler hatten ähnliche Signalaufgaben, beispielsweise bei der Wachablösung (Olearius, S.341) oder bei Alarmkundgebung zusammen mit den Trompetern.

Russische Fürsten, sog. Kneesen, benutzten außerdem am Sattelknopf befestigte, kleine Heerpauken, *auff selbe schlagen sie mit dem Stil der Knutpeitsche / damit das Volk / so auff den Gassen / und sonderlich am Marckte und vor dem Schlosse / im Gedränge stehen weichen sollen* (Olearius, S.265). Diese Instrumente dienten also als Verkehrssignal und nahmen somit die Funktion einer heutigen Fahrradglocke oder Autohupe voraus. Heerpauken wurden auch am persischen Hofe als Signal zur Eröffnung der Tafel gebraucht. Zum Ausdruck des Jubels und der Freude erklangen sie zusammen mit den Trompeten, denen gelegentlich eine *Kesseltrummel* hinzugefügt wurde wie anläßlich des Neujahrsfestes am 10. März 1637 in Schemacha. Zur persischen Hofmusik gehörten außer den Heerpauken die *Schalmeyer und Kerenei Bläser*, die *täglich bey vntergang der Sonnen; Item / wenn der König aus und einziehet / aufspielen* mußten (Olearius, S.555). Kerenei, heute unter dem Namen Kerana bekannt, ist ein Doppelrohrblattinstrument, aus Holz bestehend und mit einem aufgesetzten Metalltrichter versehen[7].

Zur festlichen und Repräsentations-Musik ist auch die Tafelmusik zu zählen, für die die erwähnten Instrumentalisten und Vokalisten der Delegation zu sorgen hatten. So ist die Rede von *guten Tractamenten und ordentlicher Music* zur *wolbestellten Fürstlichen Taffel* (Olearius, S.10). Der erste Eindruck der russischen Musik zur Tafel in dem Städtchen Ladoga wird besonders erwähnt. Olearius berichtet von *zweene Russen mit einer Lauten und Geigen / den Herren auffzuwarten kamen / spielten / und sungen von dem großen Herrn und Zaar Michael Feodorowitz / und als sie vermerkten / daß sie wol gelitten waren / machten sie darbey allerhand Kurtzweil mit*

Tantzen / zeigten darinnen allerley Arten / welche so wol bey Weibes als Mannes Personen im Gebrauch. Dann die Russen nicht / wie bey den Teutschen üblich / einander bey der Hand herumb führen / sondern jeglicher tantzet vor sich und insonderheit (Olearius, S.19). Bekanntlich hatte die Rezeption der westeuropäischen Musik unter Michail Fjodorowitsch (1613–1645) bereits eingesetzt und die *Skomorochi* (russ. Spielleute) vom Zarenhof und den Adelssitzen verdrängt[8], so daß der Unterschied zur eigenen Musik wohl nicht so bedeutend war. Ungewohnt dürfte allerdings die zusätzliche Aufführung von Tänzen gewesen sein. Bei einem anderen Festmahl in Astrachan an den Mündungen der Wolga in das Kaspische Meer setzte sich die Musik aus einem Regal und lustig zu hörenden russischen Trompeten zusammen. Für die Gesandtschaft seltsamer klang da schon die persische Tafelmusik, bestehend aus *Lauten / Geigen / Handpaucken vnd singender Stimme / welches eine frembde vnd wilde Harmonie gab / darbey etliche seltzame Täntze von den zween Knaben / auch sonst allerhand Lust vnd Kurtzweil getrieben wurde* (Olearius, S.426). Noch drastischer wird die königliche Musik des Schahs Safi in Isfahan, dem Zielort der Delegation, beschrieben. Die Besetzung bestand aus *Handpaucken / Pfeiffen / heimliche(n) Schalmeyen / Lauten vnd Geigen / darein sang der Handpaucker in unseren Ohren gar einen jämmerlichen Thon* (Olearius, S.512). Das Gegenteil ist auch verständlich. Bei einer anderen Gelegenheit wünschte der Schah die Musik der Gesandten zu hören. *Wurden derwegen eine Viol di gamba / Bandor vnd Discant Viole geholet / und bey einer Stunden musiciret / welches dem Könige zwar wolgefallen hatte / aber doch gleich wol mit ihrer Music / der sie gewohnet / nicht tauschen wollen* (Olearius, S.516). In ähnlicher Weise qualifiziert Olearius die Musik in einem armenischen Gottesdienst: *Es wurde vnter dem singen auch ein Positiv geschlagen / welches mehr ein heulen / als einen Concent oder Harmonie gab* (Olearius, S.515).

Diese Bemerkung gehört aber schon in den Bereich der geistlichen Musik, bei deren zahlreichen Erwähnungen es zu trennen gilt zwischen Musik zu liturgischem Gebrauch und solcher, an der sich das Volk, die Gemeinde beteiligt. Dabei treten auch Grenzfälle auf. Nach der ersten Ankunft in Moskau (die Gesandtschaft mußte den Weg dorthin zweimal zurücklegen, weil sie vor der eigentlichen Persienreise zuerst die Abschlüsse der Verträge aufgrund der in Moskau geführten Verhandlungen in Schleswig-Gottorf bis zum 22. Okt. 1635 abwarten mußte) hatte die Delegation nach der ersten Audienz Gelegenheit *Gott zu Ehren ein Danckfest mit predigen und musicieren* dafür abzuhalten, daß er sie *so wol zur Stelle gebracht* (Olearius, S. 30). Dieser Dankgottesdienst war nach der Schilderung wohl nicht streng liturgisch gestaltet; was aber das Verb *musicieren* impliziert, ist nicht eindeutig zu beurteilen. Wenn es sich auf instrumentale Ausführung beschränkt, kann mit der Besetzung der Instrumente an eine Musik im konzertierenden Stil gedacht werden. Ist aber auch vokale Musik mit einbezogen, so scheint das Gemeindelied, an dem sich auch das Gefolge beteiligt haben konnte, nicht augeschlossen[9]. Für die erste Annahme spricht eine Parallelstelle. In Isfahan war die Gesandtschaft zu einer Messe in ein deutsches Augustinerkloster eingeladen. Dort wurde *auff einem gegen dem Altar über gelegenen erhabenen Chor mit einem Positiv neben vnsern dazu erbetenen Musicanten musicieret* (Olearius, S.514). Dagegen handelte es sich bei dem abwechselnden Gesang eines russischen Priesters und eines Knaben, der ihm während einer Prozession ein Buch trug, ohne Zweifel um liturgischen Gesang byzantinischen Ursprungs *(Abb.2)*[10].

Eine große Prozession mit Gegenwart des Patriarchen und des Großfürsten beschreibt Olearius S.47 *(Abb.3)*. Bei der Aufzählung der verschiedenen Gruppen werden auch *Vier Popen welche sungen*, wohl in der gleichen Funktion wie zuvor erwähnt. Bemerkenswert ist die Schilderung einer russischen Hochzeit. Da heißt es: *Wann sie denn das Jawort gegeben / führet er* [der Pope] *sie also in einem Creis herümmer vnd singet den 128. Psalm / welchen sie als tantzend ihm stückweise nachsingen* (Olearius, S.213, *Abb.4*). Hier wurde offensichtlich die übliche Alternatimspraxis beim Psalmengesang angewandt, außergewöhnlich erscheint allerdings die Ausübung des Tanzes dazu. Der 128. Psalm hat in der Tat den Segen des Frommen im Hausstande zum Inhalt, den Olearius sicherlich nur über die Melodie erkannt haben mag, da ja die von den Byzantinern übernommene russische Liturgie textlich kirchenslawisch gewendet wurde[11].

Von ausgesprochenen kirchlichen Zeremonien der Perser ist keine Rede. Erwähnt wurden Gesänge bei feierlichen Anlässen, so beim Jahresgedächtnis (am 7. Februar) ihres Heiligen und Schutzpatrons Ali (Vetter u. Schwiegersohn des Propheten Mohammed). Dabei singen Priester einen Wechselgesang, indem der Vorsänger den Beginn von bestimmten Versen vorsingt, dann innehält, *darauff werden sie als bekannte Oden oder Gesänge von andern außgesungen* (Olearius, S. 435). Oden zu desselben, zu Muhammads und Schah Safir Lobe wurden auch von zwei Knaben aus aufgeschlagenen Büchern beim Empfang der Gesandtschaft in Ardebil vorgetragen. Unter Oden verstand der Autor wahrscheinlich feierliche Gesänge, wie sie auch bei den Arabern unter dem Namen *quasida* bestanden haben[12]. Ein weiterer Anlaß zum feierlichen Singen bot der Besuch der Grabstätte der Perserkönige: *Rings herumb an den Wänden saßen Pfaffen in weisen Kleidern / sungen und rieffen mit lauter Stimme; Im singen bewegten und neigten sie sich alle zugleich von einer seiten zur andren / als wenn sie an einem Schnur geknüpfft gezogen würden / war seltzam anzusehen...* (Olearius, S.464). An einer anderen Stelle dieser Gruft beobachtete der Autor *12. Chorpfaffen, die aus dem Alkoran in großen Pergamentbüchern sungen, gleich wie bey uns die Münche Choral* (Olearius, S.465), mit der gleichen Bewegung wie die vorigen.

Dagegen ist von eindeutigem Gemeindegesang bei einer Wasserweihe der Armenier in Schemacha die Rede. *Nachdem sie mit ansehnlicher Procession singend vnd klingend hinaus zum gemeldeten Bach* gezogen waren, heißt es da weiter: *Der Bischoff / als er bey einer guten Stunde gelesen / die Gemeinde gesungen / vnd mit zusammen geschlagenen Cymbelen gespielet hatten... nahm er die Weihehandlung vor* (Olearius, S.428/429). Danach tanzten sie im Kreise *umb ihren Bischoff mit singen und frolocken*. Die Gemeinde besuchte auch offiziell die Gesandtschaft in *voller Procession... Im eintritt des Hofes fiengen sie an zu singen vnd zu klingen / mit Cymbelen / Schellen vnd auch Handpaucken...* (Olearius, S.429/430). Diese Instrumente gehörten offenbar auch zum Gemeindegesang, ähnlich wie bei den Persern, von denen ein Leichenzug beschrieben wird. Unter anderen gruppierten sich die Musiker mit Handpauken und *messingen Schalen, welche zusammengeschlagen werden* ein, und weiter folgten *zwo Partheyen Senger / welche im Creise sich dreheten mit gar seltzamen Geberden / schryen überlaut das La illa illala* [Es gibt keinen Gott außer Allah], *vnd das Alla Ekber* (Olearius, S.688, eigentlich: *Allahu akbar* = Allah ist groß). Bei der Erwähnung des russischen Leichenbegängnisses wird zunächst der allgemeine

Usus, auf den noch zurückzukommen ist, beschrieben, dann geht diese Schilderung in die Erzählung einer wahren Begebenheit über. U.a. ist da die Rede vom Gesang der Popen, von dem nichts mehr zu vernehmen war als: *Du heiliger Gott / du starcker Gott / du vnsterblicher Gott* (Olearius, S.315). Mit Sicherheit handelt es sich hier nicht um ein deutsches Lied, möglicherweise aber um eine Version der lateinischen Antiphon *Media vita* des Notker BALBULUS (830), die laut BÄUMKER durch das ganze Mittelalter bis ins 13. Jh. allgemeines Volkslied war. Die älteste deutsche Fassung ist ein Prosatext (Münchner cod.germ. 444 von 1422), in der die betreffende Stelle lautet: *heyliger got, heyliger starcker, heyliger vntötlicher...*, die dem Zitat bei Olearius entspricht. Das Lied hat er wohl ebenfalls über die Melodie erkannt, die offenbar im Zusammenhang mit westlichem Einfluß im russischen Kirchengesang Eingang fand[13]. Ein besonderes Kapitel widmet der Autor dem russischen Gottesdienst allgemein. Im Zusammenhang damit erwähnt er die Zeremonien an Sonn- und Festtagen, da man dreimal die Kirche besucht und am Abend in einer Art Vesper Antiphonen und Responsorien singt, die den *bey vns gebräuchlichen... nicht vnehnlich* sind (Olearius, S.291). Dabei erklingt auch das *Gospodi pomilui*, das *Herr erbarme dich unser*, einer der ältesten Gesänge der russischen Kirche[14]. Gemeindegesang darf man wohl auch bei gesungenen Liedern während der Trauung annehmen (Olearius, S.212). Als Gemeindelieder sind ebenso die Lieder zu bezeichnen, die innerhalb der schiffbrüchigen Gesandtschaft spontan bei äußerster Lebensgefahr im Sturm auf hoher See oder nach Errettung zum Dank angestimmt wurden. So erklang der 129. Psalm: *Aus der Tieffen ruff ich Herr*, der noch heute bei der katholischen Beerdigung gesungen wird, und der Priester stimmte ein Lied an, worin die Worte vorkamen *Heut seynd wir frisch gesund und starck, morgen todt und liegen im Sarck*. Nachforschungen ergaben, daß es sich um das Totenlied *Denket doch, ihr Menschenkinder, an den letzten Todestag* von Johann HÜBNER handelt[15]. Nach der scheinbaren Rettung heißt es aber: *Nun hat Gott unser Schreyen und Seufftzen erhöret, er will uns dennoch nicht verlassen: Fiengen wieder getrost an zu singen das Te Deum laudamus* (Olearius, S.75), jenen Lobgesang, dessen Ursprung in der orientalischen Kirche zu suchen ist und nach BÄUMKER im 6. Jahrhundert bereits allgemein bekannt war[16]. Nicht streng liturgisch dürfte auch eine Art Dankandacht zu bezeichnen sein, die an einem stillen Tag auf der ersten Fahrt auf der Ostsee nach Rußland abgehalten wurde, wo die Gesandtschaft mit *singen und Seitenspiel...* Gott dankte und lobte für den geleisteten *gnädigen Schutz* der vorausgegangenen stürmischen Nacht. Wenn nicht darauf hingewiesen wäre, daß eigens zu diesem Zwecke die *Musicalischen Instrumente auff den Überlauff* (Olearius S.7) gebracht worden wären, könnte man hier an eine formelhafte Übernahme des entsprechenden Verses aus dem 97. Psalm denken: *Lobsingt dem Herrn zum Saitenspiel, Psalter ertöne und Harfe.*

Olearius berichtet andererseits von einer ganzen Reihe unterhaltender Musikaufführungen der hier in Betracht kommenden Vertreter der drei Nationen, und zwar von solcher Musik, die mehr der leichten Muße zuzuordnen ist, also der Volksmusik nahesteht. Sie wird bereits von dem Autor gelegentlich mit dem entsprechenden Epitheton versehen. Schon weiter oben war öfters die Rede von *lustiger Musik* im Sinne der Liedmeister seiner und der etwas früheren Zeit, die die Titel ihrer Liedsammlungen mit denselben Attributen bedachten. Zu nennen sind: *Nawe vnd lustige*

Weltliche Deutsche Liedlein Antonio SCANDELLIs (1570), *Neue lustige Teutsche Lieder* Leonhard LECHNERs (1586), *Musikalische Fröhlichkeit von etlichen Neuen lustigen Deutschen Gesängen...* Melchior FRANCKs (1610) und dessen *Recreationes musicae. Lustige anmutige teutsche Gesänge...* (1613). Olearius schildert eine Stimmung beim Besuch des bereits erwähnten Augustinerklosters folgendermaßen: *Nach dem die Mahlzeit...auffgehoben / begaben wir vns wieder in den Garten vnter den lustigen Baum / brachten die übrige Zeit des Tages mit gutem Gespräch / vnd lustiger Music zum ende* (Olearius, S.514). Hier wird die Art der Musik nicht näher beschrieben. Detailliertere Angaben erhalten wir beim Empfang der Stadt Caswin (Quasvin). Unter den zur Begrüßung aufgebotenen Gruppen befanden sich die *fürnembsten Sängerinnen vnd Täntzerinnen..., welche auff gutachten des Daruga* [Stadthauptmann] *vns mit lustigen Gesängen / die sie vor vns herreitend auff ihre manier fröhlich hören liessen / zum willkommen ergetzen wolten. Sie hatten vor jhnen her etliche Schalmeyen und Heerpaucken / welche die Music vermehrten.* Dieser Musik gesellten sich auf dem Marktplatz noch Pfeifer hinzu; und die Tatsache, daß sich auch *etliche Gauckler / so allerhand Kurtzweil macheten, biß ans Quartier* (Olearius, S.481) bei diesem Empfang beteiligten, läßt auf keine sehr anspruchsvolle Musik schließen. Eine ähnliche Musik dürften die bereits bei der Audienz in Moskau teilnehmenden persischen Gesandten eingesetzt haben, wobei sich *Heerpaucken / Schalmeyen und Trompeten lustig hören* ließen (Olearius, S.132). Aus solcher Besetzung bestand auch die Musik des Geleits eines persischen Handelsbevollmächtigten, der der deutschen Gesandtschaft in Astrachan seine erste Aufwartung machte. Es heißt da: *Als sie bey allerhand angenehmen Gesprächen / vnd guter Lust / vnsere Music eine weile mit angehöret hatten / baten sie / daß man ihnen vergönnen möchte / auch ihre Musicalische Instrumente herbringen zu lassen / welches waren Schalmeyen und Heerpaucken / die Paucken hatten sie von Töpfferleim gemachet vnd gebrand / im Form ablänglichter grosser Töpffe / Sie führten einen wiewol frembden jedoch geschickten / von allerhand lectionen vnd zierlichen geschwindigkeiten* (Olearius, S.379). Hier zeichnet sich der Autor als feinsinniger Beobachter des fremden orientalischen Rhythmus aus, und sein Versuch der Beschreibung erscheint durchaus gelungen. Er spricht hier nämlich die für Indien und den vorderen Orient typischen rhythmischen Formen mit Gesamtlängen und Unterabteilungen verschiedenster Art an. Bei den getöpferten Pauken handelt es sich um die sog. *Darboka*, eine Tonvase, *deren Hals unterm linken Arm gehalten wird; der bauchige Körper hat anstelle eines Bodens ein Trommelfell, das mit der linken Hand nur leicht, mit der rechten dagegen in allen Stärkegraden geschlagen wird*[17]). Bei einer anderen Gelegenheit begegnen noch einmal die gleiche Besetzung und auch rhythmische Phänomen. Es ist davon die Rede, daß *sich die Heerpauken vnd Schalmeyen mit einem sonderlichen Schlag vnd Thon lustig hören* ließen (Olearius, S.382). Diese Besetzung wird ebenso im Zusammenhang mit der persischen Feldmusik erwähnt, zu der neben Krummhörnern auch die *Kerrenai (Karnà)* gehörten, die, was Form und Handhabung angeht, folgendermaßen beschrieben werden: *Instrumente / so von Kupfer als Schalmeyen formiret, bey 4. Elen lang / deren Außgang im diametro bey einer Elen... Diese hielten sie im blasen gen Himmel / vnd machten mehr ein grausam Gebrülle / als einen anmuthigen Thon* (Olearius, S. 424). Dies geschah beim Empfang der Gesandten in Schemacha. Dabei beteiligte sich auch des *Chans* (Statthalter) Stocknarr, der *mit einer Klapper vnd Ge-*

sange allerhand seltzame Possen machte. Weiterhin wirkte auch mit *eine sonderliche Music mit grossen Cymbeln / welche als Messinge Schüsseln gestalt / zusammen geschlagen wurden: Pfeiffen vnd andere seltzame Instrumente / die man nicht alle beobachten kunte / mit welchen sie sich freudig hören ließen / vnd zu unserm Einzuge Glück wünscheten.* Auf der Stadtmauer standen ebenfalls Musiker in Besetzung der oben beschriebenen Feldmusik, *welche neben andern Sengern ein solch Jubelgeschrey macheten / daß man kaum sein eigen Wort hören kunte* (Olearius, S.424f.). Obwohl diese von entsprechenden Bediensteten ausgeübten Musikdarbietungen eine festliche Repräsentation bewirken sollten, kann man aufgrund der Beschreibung nicht gerade von gehobenerer, anspruchsvoller Musik sprechen. Ähnlich verhält es sich mit der Musik eines sich in gleicher Funktion befindlichen Trompeters der deutschen Gesandtschaft, der ein dreifaches Echo vor einer Kirche in einem Tal in der Nähe von Narva ausnutzte und damit die Legation *eine gute Zeit in der Nacht belustigte(n)*, weil sie *vor der grossen menge Mücken nicht schlafen kunte(n)* (Olearius, S.13). Hier ist das Epitheton ''lustig'' aktivisch in der Verbform enthalten. Ein anderes Epitheton charakterisiert eine Musikart auf ähnlichem Niveau. Einen Aufenthalt auf der Wolga hinter Nisen nutzte die Gesandtschaft zusammen mit einem russischen Geleit aus Moskau, um Gott für die Errettung von dem erlittenen Schiffbruch auf der Ostsee zu danken. Hier heißt es: *Nach gehaltenem Gottesdienste vnd frölicher Music namen vnsere Geleitsleute vnd guten Freunde von vns Abschied vnd fuhren wieder zurücke* (Olearius, S.341).

Eine besondere Art von Musik der Perser ist in diesem Zusammenhang noch erwähnenswert. Als Gäste der Armenier erlebte die Gesandtschaft in Isfahan ein üppiges Gastmahl, an dem auch Spielleute und Tänzer beteiligt waren. Unter anderem spielte einer der Brüder des Gubernators zuerst auf einer *Tamera* (persische Laute), *hernach nam er 7. Porcellamen Schalen stimbte sie mit Wasser auff ordentliche Thone / und spielte auff denselben mit zween kleinen Stecken zu einer Lauten* (Olearius, S.515). Henry FARMER bezeichnet dieses Instrumentarium als *sanğ čini*, d.h. Chinesischer *sang*, wobei er Tongefäße mit unterschiedlicher Wasserfüllung vermutet, was in der Beschreibung des Olearius noch klarer geschildert wird. Diese Musizierart war bei den Persern schon im 11. Jahrhundert bekannt[18]. Weiterhin ist die Rede von einer Art politischem Hetzlied. Es wird da berichtet von einem Heiligen, der Muhammad (Mahumed) um 300 Jahre überlebt haben soll; zum Verhängnis wurde ihm aber, daß er sich zum König Kassan begeben hatte, *ihm mit einer Lauten vorgespielt / vnd Lieder / in welchen er den König wider die Lesgi* [heidnische Tartaren] *zu streiten angefrischet / drein gesungen* (Olearius, S.277).

Des öfteren finden Tänze und die dazugehörige Musik Erwähnung. Auf diesem Gebiet gilt es aber wiederum, z.T. kunstvolle Schautänze von reinen Unterhaltungstänzen zu unterscheiden. Besonders in Persien gehörten bis zu Beginn des 18. Jahrhundert, also noch in der Safawiden-Dynastie, kunstmäßige Tänze zum höfischen Zeremoniell[19]. So wirkten Tänzerinnen neben anderen Schaudarbietungen bei der königlichen Tafelmusik mit. Bei der Beschreibung der Speisegewohnheiten berichtet Olearius von Tänzerinnen, die zur Musik in der Besetzung von Handpauken, Pfeifen, Schalmeien, Lauten und Geigen *auff eine seltzame manier lustig* herumsprangen (Olearius, S.512). Die Tanzkunst wurde teilweise bis zur Akrobatik gesteigert. Bei der Beschreibung einer königlichen Tafel berichtet Olearius von Tänzerinnen, die *im tantzen rechte Gauckler Possen machen* konnten. Die eine *satzte auff den Platz einen Topff / fast einer Ellen hoch / sprang eine weile darumb herumb / vnd ehe man sichs versahe, hatte sie sich darüber geschwungen / vnd den Topff zwischen die Beine gefasset / sprung vnd überschlug sich damit so leicht / als wenn sie von nichts wuste / vnd verschaffte mit sonderlicher behendigkeit im tantzen den Topff wieder auff vorige Stelle / da sie jhn genommen / vnd tanzte immer fort.* Von diesen Tänzerinnen berichtet der Autor weiter: *Solche Kachbeha* [Animierdamen] *müssen den Gästen nicht nur in tantzen / sondern auch zu anderen Begierden auffärtig vnd zu Dienste seyn. Dann der Wirth bittet die Gäste nach aller Lust vnd Ergetzlickeiten / soviel jhm müglich / zu tractieren. Vnter andern aber schätzen sie diese Fleisches Lust nicht für die geringste vnd zuleßliche. Daher müssen bey allen fürnehmen Panqueten neben den Spielleuten auch solche Täntzerinen sejn... Der Wirt beut beym trincken seinen Gästen an / selbige Weiber ihrer beliebung nach zu ferner Lust zu gebrauchen. Wem beliebet / verfüget sich mit einer in eine darzu bereitete Cammer / gehen hernach ohne Schew wieder heraus / der Gast an seine Stelle sitzen / vnd die Huren an ihren Tantz. Wem aber solche Thorheit nicht gefält / neiget sich gegen den Wirth mit Danck sagen für angebotenen Willen* (Olearius, S.531f.). In Schenken und Tavernen auf dem Marktplatz von Isfahan verrichten solche Dienste auch Knaben, die *mit geilen Geberden von verstellungen vor sich tantzen* (Olearius, S.558). Anläßlich eines anderen Bbanketts führte man, nachdem *ein wolklingend Clav-Cymbel von einem... Diener geschlagen* zur Abwechslung *Indianische* [indische] *Täntzerinnen* vor. Ihre Kleidung und Aufmachung wird bis ins Detail geschildert, unter anderem, daß sie Kleider trugen *von dünnen Seiden-Zeuge / daß man auch fast den gantzen Leib dadurch sehen kunte. Sie trugen aber vnter den Röcken glat anliegende Hosen... Umb den Beinen über den Knöcheln hatten sie an schönen Bändern viel messinge Schellen / welche sie im Tantzen mit gewissen Schritten also zu regen wusten / daß sie neben dem Tact im Nothfalle an statt der Music seyn könnten. Worzu sie auch die Tzarpane, die sie in den Händen führen / durch gewisses zusammen schlagen gebrauchen... Ihr Spielwerk waren Indianische Paucken / Persische Sintz oder Handpauken vnd Flöhten* (Abb.5). *Die Indianischen Paucken seynd einer Ellen lang vnd schmal / fast wie eine Tonne formieret / die Boden vngleicher größe / welche / wenn sie geschlagen werden / am Thon eine Quart vunterschieden. Sie werden aber auff beyden seiten mit blossen Händen geschlagen / deßwegen man sie an einem Riemen vmb den Halß hänget. Die Täntzerinnen machen im tantzen mit Füssen / Händen vnd dem gantzen Leib viel seltzame verliebte Posituren vnd behende Possen / tantzten bißweilen gegen einer Person der Zuseher absonderlich / mit solchen Gebärden, worunter sie mit einer sonderlichen manier die Hände zum Geschenck fordern darreichen kunten. Daß also der Indianer tanzen viel lebhafter / zierlicher vnd lustiger / als der Persianerinnen anzusehen war* (Olearius, S.516 ff). Trotz ihrer großen künstlerischen Fähigkeiten sollen, wie Olearius erfahren hat, diese indischen Tänzerinnen und Spielleute *gemeiniglich ein liederlich Volck* sein, da sie *andere üppige Täntze / und Venerische beginnen /* [und] *vnter einander ohne scheu in gegenwart der Gäste / wenn es bißweilen im geheimen Schand-Gelagen / von jhnen begehret wird / treiben sollen. Wie mir dann von solchen üppigen Actionen etliche Indianische Gemählte zu handen kommen / welche der ehrbaren Welt ohne Ergerniß nicht zuzeigen...* (Olearius, S.518).

Nach dem anläßlich eines Festes zu Ehren des Ali ausführlich ähnlich kunstvolle Gaukelspiele beschrieben wurden, wie, z.B. *ein schwartzer Araber / leicht vnd behende von Gliedern...einen Affen mit allerley Geberden statlich agieren* konnte und wie er *vnter dem Confecte* herumsprang und hüpfte, *Etlichen Gästen / wie auch einem Gesandten auff den Schoß / vnd geschwinde wieder herab...*, werden auch mit dürftigen Worten die Belustigungen der *gemeinen Leute* erwähnt, die sich außerhalb des Zeltes tummelten, *hatten vnter sich viel Kurtzweil mit tantzen / springen / Wettlauffen vnd nach dem Ziel schiessen* (Olearius, S.437f.) In ähnlicher Weise ist von den Hochzeitstänzen des persischen Volkes die Rede, *da entweder ein oder zwo Personen gegen einander tantzen / Mann gegen Mann: Also auch die Weiber in ihrem Gemache / da dann die Spielleute nicht dürffen zu den Weibern hineingehen / sondern vor jhrem verschlossenen Gemache / auffspielen müssen* (Olearius, S.607). Diese Art des Gegeneinandertanzens deckt sich nicht mit der von Irmgard TSCHAKERT beschriebenen Tanzart der Loren, zu denen u.a. Siedlungsgebiete um Isfahan gehören. Diese bevorzugen nämlich den Kreistanz[20]. In gleichem Zusammenhang erfährt man ebenso manches von den Hochzeiten der Russen. Nach der Beschreibung der dabei üblichen Zeremonien und Bräuche muß sich das Brautpaar kurz nach dem Essen für zwei Stunden entfernen. Danach *werden die angehenden Eheleute wieder herzu gebracht / und wird durch die gantze Nacht getantzet / und getruncken / daß eines hier und das ander dort niederfällt und schläfft* (Olearius, S.109). Dieses Feiern *mit großem überflüssigen essen / trincken / tantzen vnd allerhand Lust* kann sich bis zu zwei Tagen hinziehen, *worbey sie allerhand Music gebrauchen / vnd unter andern ein Instrument / so sie Psaltir nennen / ist fast wie ein Hackebret / habens auff dem Schoß liegen vnd greiffens mit Fingern als eine Harffe...* (Olearius, S.215). Nach dieser Beschreibung, die durch *Abb.6* ergänzt wird, handelt es sich dabei um ein übliches Psalterium, das eigentlich nicht zur osteuropäischen Gruppe mit Kantele-Form gehört[21].

Die Beschreibung der Sitten des russischen Volkes fällt im übrigen nicht sehr schmeichelhaft aus. So heißt es da: *Sie tragen keinen schew, daß, was die Natur nach dem Essen oben vnd vnten zu wircken pfleget, vor jederman hören vnd empfinden zu lassen...* Der Autor betont ausdrücklich, daß er nicht von *der gar grossen Herren Gelagen* redet, sondern von der ungebildeteren Schicht. Hier kommt es auch öfters vor, daß man gerne von *Üppigkeiten / schendlichen Lastern / Geilheiten und Unzucht* spricht, allerhand *schandbaren Fabeln* erzählt, *vnd wer die gröbsten Zotten vnd Schandpossen darbey zureissen / vnd sich mit leichtfertigen Gebärden heraus zu lassen weiß / der ist der beste vnd angenehmste* (Olearius, S.192). In diesem Zusammenhang werden auch entsprechende Tänze erwähnt, *welche sie zum theil mit üppigen bewegungen der Glieder verrichten. Es sollen bißweilen die herumbschweiffende Comedinspieler im dantzen gar den Hintersten / vnd weis nicht was mehr / entblössen...* (Olearius, S.192f.)

Erwähnungen von solcher Art Tänzen unter dem Landvolk sind allerdings nicht selten. Von unterschiedlichsten Autoren werden sie zu gleicher Zeit auch in Westeuropa beobachtet und beschrieben. In dieser Schicht ist dann auch eindeutige Volksmusik, jedenfalls Musik, die sich von solcher mit gehobenen Ansprüchen unterscheidet, zuhause. Hier wird von Bierfiedlern berichtet, die von *abschewliche(n) Dingen* [wie Unzucht und Sodomie]...*auff offentlicher Strasse zu singen / etliche dem jun-*

gen Volke vnd Kindern zu zeigen pflegen. *Dann auch jhre Bärendäntzer haben auch solche Comedianten bey sich / die vnter andern alsbald einen Possen...mit Puppen agieren können; Binden umb den Leib eine Decke und staffeln sie über sich / machen also ein theatrum portabile oder Schawplatz / mit welchem sie durch die Gassen vmbher lauffen / vnd darauff die Puppen spielen lassen können* (Olearius, S. 193f., *Abb.6).* Solches Treiben und vor allem das Singen unanständiger Lieder auf öffentlichen Straßen versuchte man zu unterbinden. Im Gegensatz zur russischen Kirche, die mit der Liturgie gleichzeitig das Verbot von Orgel und jeglicher instrumentaler Musik von den Byzantinern übernahm[22]), wurde anfangs die Musik in Privathäusern vor allem bei besonderen Anlässen geduldet. *Weil aber*, heißt es da weiter, *dieselbe in den Kabaken* [Kneipen] *vnd Schenken / wie auch auff offentlichen Straßen zu allerhand uppigkeit bey singung schendlicher Lieder gemißbrauchet wurde / hat der jetztige Patriarche vor zwey Jahren* [1634] *erstlich allen Kabacks Spielleute Instrumente / so sich auff den Gassen antreffen lassen / entzwey geschlagen / hernach alle Instrument-Music* [Instrumentalmusik] *den Russen verbotten / die Instrumente aus den Häusern nehmen / vnd einsten fünff Wagen voll über den Bach Mußca führen vnd verbrennen lassen. Den Deutschen aber ist die Music in ihren Häusern zu gebrauchen / vergönnet...* (Olearius, S.302).

Aus all diesen Schilderungen geht hervor, daß das russische Volk in seiner Lebensweise nicht zimperlich war: Olearius berichtet davon, wie die *gemeinen Leute* in voller Unbesorgnis alles, selbst die Kleider auf dem Leibe, in Schenken und Kneipen des Alkoholgenusses wegen umsetzen. Als drastisches Beispiel erwähnt er folgenden Vorfall: Aus seiner Unterkunft in einem Gasthaus in Novgorod beobachtete er einen, *welcher erst den Rock versoffen vnd im Hembde heraus kam / vnd als jhm ein guter Freund / dessen Gang auch auff die Kabak gerichtet / begegnete / kehret er mit widerumb. In etlichen Stunden kam er ohne Hembde / vnd hatte nur ein paar Vnterhosen am Leibe. Als ich jhm liesse zu ruffen; wohin sein Hembde gekommen / wer jhm also beraubet? antwortete er mit ihrem gewöhnlichen je butzfui mat / das hat der Wirth gethan. Ey wo der Rock vnd das Hembde geblieben / da mügen die Hosen auch bleiben. Gieng darauff wieder zu der Kabak / vnd kam hernacher gantz bloß heraus / nam eine Hand voll Hundesblumen / so neben der Kabak wuchsen / hielt sie vor die Scham / vnd gieng also lustig vnd singend nach Haus* (Olearius, S. 195). Daß er in diesem Zustand keine Arien sang, dürfte eindeutig sein.

Bekanntlich haben sich in Rußland bäuerliche Brauchtumslieder bis zum Ende des 19. Jh. in großer Zahl, vereinzelt auch bis in die heutige Zeit erhalten. Darunter zählen auch die mannigfaltigen Hochzeitslieder, die bei der mehrtägigen bäuerlichen Hochzeitsfeier ihren festen Platz hatten[23]). Bei den von Olearius geschilderten Hochzeitsbräuchen wird ein nicht näher beschriebenes Lied erwähnt, das am Vorabend der Trauung, während aus einer großen Schüssel viereckige Silberstückchen, Hopfen, Gersten und Hafer ausgestreut werden, erklingt. Zuvor aber, sobald die Braut mit festlichem Kleid dem Bräutigam zugeführt worden ist und sie am Tisch Platz genommen haben, *treten die Weiber auff die Bäncke vnd singen allerhand Zotten* (Olearius, S.212). Diese und zwar *die allergröbsten* erklingen auch während der Schlittenfahrt zur Kirche.

Ein wichtiger Brauchtumsgesang des russisches Volkes wird noch bei der Schilderung der Totenbräuche erwähnt, den der Autor als solchen vermutlich nicht einordnen konnte. Der Beschreibung nach dürfte es aber keinen Zweifel geben, daß es sich dabei um die Totenklage handelte. Die entsprechende Stelle lautet: *So jemand stirbet / kommen die nähesten Freunde zusammen / vnd helffen die Weiber einander überlaut heulen vnd schreyen: Stehen umb die Leiche herumb vnd fragen warumb er doch gestorben? ob er an Nahrung / Essen vnd Trinken / Kleidung vnd der gleichen Mangel gehabt? ob jhm sein Weib nicht gut / nicht jung / nicht schön / nicht trew genug gewesen? und was des Dinges mehr* (Olearius, S.313). Der Inhalt und vor allem die Fragen an den Toten entsprechen ganz der Art, wie sie noch vor etwa zwanzig Jahren in der sächsischen Siedlung in Siebenbürgen anzutreffen waren und wie sie ganz charakteristisch für Totenklagen sind[24]. Im weiteren Verlauf der Beschreibung dieser Totenbräuche heißt es: *Vor der Leiche gehen etliche Weibes Personen von den nähesten Freunden verhüllet / erheben sich mit Geberden vnd Weheklagen sehr jämmerlich: Bald schreyen sie überlaut / bald halten sie ein wenig stille / bald fangen sie wieder zugleich an / vnd beklagen den allzuzeitigen Hintritt jhres Freundes / wünschen / daß er hätte mügen länger leben / weil er ein so frommer lieber Mensch gewesen* (Olearius, S.314, *Abb.7*). Offensichtlich wurde damals noch die ursprüngliche Form der Totenklage ausgeübt, die die nächsten Angehörigen übernahmen, obwohl um diese Zeit für dieses Amt bereits eigens bestellte Klageweiber zuständig waren[25]. Aber diese überlauten Schreie, das Innehalten und das Wiederneueinsetzen der Klage entsprechen ganz den aufgezeichneten Melodien, die auf einem Hochton einsetzen und meist in kleineren Schritten in tiefere Lagen hinabsinken, um dann wieder erneut eine Hochlage zu ergreifen.

Schließlich sei noch eine Art von Volksgesang der Perser erwähnt, den die Einwohner der Stadt Ardebil pflegten. Es war ein in Form eines Wettstreits ausgeführter Bettelgesang. Nach Straßen gesonderte Gruppen ließen sich dazu *von unterschiedlichen Poeten... etliche zum Lob des Aalij vnd Hossein gerichtete Gesänge machen / vnd von etlichen vnter sich / so die besten Stimmen zu singen haben / in Gegenwart des Chans singen. Welche Strasse nun die besten Inventionen vnd manieren zu singen haben / werden gerühmet / vnd mit süß gemachten Wasser beschencket.* Sie brachten dann, nachdem sie *aus Leibes Kräften...bey zwo guter Stunden* gesungen hatten, den Gesandten Huldigungen dar. Dabei ist außerdem die Rede von einer Tänzerschar, die eine Art Heischetanz vollführte. Es waren *sieben junge nackende Personen. . / waren auff dem gantzen Leibe vom haupt biß vnten auff die Füsse mit Neffte* [rohes Erdöl] *vnd Kohlschwartz vnd glänzend geschmieret / hatten nur die Scham verbunden / waren scheußlich wie die jungen Teuffel gemahlet anzusehen... Es sollen arme Leute seyn / welche mit solchen Spectakel...auff dem Marckte vor den Buden herumb lauffen / damit man jhnen umb Hosseins willen Almosen gebe...* (Olearius, S.458).

Aus dem Dargelegten ist zu ersehen, daß derartige Hinweise und Erwähnungen, die für unsere Belange von Interesse sind, hier in einer reichen Fülle auftreten, die sogar mühelos vermehrt werden könnte, aber dann den Rahmen eines Referates sprengen würde. Es erscheint daher lohnenswert, weiterhin zeitgenössische Berichte dieser Art zu befragen und unter entsprechenden Gesichtspunkten auszuwerten.

ANMERKUNGEN

1) H. BRAUN, Erwähnungen im Schrifttum des 16. Jahrhunderts am Beispiel der Reisebeschreibungen des Basler Arztes Thomas Platter d. J., in: Musikethnologische Sammelbände 5, 1981, S.19–26.

2) A. OLEARIUS, Vermehrte Newe Beschreibung der Muskowitischen vnd Persischen Reyse, Schleswig 1656, hrsg. von Dieter LOHMEIER, Tübingen 1971.

3) H. MÜLLER, Mit Olearius in Persien: Paul Fleming, in: Die islamische Welt zwischen Mitterlalter und Neuzeit, Festschrift für Hans Roemer zum 65. Geburtstag, Beirut 1979, S.472.

4) S. jedoch W. SALMEN, Russische Musik und Musiker in Deutschland, in: Die Musikforschung 26 (1973), S.167–180, der dem Titel gemäß nur die Schilderung der russischen Musik ausgewertet hat.

5) I. TSCHAKERT, Wandlungen persischer Tanzmusikgattungen unter westlichem Einfluß, Hamburg 1972 (Beiträge zur Ethnomusikologie 2) S.10.

6) A. OLEARIUS, s. Anm. 2, S.427 (im folgenden mit Kurztitel "Olearius" in Klammern im Text mit Seitenangabe zitiert). *Pandor-Pandora*, ein noch im frühen 17. Jahrhundert gebräuchliches Zupfinstrument in Baßlage mit birnenförmigem, leicht geschweiftem Corpus.

7) I. TSCHAKERT, s. Anm. 5, S.19.

8) D. LEHMANN, Artikel "Rußland" in: MGG 11, 1963, Sp. 1146.

9) Vgl. J. JANOTA, Studien zu Funktion und Typus des deutschen geistlichen Liedes im Mittelalter, München 1968 (Münchner Texte und Untersuchungen zur deutschen Literatur des Mittelalters 23) S.158 f.

10) Den Untersuchungen U. MENDES (Westeuropäische Bildzeugnisse zu Rußland und Polen bis 1700. Ein Beitrag zur historischen Bildkunde, Diss. Bamberg 1968, S. 46) zufolge lieferte Olearius mit einigen wenigen Autoren die wichtigsten authentischen Bildquellen, so daß diese einen gewissen Verlaß bieten, obwohl sie von einem Kupferstecher unter seiner Kontrolle erst nach der Reise angefertigt wurden.

11) J. von GARDNER, Artikel "Rußland", in: MGG 11, 1963, Sp. 1136.

12) Vgl. H. G. FARMER, Artikel "Persische Musik", in: MGG 10, 1962, Sp. 1097 und P. GRADENWITZ, Musik zwischen Orient und Okzident. Eine Kulturgeschichte der Wechselbeziehungen, Hamburg 1977, S.72.

13) W. BÄUMKER, Das katholische Kirchenlied in seinen Singweisen, Bd. 1, Freiburg 1886, S.583 ff., bes. S.594.

14) Dieser Gesang gilt in Böhmen-Mähren als der weitaus älteste in der Landessprache, der bereits von der Husitenzeit gegenüber den liturgischen Gesängen mit kirchenslawischen Texten von der Kirche zugelassen war. Vgl. P. DIELS, Die slawischen Völker, Wiesbaden 1963 (Veröffentlichungen des Osteuropa-Institutes München 11) S.171.

15) W. BÄUMKER, s. Anm. 13, Bd. 3, S. 53 u. 79 und Geistlicher Liederschatz. Sammlung der vorzüglichsten geistlichen Lieder für Kirche, Schule und Haus und alle Lebensverhältnisse, Berlin 1832, S.115 ff.

16) Ebda, Bd. 1, S.677 ff.

17) R. LACHMANN, Musik des Orients, Oosterhout 1966, S.76 u. 79.

18) H. G. FARMER, s. Anm. 12, Sp. 1096.

19) I. TSCHAKERT, s. Anm. 7, S.65 ff.

20) Ebda, S.15 ff.

21) Vgl. Guido WALDMANN, Artikel "Rußland", in: MGG 11, 1963, Sp. 1135.

22) J. von GARDNER, s. Anm. 11, Sp. 1136.

23) G. WALDMANN, s. Anm. 21, Sp. 1130.

24) W. SUPPAN, Über die Totenklage im deutschen Sprachraum, in: Journal of the International Folk Music Council 15, 1963, S.19.

25) O. BÖCKEL, Psychologie der Volksdichtung, Leipzig 1906, S.117.

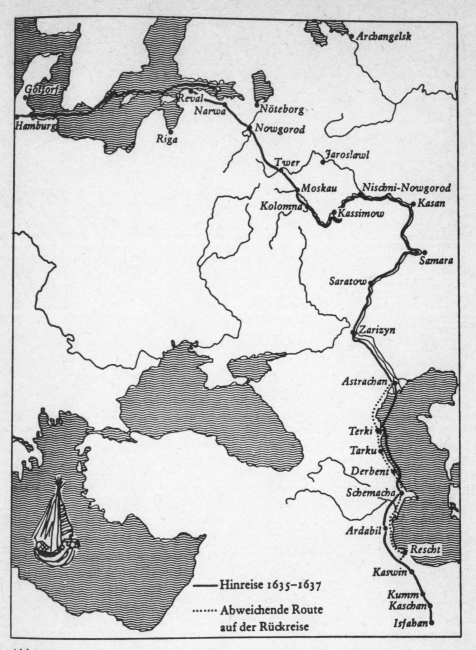

Abb. 1.

Abb. 2.

Abb. 3.

Abb. 4.

Abb. 5.

Abb. 6.

Abb. 7.

Gabriele BUSCH-SALMEN, Innsbruck

„STUDENTEN-TANZ" UND STUDENTISCHES TANZEN VOR 1650

Der Versuch einer Definition von im 15. und 16. Jahrhundert gebräuchlich gewordenen Termini, etwa auf dem Gebiete des Tanzens, hat schon in den vergangenen
Jahren einige Autoren dieser Studiengruppe beschäftigt, etwa Zofia STESZEWSKA
1975 oder Christoph PETZSCH 1979[1]). Daran anknüpfend und ergänzend zum Beitrag von Walter SALMEN seien einige Anmerkungen sowohl zur Bezeichnung *Studenten Dantz* als auch zum studentischen Tanzen gestattet. Die Sachbezeichnung
Studenten Dantz, auch *Der Wittenberger Studenten tantz, Alss ein Student spaziret*
oder *Studiosorum...,* die sich ab 1536 bis etwa 1620 vornehmlich in Lautentabulaturen neben anderen Nennungen von Standestänzen oder mit *Dantz* überschriebenen
Gebrauchsmelodien findet, scheint der wachsenden spätmittelalterlichen urbanen
Differenzierung zu entsprechen, die während des 16. Jahrhunderts aufgrund der
sich verändernden Sozialstruktur stattfand. Die soziale Rangfolge der Städter begann mit dem *Bürgermeister und Rathmanne, dem sich Geschlechter, Schoppen,
vornehme Handelsleute, Bierbrauer* anschlossen: erst dann kamen *allerley hantwercks-
leute und gemeine Bürger,* gefolgt vom dritten Stand, den *Pfallbürgern, Vorstadtern,
Miethleuten, Tagelohnern und gesinde*[2]). Gilden, Zünfte oder Bruderschaften hatten eigene Tanzgepflogenheiten angenommen, die in reglementierten Ordnungen
präsentiert wurden. Mit spezifischen Emblemen in verschiedenen Varianten des Ket-
tenreigens hoben bei diesen Auftritten z.B. die Berufsgruppen innerhalb der Gemein-
schaft ihr jeweiliges Sozialprestige ab.

Der *civicus academicus* stand außerhalb dieser Ordnung. Er bildete innerhalb der
Universität mit eigener Rechtssprechung, eine Minderheit besonderer Prägung. Umso
mehr verwundert die obige Tanzbezeichnung, die eine Integration des Studenten in
die bürgerliche Gesellschaft voraussetzt. Ebenso folgende vorreformatorische Textstelle des Sittenpredigers GEILER VON KAISERSPERG (1517): *Man treibt zu un-
sern Zeiten solche unziemliche Üppigkeit unter der Tanzen, das vor nie ersehen noch
erhört ist worden. Desgleichen bringt man soviel Tänze auf die Bahn, die vor nie in
Brauch sein gewesen, dass sich nicht genug darob zu verwundern ist. Als da ist: der
Schäfertanz, der Bauerntanz, der welsch Tanz, der Edelleute-Tanz, der Studenten-
tanz, Keßlertanz, Bettlertanz und in Summa, wenn ich sie alle wollte erzählen, hätt
ich wohl eine ganze Woche genug zu schaffen.*[3]).

Mehrheitlich verbergen sich hinter den einen Stand bezeichnenden Melodien mit
Ausnahme des sog. *Hoftanz* paarig zusammengestellte Schreit- und Springtänze mit
Vor- und dazugehörigem ungeradtaktigen Nachtanz, etwa Hupff auff, Tripla, Proportio oder Saltarello. Über vielen dieser 6 bis 8-taktigen Tanzsätze genügte lediglich die Bezeichnung *Dantz* oder *Chorea.* Deren spezifischer Schrittablauf läßt sich
aus den Überschriften allein nicht erkennen, so daß die Tanzforschung für den Zeit-
raum des gesamten Mittelalters der Bildquellen und deren Deutung bedarf, da cho-
reographische Angaben ausnahmslos fehlen.

Das Tanzen war neben anderen *vanitates* unverzichtbarer Bestandteil im studentischen Leben. Die wenigen Jahre, in denen man einer relativen Freiheit fröhnen
konnte, wurden ausgenutzt sowohl zum Tanzen mit der bürgerlichen und ländlichen
Bevölkerung z.B. an Festen des Kirchenjahres, als auch zum exklusiven Tanzen in-

nerhalb der Universität. Dort galt es von der Deposition beginnend über Namens-
feiern der Fakultätspatrone, etwa der heiligen Katharina als der Patronin der artis-
tischen Fakultät am 25. November, Disputationen, Promotionen bis hin zum Valete
eine Reihe von Bursenereignissen zu begehen, die sich im Detail wie viele usuelle
Gebräuche der Kenntnis entziehen. Während diese unter Ausschluß der Öffentlichkeit in den Bursen abgehaltenen Festivitäten mit kostspieligen *Gastereyen,* die von
Pedellen überwacht werden mußten[4] nur inneruniversitär zu Streitigkeiten mit der
eigenen Justiz führten, waren die Beteiligungen am öffentlichen Tanz als Ruhestö-
rungen gefürchtet. Sie boten auch den außeruniversitären Autoritäten vielfach
Anlaß, einschränkende Gebote zu erlassen oder gar die Beteiligung am öffentlichen
Tanz gänzlich zu untersagen.

Schon 1436 verbot der Heidelberger Rektor *corisando in publico*[5], 1453 heißt es
im Universitätsgesetz dieser Universität: *choreas publicas circa carnisprivium, vel
alio tempore non faciant...*[6] Die Verbote von *omnis musica, saltus et larvata cir-
cumcursatio* zur Fastenzeit dominieren unter den Quellen. Überall wurden die *ver-
putzt vnd vermumbten* Studenten versucht an diesem Brauchtanzen und Umherzie-
hen zu hindern, freilich ohne Erfolg. Auch das Umtanzen und Überspringen des
sommerlichen Johannisfeuers gemäß *Altharkommen* (= alter Sitte) wurde geahn-
det, etwa in Freiburg, wo am 25. Juni 1517 Bursanten der Adlerburse im Bursenhof
das Feuer entzündet hatten und angeklagt wurden[7]. Damit drängten sich die Studiosi in die geregelte bürgerliche Ordnung – Tumult und Streit war die Folge. Bis ins
18. Jahrhundert finden wir Bekanntmachungen wie diejenige aus Tübingen vom 25.
Januar 1524: *...Es sollend die studenten nit zu der layen tantz gen, sie syend derzu
geladen oder nit... doch die hochzit tantz, darzu ain student vff die hochzit geladen
were, vksgenommen*[8].

Ein wichtiger Faszikel des Stadtarchives von Frankfurt an der Oder aus den Jahren 1530 und 1563 bezeugt, daß sich Studenten gar um das Privileg der Handwerks-
burschen, den Schwerttanz zu vollziehen, bewerben wollten: *...auch die Studiosi
darumb angesucht Innen solches gleicher gestalt zuvorgonnen, Ist geschlossen do-
mit eine Partey die andere nicht hindere und zu widerwillen vrsache geben muge...
Vnd folgendts Jn fastnacht, vff den Suntagk, vnd dan den dienstags folgendtst Jren
tantz jns werk setzen, dj andere tage den Studiosis nicht hindernn. Die Studiosi aber
mugen sich zwischen ditz vnd fastnacht vf dem Rathause vben, In der Woche alß vff
den Mittwoch vnd freitag, vnd das sie gleicher gestalt artickell machen vnd sich fried-
lich vorhalten... Doch das beide Partt nicht zugleich vf einen tagk tantzen, vnd imand
zu widerwillen vrsach geben*[9] Dieses stark am Brauchtanzen orientierte usuelle Tanzen, das einer Vermittlung durch den Tanzmeister nicht bedurfte, sondern von Generation zu Generation weitergetragen wurde, wandelte sich um 1600 insofern, als
französische Manieren und Tänze in Mode kamen.

Wenn Felix PLATTER 1552 Tänze wie *Branle, gaillarde, la volta...* beschreibt,
die er als Student in Montpellier kennengelernt hat, so nimmt er den Wandel bereits
voraus. Das Ideal des Gesellschaftstanzes französischer Prägung zeitigt im Verlaufe
des 17. Jahrhunderts eine Änderung im Repertoire der Lautentabulaturen und sonstigen Tanz-Gebrauchsmusik. Unspezifische Bezeichnungen wie *Studentendantz* weichen den Normen der französischen Tanzterminologie und Satztechnik. Selbst die
Fastnachtsbelustigungen, die von Johann FISCHART beschrieben werden, der sei-

nen Studenten Gargantua Pariser Verhältnisse erleben läßt, haben einen deutlich abschätzigen Blick auf die vermeintliche Enge und Zurückgebliebenheit deutscher Tanzgepflogenheiten: *O weit von dannen jr Hoffdäntz... Auch ihr Nornbergisch Geschlechterdäntz, die kein herumspännlein leyden können: Hier ist ein ander Tantzschul, auch ein ander Schweitzerischer Buffel, der mit einer elenlangen handhabigen Fochtel vnd mit ausgestreckten Contrakten, vngebogenen Armen daher vordantzet oder vortritt, Hie gilts den Scharrer, den Zäuner, den Kotzendantz, den Moriscendantz, den schwarzen Knaben, der gern das braun Mägdelein wolt haben, wen mans ihm geb...*[10] 1611 stehen Studenten in hoher Gunst bei den Mädchen, weil sie *schöne Galliarden tanzen und fein den Hof machen mit Zitherspiel und Singen*[11]. Der Verweis auf die französischen Tanz-Maîtres ist hier, wie in der 1630 gegebenen Briefinstruktion eines Vaters an seinen Jura studierenden Sohn nicht überhörbar: *ein halb ihar lang soll er täglich eine stund auff den Dantzboden gehen*[12].

Bald nach 1600 wurden Tanzmeister unverzichtbare Partner im Lehrpersonal. Die bis dahin übliche usuelle Tanzvermittlung wich der akademisch gestrengen *Conduite*, wiewohl bis ins 18. Jahrhundert beides nebeneinander bestand. Fortan hatten in den wenigen Universitätsstädten als einzigen Vermittlungsorten die französischen Reit-, Fecht- und Sprachmeister dafür zu sorgen, daß die Universitäten insbesondere für den Adel attraktiv wurden. Diese gewichtige Stellung der akademischen Exerzitienmeister veranlaßte wohl 1758 den Vizekanzler der Universität Marburg zu der Feststellung: *Nach dem Vorbild der Welt ist eine Universität ohne Exerzitien-Meister eine Glocke ohne Klöppel... eine Universität kann ohne Tanzmeister länger nicht bestehen.* Mit dem *Privilegium academicum für Tanz* in den Dienst genommene Lehrmeister lassen sich an älteren Universitäten wie Rostock, Gießen (ab 1608), Köln oder Marburg bald nach 1600 nachweisen, jüngere Lehranstalten wie Innsbruck oder Erlangen nahmen sie vom Anfang ihres Bestehens an in den Dienst. Nur wenige Stätten vermeinten aus Gründen religiöser Befangenheit, gänzlich ohne Tanzmeister auskommen zu können. Dazu gehört etwa Basel, dessen Rat der Stadt 1632 das *Dantzen* der Studenten als *unnöthige sache zu dem studieren nicht gehörig*[13] ablehnte. Bei Karzerstrafen wurde den Studiosi das Teilnehmen an jeglichem Bürgertanz wie an der Tanzmusik untersagt. Erst 1723 wird dieser Vorbehalt gebrochen und ein Tanzmeister namens "du Plessis" aus Nantes in den Dienst genommen.

Tanzlehrwerke, die im 18. Jahrhundert auch in deutscher Sprache zahlenmäßig zunehmen, während Sachbücher und Manuskripte dieser Art in Italien, Frankreich und England schon seit dem 15. Jahrhundert geläufig waren, stammen meist aus der Feder von Exerzitienmeistern, die vor allem im reich gewordenen Bürgertum und dem an den Universitäten vertretenen Adel französische Manieren vermitteln konnten mit dem Vorsatz: *Daß ein Teutscher so geschickt zum tanzen / als ein Frantzose sey*, wie Samuel Rudolph BEHR im Vorwort zu seiner 1703 erschienenen *Anleitung zu einer wohlgegründeten Tanzkunst* schreibt. Eines der gewichtigsten Werke neben den zahlreichen in Frankfurt, Glückstadt und Leipzig erschienen ist Johann Gottfried TAUBERT's: *Rechtschaffener Tanzmeister oder gründliche Erklärung der Französischen Tantz-Kunst*, das 1717 in der *Welt-berühmten, so wol Academischen, als auch vortrefflichen Kauff- und Handels-Stadt Leipzig* erschienen ist. Das Ziel seines und seiner Kollegen Unterricht war, *Höflichkeit und civile Aufführung zu erlangen*, den Leib zu üben, das Gemüt zu recreieren und das Ansehen zu heben, zu welchem Zweck er seinen Unterricht selbst den Theologen anempfielt: *um ihren Leib aufrecht zu führen, eine geschickliche Reverence zu machen, und sich bey vorfallender gelegentlicher Bewegung der Gliedmassen beliebt und angenehm zu machen*[14]. Tanzmeister hatten monatlich mit 2 Talern zu bezahlende Lektionen zu geben, die falls vortreffliche Meister angestellt waren, unverhohlen lebhafte Nachfrage fanden, ja, zum Hauptzweck des Studiums wurden, wie in Heidelberg, wo in einem Vermerk von 1666 festgestellt wird, daß sich *mehr Studiosi und Edelleute der Exercitien als Studien wegen* dort aufhalten[15]. In der Regel wurden die Übungen mit der *Violin, die ich bey der Information selber spiele* (Tanzmeistergeige oder Pochette) begleitet.

Die Orte, an denen das *Exercitium honoris* stattfand, konnten Exerzitienhäuser, Tanzsäle in Rathäusern (etwa in Marburg) oder Privatwohnungen sein, in denen wöchentlich zum Erlernen der *manierlichen Reverence nützliche Balls* abgehalten wurden, in Helmstadt unter Aufsicht der Professores sog. *assembléen*. Zu diesen wurden auch Damen und Tanzmusikensembles geladen, wie man an der Jenaer Stammbuch-Bilderfolge aus der Zeit um 1730, auf der studentische Exerzitien festgehalten worden sind, ablesen kann[16].

Zusammenfassend gilt es festzuhalten, daß studentisches Tanzen sowohl ein brauchtümlich eingebundenes, als auch ein an den neuen Umgangsformen aus dem feudalen Verhaltenskodex orientiertes war, wobei hier wie im gesamten bürgerlichen Leben französische Normen vorherrschend wurden mit paarig ausgerichteten Gesellschaftstänzen, die nach und nach die Männerreigen verdrängten. Die Phase, in welche die hier zur Diskussion stehenden Notate fallen, zwischen 1530–1620, entspricht mithin einer Zwischenphase der Umorientierung namentlich an protestantischen Universitäten, in denen mehrheitlich die Bursen von den Studenten verlassen und gegen bürgerliche Wohnungen eingetauscht wurden. Das nunmehr sowohl streng gruppenspezifische exklusive Tun als auch die Eingliederung in bürgerliche Gepflogenheiten, mag die Bezeichnung *Studenten Dantz* begünstigt haben, die sich in Gebrauchshandschriften für Laute, mehrheitlich aus der Feder von Studenten finden läßt.

Die ca. 20 Melodien, die von den Studenten Ludovicus ISELIN, dem Verfasser der Baseler Manuskripte (siehe Verzeichnis), Petrus FABRITIUS und Petrus LAURENBERG, stehen neben dem gängigen Melodienrepertoire. In Octavius Secundus FUGGER's Lautenbuch etwa liest man den Vermerk: *das ist mein altt Lauttenbuech alss ich in dem Welschlandt, In Bononia, A⁰ 1562 gestudierdt hab*[17]. Die Laute, die in weiten Kreisen im gesamten 16. Jahrhundert das beliebteste transportable Zupfinstrument war und allerorts von allen Schichten der Gesellschaft *tractiert* wurde, gehörte auch zu den meistgespielten Instrumenten unter Studenten gemäß einem 1551 in Königsberg notierten Vers: *...Hie kan nitt sein ein böser muth / wo auff der lauthen schlahen die studenten gutt*[18]. Für einen gesunden Arbeits- und Tagesrhythmus war diese musikalische *recreation* sehr nützlich; Nachts pflegte man *gaßathun mit der luten* zu gehen (Felix PLATTER), also vor den Häusern Ständchen zu bringen, was vielfach in Stammbüchern neben den beliebten Collegia musica-Szenen abbildlich festgehalten ist.

Oft gegeißelt, ging dieses *nächtliche Hofieren* auch in Sebastian BRANT's *Narrenschiff* von 1494 ein: *Mit Saitenspiel mit Pfeifen, Singen, Am Holzmarkt über die Blöcke springen. Das tun Studenten, Pfaffen, Laien, Die pfeifen zu dem Narrenrei-*

*hen, und jeder schreit, jauchzt, brüllt und plärrt, Als würd zur Schlachtbank er ge-
zerrt...*[19]).

In keiner dieser Quellen jedoch wurde das Tanzen bildlich des Festhaltens für wür-
dig gehalten, so daß wir hier – wie insgesamt den Tanz bis 1600 betreffend – nur wenige Möglichkeiten der Erfahrbarkeit haben, da Bildbelege für den Tanz oft die einzigen verläßlichen Quellen sind. Ob sich also studentisches Tanzen außer durch Kleidung, die der Bursarius seit der Deposition zu tragen hatte und sein Gebundensein
an die Gruppe und deren Gepflogenheiten, auch durch einen bestimmten Tanzhabi-
tus vom bürgerlichen abhob, muß derzeit eine offene Frage bleiben trotz eingehen-
der ikonographischer Untersuchung.

Tabulaturen für die Laute, Orgel, Harfe oder Viola da gamba bestanden mehrheitlich aus Bearbeitungen bekannter Melodien, die den kulturellen Bedürfnissen einer
gebildeten Mittelschicht entsprachen. Zu den immer wieder neu intavolierten
Tänzen gehörte, wie das Konkordanz-Verzeichnis aller erreichbaren Notate ergab,
der *Studenten Danzz*. Während sich in den Zentralwerken manches neue findet,
beschränkten sich Schreiber wie Wolff HECKEL (Beispiel III und IV) nahezu ausschließlich auf das Zusammentragen geläufiger Melodien. Dieser Umstand rechtfer-
tigt den Versuch, anhand von zwei herausgegriffenen Notaten nachzuweisen, daß
Bürgertänze, zu denen die *Studenten Täntze* zählen, keinem spezifischen Typus unterliegen, sondern ihre Modifikation lediglich durch die Wahl anderer Modi erfahren. Das auftaktlose rhythmische Modell:

das den gewählten Beispielen zugrunde liegt, kehrt bei verschieden bezeichneten Melodien wieder.

Bspl. 1: 8 taktiger *Studenten Tantz* (Handschrift Staatsbibl. München, Mus. Mss.
262, fol. 61 (16. Jahrhundert) Tabulatur für Tasteninstrumente

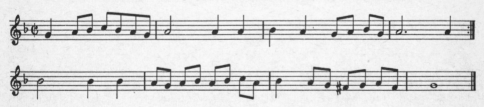

Bspl. 2: *Studenten Tantz* im Lautenbuch des HEINHOFER, Bd. II, Herzog August
Bibl. Wolfenbüttel, Cod. Guelf. 187, fol. 39 b (1604)

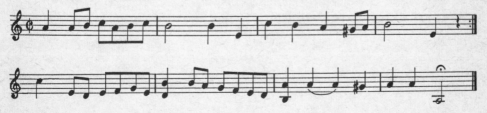

Bspl. 3: *Westfäler Tantz*, HECKELs Lautenbuch, 1562, fol. 35

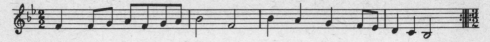

Bspl. 4: *Bettler Tantz*, HECKELs Lautenbuch 1562 (fol. 15)

In der detaillierten Untersuchung von Jenny DIECKMANN, die diese Tänze unter die national-volkstümlichen Formen reiht, was freilich nicht mehr haltbar ist, sind rhythmische Charakteristika, Sequenzbildungen und nicht über 8 Takte hinausragende Perioden bereits als typisch für die Bürgertänze erarbeitet worden[20], ebenso die an Tanzliedern orientierte Simplizität, die etwa durch Johann JEEPs *Studentengärtlein* von 1605 festgelegt scheint.

Schon wenige Jahre später weichen diese *Dantz*-Modelle den französischen Vorbildern mit bewußter Abkehr von früheren Notaten. Deutlich ist dieser Trend ablesbar an einer bislang unveröffentlichten Handschrift der Herzog August Bibliothek in Wolfenbüttel, die von einem Helmstedter Studiosus als Gebrauchsmusik im frühen 17. Jahrhundert zusammengestellt wurde. Der Sammlung, die aus Menuetten, einer *Allemand zu blasen*, einer Sarabend, einem Ballet, *Rigaton, Saltus, Tanz* und einem *Aufzug* besteht, sei eine Allemand zu blasen entnommen, die einem vollständig anderen Duktus folgt, als die wenige Jahre zuvor verbindlichen *Studenden Däntze*. Bspl. 5:

Der Student als Träger von kulturgeschichtlichen Wandlungen, also auch der Tanzgewohnheiten, als wichtiger Partner für Modischkeiten, als Teilhaber an usuellen Praktiken, ist bislang in der Tanzgeschichte kein Gegenstand gewesen. Dieser Ansatz möge verdeutlichen helfen, daß Wandlungen in einem nicht unerheblichen Ausmaße auch von Studenten getragen und eigentümlich mitgeprägt wurden, namentlich bei der Übernahme französischer Normen, die alle Facetten des höfischen wie außerhöfischen Lebens erfaßte.

VERZEICHNIS DER STUDENTENTANZ-NOTATE
IN DEUTSCHEN LAUTENTABULATUREN
(MIT HINWEISEN AUF WEITERE INTAVOLIERUNGEN)

Quellen

Der Wittenberger Studenten tantz. LIX.,
Saltarello, letztes Viertel 16. Jahrhundert, fol 63^v
Der Wittenberger Studenten tantz, LX.,
Saltarello, fol. 64^r
Der Wittenberger Studenten tantz, LXI., Salta-
rello, fol. 64^v

Amsterdam, Bibl.
der Vereeniging voor
Neederlandsche
muziekgeschiedenis,
ms. deutsche Lautentabulaturen.

Studenten tantz. Nachdantz, fol. 8^r (auch:
Basel, F. IX. 23. fol. 48^v, mit Abweichungen;
Basel, F. X. 11. fol. 17^v, mit Abweichungen;
Berlin. Mus. ant. pract. W. 510, Anhang an
Rud. WYSSENBACHs Tabulaturbuch von
1550, fol. 23^r, Tenor, mit Abweichungen)
Studentê tantz, Proportio, fol. 17^v (auch: s.o.)
Studenten tantz, Bassus, Proportio, fol. 18^v
(auch: Berlin, s.o.)
Studenten tantz, Nach-dantz, fol. 20^r, 20^v

Basel, Universitätsbibl.,
Ms. F. X. 11., etwa 1575.

Studenten tantz, Nach dantz, fol. 8^v, 9^r
(auch: Berlin, s.o., Waissel, 1592 – mit
anderen Harmonisationen; Zwickau,
Ms. CXV, 3, S. 9)
Studenten dantz. Tenor. Nachdantz, fol. 23^r
(auch: Basel, s.o., Waissel, Zwickau)
Studenten dantz, Bassus, Nachdantz, fol. 23

Basel, Universitätsbibl.,
Ms. F. IX. 23, 1575.

Berlin, Preuß. Staatsbibl.,
Anhang an WYSSENBACHs
Tabulaturebuch, vff die Lutten
von 1550, Mus. ant. pract. W.
510, um 1600.

Der Studenten dantz auss dem 0.
(Nachtanz) fol. 76^r
Studenten dantz, Proportio, fol. 76^r
(auch Basel, s.o.)

Kopenhagen, Kgl. Bibl.,
Hs. Thott 841 4,
Lautenbuch des Petrus
FABRICIUS, 1605.

Studenten Tantz, fol. d3^r

Leipzig, Stadtbibl., Handschrift-
liche Einfügungen in
H. NEUSIDLERs *Newgeordent*
Künstlich Lautenbuch (1536),
II. 6. 7. (um 1540).

Alss ein student spaziret, fol. 378

Leipzig, Stadtbibl.,
Ms. II. 6. 15, Lautenbuch
des Albert DLUGORAI, 1619.

Studiosorum. (Nachtanz), fol. 4
Studiosorum. (Nachtanz), fol. 5 } f. 2 Lauten
Tanetz giney tys studiosorum. Nachtanz,
fol. 8 (auch: Berlin, Anh.)

Zwickau, Ratsschulbibl., Ms.
CXV, 3, Johannes Arpinvs
DORNDORF, Anfang 17. Jh.

ANMERKUNGEN

1) Z. STESZEWSKA, Tänze des 16. – 17. Jahrhunderts und deren Beziehungen zur Folklore, in: Historische Volksmusikforschung. Bericht über die 4. Arbeitstagung der Studiengruppe vom 7. bis 12. April 1975 in Kazimierz Dolny, Krakau 1979, S.167 ff. – Chr. PETZSCH, Nachrichten aus deutschen Städtechroniken des 14. bis ins 16. Jahrhundert (Fortsetzung); Liedautoren adaptieren Usuelles: Kehrreim, Vor- und Nachtanz, beides in: Historische Volksmusikforschung. Kongreß-Bericht Medulin 1979, Graz 1981 (Musikethnologische Sammelbände 5) S.67 ff.

2) Vgl. W. SALMEN, Musikleben im 16. Jahrhundert, Leipzig 1976, S.7 ff.

3) Zit. nach F. M. BÖHME, Geschichte des Tanzes in Deutschland, N. Hildesheim 1967, S.102. Als Quelle wird angegeben: Brosamlin Dr. KAISERSPERGS, nachgeschrieben von Frater PAULIN, Straßburg 1517.

4) Statuta Universitatis, Tübingen 1602.

5) G. PIETZSCH, Zur Pflege der Musik an den deutschen Universitäten bis zur Mitte des 16. Jahrhunderts, Hildesheim 1971, S.97.

6) Ebda.

7) H. MAYER, Aus dem akademischen Leben des 15. und 16. Jahrhunderts, in: Schauinsland 25, 1898, S.55 ff.

8) G. PIETZSCH, ebda., S.140.

9) H. GRIMM, Musiker der Renaissancemusik an der Viadrina, Frankfurt/Oder 1942, S.140, Anm. 17.

10) J. FISCHART, Gargantua, 1582.

11) C. BEYER, Studentenleben im 17. Jahrhundert, Schwerin 1899, S.48 ff.

12) G. BUCHWALD, Aus den Briefschaften eines Jennser Studenten, in: Zeitschrift für Kulturgeschichte 5, 1898, S. 164.

13) S. Statuen Basel von 1632.

14) G. TAUBERT, 1717, S.246

15) P. LAHNSTEIN, Das Leben im Barock, Zeugnisse und Berichte 1640–1740, Stuttgart 1974, S.125.

16) Hamburg, Kunstgewerbemuseum, abgedruckt als Beilage 5–11, in: E. REICKE, Magister und Scholaren, Düsseldorf 2/1976.

17) Vgl. Nat. Bibl. Wien, Mus. Ms. 1821 (oder auch DTÖ 18, 2).

18) Zit. nach W. SALMEN, Musikleben im 16. Jahrhundert, Leipzig 1976, Abb. 99 und Text.

19) S. BRANT, Das Narrenschiff, Nachdruck Stuttgart 1966, S.219.

20) Vgl. J. DIECKMAN, Die in Deutscher Lautentabulatur überlieferten Tänze des 16. Jahrhunderts, phil, Diss. Leipzig, Kassel 1931.

Ernst EMSHEIMER, Stockholm

FRÜHESTE NACHRICHTEN ÜBER DIE MUSIK DER MONGOLEN

Mit Hinblick auf die weltgeschichtliche Bedeutung der Mongolen, die einst im 13. Jahrhundert Europa zu erschüttern vermochten und seine Päpste und Könige in ihren Bann zogen, dürfte auch ihr musikalisches Brauchtum einiges Interesse beanspruchen. Allerdings ist die Ausgangslage für eine Erforschung nicht sonderlich günstig. Die Schriftquellen, auf die wir angewiesen sind, fließen spärlich. Zwar hat Erich HAENISCH vor mehr als 40 Jahren seine so verdienstvolle Übersetzung der *Geheimen Geschichte der Mongolen* veröffentlicht, jenes bedeutsamen ältesten mongolischen Schriftwerkes aus der Zeit der mongolischen Reichsgründung, das der Nachfolger Dschingis Khans, sein Sohn Ögödai, im Herbst 1240 einer Reichsversammlung vorlegte. Von diesem Werk schreibt HAENISCH im Vorwort zu seiner Übersetzung: *Hier durch dieses Buch weht der Wind der Steppe. Es werden uns besonders die Vorgänge berichtet und die Szenen geschildert, die für den Mongolen etwas bedeuteten*[1]. Für die musikalischen Praktiken der Mongolen trifft aber leider jene Feststellung zu, mit der Haenisch diese Aussage ergänzt: *Es ist wahr, dass wir an vielen Stellen leer ausgehen, wo wir gern Auskunft hätten.*

Glücklicherweise sind wir jedoch nicht ausschließlich auf die *Geheime Geschichte* angewiesen. Die kriegerischen Eroberungen der Mongolen und die Bildung ihres gewaltigen Imperiums unter Dschingis Khan und seinen Nachfolgern brachte das christliche Abendland sehr bald in Berührung mit jenen Reiternomaden, die auf so geheimnisvolle Weise aus den unbekannten eurasiatischen Steppenzonen wie eine Sturmflut hervorgebrochen waren. Die abendländische Christenheit war damals erfüllt von namenlosen Entsetzen über die Verwüstungen und Grausamkeiten, die die mongolischen Reiterheere in den Kulturarealen des Ostens angerichtet hatten, teils wiegte sie sich in der trügerischen Hoffnung, in ihnen mächtige Bundesgenossen gegen die Ungläubigen des Morgenlandes gewinnen zu können. Diese Hoffnung erhielt besonders starken Auftrieb auf Zypern, als der französische König Ludwig IX. sich in Nicosia befand, um den 6. Kreuzzug vorzubereiten. Eben zu dieser Zeit trafen zwei mongolische Gesandte ein, die einen Brief des mongolischen Statthalters für Persien und Armenien überbrachten. In diesem Brief stand zwecks Erzielung politischer Vorteile in schönfärberischer und irreführender Absicht zu lesen, daß der Grosskhan und der größere Teil seiner Umgebung als Christen anzusehen seien. Dies belebte erneut die bereits verblaßte Hoffnung, in Innerasien den geheimnisvollen Priesterkönig Johannes zu finden, von dem die fromme Legende und Prophetie des Westens zu berichten wußte, er werde die Länder des Islams von Osten her überrennen, während die Kreuzfahrer sie von Westen angreifen. Jedenfalls begann man sich lebhaft für die Mongolen zu interessieren. Geistliche wurden im Auftrag von Papst Innocenz IV. und König Ludwig als Glaubensboten und in diplomatischer Mission zum Grosskhan in die ferne Mongolei entsandt. Diesem Umstand verdanken wir die Reiseberichte der beiden Franziskaner Mönche Giovanni PIAN DI CARPINI[2] und Wilhelm von RUBRUCK[3], die manche gut beobachtete und wertvolle Einzelheiten über die musikalischen Praktiken der Mongolen mitteilen. Nur einige Jahrzehnte später sollte sich diesen das berühmte und bewundernswerte Reisewerk Marco POLOs[4) hinzugesellen, das gleichfalls einige wichtige Angaben zu unserem Thema bringt. Diese Reiseberichte lassen sich noch ergänzen mit Aufzeichnungen chinesischer Sendboten der Sung-Dynastie Südchinas aus der ersten Hälfte des 13. Jahrhunderts, in denen diese ihre Beobachtungen und Eindrücke von ihrem Aufenthalt bei den Mongolen wiedergeben[5). Hinzu kommen schließlich verstreute Angaben islamischer Autoren, so solche aus dem Werk des so reisefreudigen Marokkaners Ibn BATTUTA[6) sowie solche aus der *Geschichte des Welteroberers* von Ata Malik JUWAINI[7) und aus der Universalgeschichte dessen Zeitgenossen, des großen jüdischen Gelehrten und Historiographen RASCHID AL-DIN[8). Soviel ist in kurzen Zügen über die ethnohistorische Quellenlage zu sagen. Im Folgenden soll der Versuch unternommen werden, relevante Angaben zu unserem Thema einmal zusammenzustellen und sie von verschiedenen Aspekten aus in ihrem jeweiligen und besonderen Kontext zu erhellen.

Um mit dem magisch kultischen Komplex zu beginnen, so ist zu beachten, daß die Mongolen des 13. Jahrhunderts vom Buddhismus in seiner synkretistisch lamaistischen Variante noch fast völlig unberührt waren. Dieser fand erst um die Wende des 16. Jahrhunderts Eingang in die Mongolei. Die dominierende Religionsform der breiten Volksschichten und der Steppenaristokratie war vielmehr der Schamanismus und dessen Zentralgestalt der Schamane. Wie auch anderwärts in Nord- und Innerasien bestand die primäre religiös-soziale Funktion der mongolischen Schamanen darin, als Mediator zwischen dem Dies- und Jenseits zu wirken, zwischen dem jeweiligen Klan und den supranormalen Mächten. RUBRUCK beschreibt eine genuine schamanistische Invokation, der er vermutlich selbst beiwohnte, mit den folgenden Worten[9):

> *Es sind unter ihnen auch einige, die die Geister beschwören und diejenigen, die von einem Dämon Antwort haben wollen, des Nachts in ihre Behausung kommen lassen. Sie legen dann gekochtes Fleisch mitten in die Jurte, und der Chan* [d.h. der Schamane], *der gerade die Beschwörung vornimmt, hebt seinen Zauberspruch an (incipit dicere carmina sua). In der Hand hält er dabei eine Trommel (timpanun), die er kräftig auf den Boden schlägt. Endlich gerät er in Raserei* [d.h. in Ekstase] *und lässt sich nun fesseln. Alsdann erscheint der Dämon in der Dunkelheit, und er gibt ihm das Fleisch zu essen, worauf dann der Dämon die Antworten erteilt.*

So glaubwürdig diese Beschreibung auch sein mag, so gehen wir hier – um mit HAENISCH zu sprechen – etwas leer aus, wo wir gerne Auskunft hätten. So erfahren wir z.B. nichts über Form und Konstruktion der Trommel. Wir dürfen jedoch wohl davon ausgehen, daß es sich um eine einfellige Rahmentrommel mit einem Rundstab als Handgriff gehandelt hat, in etwa analog den Schamanentrommeln des Altai-Sajan-Gebietes. Auffällig und äußerst ungewöhnlich ist jedoch, daß bei RUBRUCK die Trommel nicht mit einem Schlegel geschlagen, sondern kräftig auf den Boden gestoßen wird. Die Richtigkeit dieser Angabe kann nicht bezweifelt werden. RUBRUCK war nicht nur ein guter, sondern ein ganz ausgezeichneter Beobachter. Es ist anzunehmen, daß er hier nur ein Teilmoment des Gesamtgeschehens mitgeteilt hat, in dem der Schamane die Trommel auf den Boden schlug, um etwaige idiophone Metallobjekte, die an ihr befestigt waren, stärker zum Erklingen zu bringen.

Wie auch ansonsten war die magische Kraft der mongolischen Schamanen außerordentlich groß. So konnten sie z.B. nach RUBRUCK[10] mit ihren Liedern, vermutlich Beschwörungsgesängen sogar Einfluss auf die Atmosphäre gewinnen, d.h. Wetterzauber ausüben. Wetterzauber wird auch in der *Geheimen Geschichte* anläßlich eines gegen einen Feind gerichtetes Unwetter bezeugt, das aber umschlägt und sich gegen die Urheber des Zauberverfahrens richtet und diese in die Flucht treibt[11]. Umgekehrt schildert RASCHID AL-DIN ausführlich, wie ein übermächtiges Heer der Nordchinesen durch Wetterzauber von den weit unterlegenen Mongolen vernichtend geschlagen wird[12]. In beiden Fällen bleiben wir aber im Ungewissen, ob das Zauberverfahren durch Beschwörungsgesänge vollzogen wurde oder durch Jada-(d.h. Regen-)steine oder aber auch vielleicht durch Jadasteine, die an dem Schnurende von Schwirrern befestigt waren und in der Luft herumgeschwungen wurden[13].

In den gleichen magischen Komplex gehört weiterhin das rituelle Verfahren der Mongolen bei Eintritt einer Sonnen- oder Mondfinsternis. RUBRUCK berichtet[14]:

Wenn die Finsternis eintritt, so lassen sie Trommeln und andere Musikinstrumente (ipsi sonant timpana et organa)[15] ertönen und machen einen mächtigen Lärm und ein großes Getöse. Wenn aber die Verfinsterung vorüber ist, geben sie sich Zechereien und Schmausereien hin und halten ein großes Freudenfest.

Hier liegt ein archetypischer Ritus vor, der bei den verschiedensten Ethnien weltweit verbreitet ist[16]: Zweifelsohne liegt ihm die Vorstellung zugrunde, daß die Sonne oder der Mond von einem himmlischen Monstrum verfolgt wird oder verschlungen wurde, was Unheil für die Menschen bedeutet. Durch das die Dämonen abschreckende Getöse und Pfeilschüsse in den Himmel muß es vertrieben werden, weil das Leben auf Erden zu Ende geht, sofern das himmlische Licht in der Finsternis erlischt[16a].

Nur wenig sind wir über die Lieder unterrichtet, die die Mongolen des 13. Jahrhunderts gesungen haben. Dies kann nur mittelbar aus der *Geheimen Geschichte* erschlossen werden. Diese ist Mythos, epische Dichtung und dramatische Geschichtsschreibung zugleich, in etwa vergleichbar mit den Gesta des europäischen Mittelalters. Sie setzt sich aus Prosatexten zusammen, die ungefähr zu einem Drittel von poetischen Teilen interfoliert sind, insbesondere von Versen mit anlautendem Stabreim als dichterisches Mittel und Gedächtnisstütze in einer damals fast noch schriftlosen Zeit. Der russische Mongolist S. KOZIN hat die dichterischen Elemente analysiert und konnte zeigen, daß sie die verschiedensten Liedgattungen erkennen lassen, so außer Bruchstücken epischer Heldengesänge Lob- und Preislieder, wie sie auch heute noch von den Mongolen bei Pferderennen, Bogenschießen und Ringkämpfen zu Preis und Lob des Siegers vorgetragen werden, fernerhin Hochzeits- und Klagegesänge, Elegien, Lieder, die beim Wechsel des Lagers gesungen wurden u.a.[17].

Besonders Interesse für unser Thema beansprucht in der *Geheimen Geschichte* eine Opferhandlung anläßlich des Todes von Ongkhan, dem mächtigen Herrscher der Kereit, der das nestorianische Christentum angenommen hatte und in dem das Abendland die Gestalt des Priesterkönigs Johannes zu erkennen glaubte[18]. In Wirklichkeit entsprach er keineswegs dieser Vorstellung. Außer einem einzigen ermordete er alle seine Brüder, um die Macht zu usurpieren. Als er später von einem Späher der Naiman, einem anderen mächtigen Stamm, niedergemacht worden war, wurde ihm auf Geheiß von Gurbesu, der Königin-Mutter der Naiman, das Haupt abgeschlagen und zu ihr gebracht.

> *Da sie es erkannte* – ich zitiere – *legte sie es auf einen weißen Filz. Dann ließ sie ihre Schwiegertöchter die Schwiegertochterriten ausführen, richtete ein Weingelage her, ließ das Saitenspiel rühren und ergriff eine Schale und opferte. Da grinste das Haupt, als ihm so geopfert wurde*[19].

Auch hier kommen wir erneut zu kurz und erfahren nicht, welches Saiteninstrument während der Opferhandlung gespielt wurde. Der mongolische Ausdruck für *Saitenmusik spielen lassen (hu'ur'da' ulhu)* erteilt darüber keinen Aufschluß[20].

Hingegen erfahren wir von CARPINI, daß die Sangfreudigkeit der Mongolen recht beträchtlich gewesen sein muß. So schreibt er, daß sie, wenn sie ein oder zwei Tage ohne Nahrung waren, nicht ungeduldig werden, sondern singen und spielen, *als ob sie die beste Mahlzeit genossen hätten*[21]. Ebenso dürfte auch ihre Freude an musikalischen Darbietungen recht groß gewesen sein. So schreibt JUWAINI in seinem Geschichtswerk, daß Dschingis Khan nach der Eroberung von Buchara 1220 *die Weinbecher kreisen ließ und nach den Sängerinnen der Stadt schickte, damit sie singen und tanzen, während die Mongolen ihre Stimmen zu den Melodien ihrer eigenen Gesänge erhoben*[22].

Dschingis Khan scheint überhaupt eine besondere Vorliebe für musikalische Darbietungen gehabt und sich an ihnen erfreut zu haben, eine Vorliebe, die er an seine Söhne und Enkel weitergab. U.a. soll er tangutische Musiker bevorzugt haben, sein Sohn Ögödai solche der Kitan[23]. Über letzteren berichtet JUWAINI, daß er die Zeit damit verbrachte, sich mit Sängerinnen zu vergnügen und purpurnen Wein zu zechen[24]. In diesem Zusammenhang sei auch noch Hülagüs gedacht, des Enkels Dschingis Khans und des Begründers der mongolischen Dynastie in Persien. Als er 1258 Bagdad eroberte und die Einwohner der Stadt größtenteils massakriert wurden, schonte er das Leben Safi al-Dins, des wohl bedeutendsten arabischen Musiktheoretikers seit al-Farabi und Ibn Sina. Er nahm ihn alsbald in seine Dienste und setzte ihm ein fürstliches Jahresgehalt aus, das sich doppelt so hoch belief als dasjenige des letzten Abbasidenkalifen.

RUBRUCK war auch Zeuge dessen, daß ein Angehöriger der Dschingiskhaniden offenbar selbst Musik ausübte. Als er im unteren Wolgagebiet zum ersten Mal Mongolen antraf und ihm, wie er schreibt, war, als setze er den Fuß in eine andere Welt, begegnete er Dschagatai, einem Blutsverwandten Batus, um diesem ein Empfehlungsschreiben des lateinischen Kaisers von Konstantinopel, Balduin II., zu übergeben. Er berichtet, daß er, wennschon mit Furcht und Zagen, bei Dschagatai eintrat, der, eine kleine Zither in der Hand, auf seinem Ruhebett saß und neben ihm seine Gemahlin[25].

Der Sinn für musikalische Darbietungen wurde jedoch auch von den Statthaltern, den Landesfürsten in einzelnen Teilen des mongolischen Weltreichs geteilt. So erfahren wir z.B. von einem der Sendboten der südchinesischen Sung-Dynastie über Muqali, dem mongolischen Statthalter für Nordchina, das Folgende:

> *Der Landesfürst wird auch auf den Kriegszügen von Musikantinnen begleitet, im allgemeinen sind es siebzehn- bis achtzehn-(jährige) schöne Mädchen, (alle) klug und schlagfertig. Meist spielen sie auf einer vierzehnsaitigen und anderen (Instrumenten) Lieder wie Die Freuden des Großwürdenträgers und andere.*

47

Zum Takt klatschen sie sehr leise in die Hände. Ihr Tanz ist sehr eigenartig[26].
Hier stehen wir erneut Problemen gegenüber. Es fragt sich, ob die schönen jungen Mädchen mongolischer oder chinesischer Herkunft waren und auf welchem 14-saitigen Instrument sie wohl gespielt haben mögen. Ersterenfalls liegt die Annahme nahe, daß sie auf der mongolischen Zither *yatuhan*[27] gespielt haben. Die hübschen klugen Mädchen könnten jedoch auch chinesischer Abstammung gewesen sein und Muqali auf seinen Feldzügen mit ihrem Spiel auf einer chinesischen Zither vom Typus *cheng* delektiert haben. Bekanntlich pflegen Eroberervölker sehr rasch die Gepflogenheiten der von ihnen unterworfenen höherstehenden Kulturen zu übernehmen. In diesem Sinne ist wohl auch zu verstehen, wenn Muqali die chinesische Gesandschaft mit den Worten verabschiedet:

Immer wenn Ihr in eine gute Stadt (kommt), dann bleibt dort ruhig einige Tage länger. Dort bekommt Ihr guten Wein zu trinken, gute Speisen zu essen mit schönem Flötenspiel und Trommelschlag[28].

Doch um auf die Mongolen zurückzukommen, so erfahren wir auch etwas über ihren Stimmklang, wenn auch eurozentrisch völlig negativ abgewertet. So vergleicht der Dominikanermönch André LONGJUMEAU[29] den Gesang der Mongolen mit dem Heulen der Wölfe *(Cantates mugiunt ut Thauri, vel ululant ut lupi)*[30]. Aus dieser Aussage kann nur gefolgert werden, daß sich die Eigenart des mongolischen Klang- und Singstils beträchtlich von dem damaligen abendländischen unterschied, daß LONGJUMEAU ihn als fremd empfunden und somit ihn nicht verstanden hat. Anders verhält es sich mit Marco POLO, wie wir noch sehen werden. Sachlicher ist auch die Aussage einer armenischen Chronik, die die mongolischen Stimmen als scharf und durchdringend bezeichnet[31].

Von Tänzen ist oft die Rede, so vor allem in Verbindung mit dem traditionellen Trinkzeremoniell, ohne daß jedoch die Quellenberichte Auskunft erteilen, wie sie im einzelnen ausgeführt wurden. Eine bemerkenswerte Ausnahme bildet eine Textstelle in der *Geheimen Geschichte*, wo es heißt:

Der Ausdruck der Freude bestand bei den Manghol darin, sich durch Tanz und Festmahl zu ergötzen. Nachdem sie Hutula zum Herrscher erhoben hatten, tanzten sie um die dichtbelaubten Bäume bei Horhonah, bis sie zu den Hüften im Graben und zu den Knien im Staube standen[32].

HAENISCH hat daraus die richtige Schlußfolgerung gezogen, daß dieser Tanz ein Rundtanz war, und zwar ein Stampftanz[33]. Ein Rundtanz um einen Baum herum läßt sich auch noch aus der Zeit der Mongolenherrscher Persiens, der Il-Khane belegen, wobei allerdings nicht mitgeteilt wird, ob es sich hierbei gleichfalls um einen Stampftanz gehandelt hat[34].

Reichlicher fließen die Quellenberichte über das alttraditionelle Trinkzeremoniell und über die in diesem integrierten musikalischen Darbietungen. In diesem Zusammenhang sei nur kurz angedeutet, daß dieses Zeremoniell, verbunden mit Musik und Tanz, offenbar althergebrachte Sitte der innerasiatischen Steppenvölker gewesen ist, ein Zeremoniell, das in ihrem Leben eine bedeutsame Rolle spielte und nach einem streng eingehaltenen Ritual vollzogen wurde. Dschingis Khan hat das Zeremoniell in seine *yasa* aufgenommen, d.h. im mongolischen Gewohnheitsrecht, das zur höchsten Rechtssatzung über die von ihm unterworfenen Völker erhoben wurde. Ungeachtet aller Völkerverschiebungen und Überlagerungen konnte es derart in z.T. nur wenig veränderter Form bis in die neuere Zeit im traditionellen Bewußtsein verschiedener Ethnien Zentralasiens und Sibiriens weiter fortleben[35].

Sowohl CARPINI, RUBRUCK und Marco POLO wie auch Ibn BATTUTA bringen genauere Angaben über das Trinkzeremoniell. Aus diesen geht hervor, daß der weitläufige Komplex gemeinsamer Trinkgelage, so vor allem mit *kumys*, d. h. gegorener Stutenmilch, stets mit Gesang, Instrumentalmusik und Tanz vereinigt war. Damit erwies man dem Gastgeber und seinen Gästen besondere Ehrerbietung. Noch bis in jüngere Zeit war den Mongolen der Ausdruck *Die Trinkschale reichen* gleichbedeutend mit *Lieder singen zu Ehren des Gastes*[36]. Es war dies ein wesentliches Ingredienz der Etikette und gehörte gleichsam zum Protokoll. So berichtet z.B. CARPINI kategorisch von Batu, dem Khan der Goldenen Horde:

Nie trinkt Baty oder irgend ein Fürst der Tataren – gemeint sind die Mongolen –, *besonders wenn sie sich öffentlich zeigen, ohne daß ihnen zu Ehren gesungen oder auf der Zither (cithara) gespielt wird*[37].

Leider kommen wir hier erneut zu kurz. Das Wort *cithara* zeigt nicht an, welches Instrument mit ihm im besonderen gemeint ist. Der lateinische Originaltext lautet *nisi cantetur vel citarizatur*[38], wobei im 13. Jahrhundert *citharizatur* in der allgemeinen Bedeutung *auf einem Saiteninstrument, insbesondere einem Zupfinstrument spielen* gebraucht wird[39]. In Ermangelung eines Besseren wird es in den Übersetzungen im allgemeinen mit "Zither" oder "Guitarre" wiedergegeben. Es könnte dies allerdings tatsächlich eine Zither vom Typ *yatuhan* gewesen sein. Das Wort wird jedenfalls bereits in einem sino-mongolischen Glossar vom Ende des 14. Jahrhunderts verzeichnet[40].

Gesang als Ehrenbezeugung geht noch aus einer weiteren Beobachtung CARPINIs hervor, als er 1246 in Karakorum, der Residenz der Mongolenherrscher, der Wahl und Inthronisation des neuen Großkhans Kuyuk beiwohnte. Er schreibt, daß Kuyuk zu Ehren immer gesungen wurde, sobald dieser aus seinem Zelt trat[41].

Das Trinkzeremoniell war jedoch nicht etwa nur ein Privilegium der mongolischen Steppen- und Feudalaristokratie, sondern den Mongolen insgemein eigen. Dies bezeugt eindeutig der folgende Bericht RUBRUCKs, der generell das Brauchtum der Mongolen beschreibt:

Kumys steht immer in der Jurte vor dem Türeingang, und daneben steht ein Zitherspieler mit seiner kleinen Zither. Zithern und Geigen, wie wir sie haben (citharas et viellas nostras), habe ich dort nicht gesehen, hingegen viele andere Instrumente, die man bei uns nicht hat. Schickt sich der Hausherr an zu trinken, so ruft ein Diener mit lauter Stimme: Ha! und der Zitherspieler schlägt sein Instrument. Feiern sie ein großes Fest, so klatschen alle in die Hände und tanzen auch nach der Musik der Zither, die Männer vor dem Herrn, die Weiber vor der Herrin. Hat der Hausherr getrunken, so ruft der Diener wie vorher, und der Zitherspieler verstummt. Dann trinken alle in der Runde, Männer und Frauen, und manchmal zechen sie um die Wette, daß es nimmer schön ist, ohne Maß und Ziel[42]

Anschließend schildert RUBRUCK noch, wie, wenn jemand zum Trinken gebracht werden soll, er kräftig an den Ohren gezogen wird, *um ihm gleichsam die Kehle zu weiten*, wie man sich dann zu dritt mit einem vollen Becher, singend und tanzend, zu ihm begibt, ihn durch wiederholtes Zurückziehen des Bechers solange reizt, bis er ordentlich Durst bekommen hat. *Dann erst geben sie ihm den Becher und singen und klatschen mit den Händen und trampeln, bis er getrunken hat, mit den Füßen*[43].

Zu welch abstrusen Folgen die zeremonielle Trinksitte führen konnte, zeigt noch ein weiterer Bericht RUBRUCKs aus Karakorum anläßlich des Besuches einer der Frauen des Großkhans Mangu in einer christlich nestorianischen Kirche, in der RUBRUCK mit einem Gefährten zugegen war[44]. Auf Geheiß mußten beide zunächst auf ihre Weise einen Psalm anstimmen, worauf sie das *Veni sancte spiritus* sangen. Mangus Frau nahm sodann einen vollen Becher in ihre Hand, und alle Priester sangen mit lauter Stimme, bis sie den Becher geleert hatte. RUBRUCK und sein Gefährte mußten nochmals laut singen, so oft sie trinken wollte. Als sie am Abend betrunken war, stieg sie auf ihren Wagen und fuhr unter dem Geheul und Gesang der nestorianischen Priester davon.

Auch mongolische Sendboten wurden mit Musik geehrt. So berichtet einer der chinesischen Abgesandten, der sich 1221 in Peking am Hof von Muqali, dem Statthalter für Nordchina, aufhielt, daß die mongolischen Sendboten in den Städten vor den Stadttoren mit Trompeten und Pauken, Fahnen und Flaggen, Sängerinnen und Musik feierlich eingeholt und verabschiedet wurden[45]. RUBRUCK bestätigt diesen Brauch, als er auf der Reise nach Karakorum in Begleitung eines Sendboten Batus in das Gebiet des Großkhans Mangu kam. Bei Ankunft des Sendboten wurde dieser überall mit Gesang und Händeklatschen empfangen. RUBRUCK hebt ausdrücklich hervor, daß dies mongolische Sitte sei. Er fügt jedoch hinzu, daß man es im Gebiet von Batu aus Hochmut nicht mehr so genau damit nehme[46].

Ebenso wie über die musikalischen Darbietungen des Trinkzeremoniells sind wir auch über die musikalischen Praktiken der Mongolen vor und zu Beginn von Kampfhandlungen unterrichtet. Insbesondere verdanken wir Marco POLO eine wunderbare und äußerst anschauliche Beschreibung. Die entsprechende Textstelle lautet:

Denn der Brauch der Tataren ist, daß, bevor sie die Schlacht beginnen, sie singen und eines ihrer Instrumente mit zwei Saiten spielen, was sehr angenehm ist. Und so setzen sie weiter fort in ihrer Schlachtordnung, singend und spielend, bis die große nacar des Fürsten ertönt. Sobald diese zu ertönen beginnt, beginnt auch der Kampf auf beiden Seiten, und unter keinen Umständen wagt jemand den Kampf zu beginnen, bevor die nacar des Fürsten ertönt[47].

In dieser Beschreibung sind zwei Phasen zu unterscheiden: 1. Musik in Erwartung des Beginns der Kampfhandlung, vermutlich weniger um die Zeit zu vertreiben als um die Streitlust anzufachen oder aber auch beides zugleich und 2. Paukenschläge als Signal zum Einsatz im Kampf. Marco POLO hat leider nicht angegeben, welche Gesänge vor der Schlacht gesungen wurden. Der russische Akademiker und Mongolist B. VLADIMIRCOV deutet jedoch vorsichtig an, daß es epische Heldengesänge gewesen sein könnten[48]. Solchenfalls wäre dies ein Usus gewesen, analog demjenigen der Araber in frühislamischer Zeit bis hin zu den Omhijaden oder demjenigen, den Tacitus für germanische Stämme bezeugt hat. Im Ungewissen läßt uns Marco POLO fernerhin, auf welchem zweisaitigen Instrument gespielt wurde. Es könnte dies entweder ein Zupfinstrument vom Typus *tobsiɣur* bzw. *tobshuur*[49] gewesen sein oder aber auch ein Streichinstrument wie etwa das *morin khuur* bzw. *morin toluɣaitu quur* (= die pferdeköpfige Geige)[50]. Wir wissen es nicht.

Anders verhält es sich mit dem Wort *nacar*, obgleich der eigentliche Name *ke'urge* bzw. *ko'urge* war[51]. Hier ist ganz offensichtlich von einer Kesselpauke oder einem Kesselpaukenpaar die Rede. Der Usus auf Pauken zu schlagen als Signal zum Kampfbeginn war gleichsam panasiatisch. Er begegnet allenthalben in Asien, so in China, auf dem asiatischen Subkontinent, im Mittleren Osten und im Vorderen Orient und wurde von dort aus bekanntlich zur Zeit der Kreuzzüge vom Abendland übernommen. Die Mongolen ihrerseits übernahmen ihn vermutlich von den Kitan zur Zeit der Liao-Dynastie (927–1125) in Nordchina. Er läßt sich jedenfalls bereits aus der Frühzeit der Mongolen in der *Geheimen Geschichte* belegen. Wir erfahren hier sogar, daß die Pauke mit der Haut eines schwarzen Stieres bezogen war. Und auch hier dienen die Paukenschläge als Zeichen für den Beginn einer Kampfhandlung. Die entsprechende Textstelle lautet:

Mit Streuopfern weihte ich die weithin sichtbare Standarte,
Schlug die dröhnende Pauke, die mit schwarzer Rindshaut bespannt,
Mein schnelles Roß bestieg ich, habe mein festes Wams angelegt...
Laßt uns gegen die Ha'at-Merkit zum Kampf gehen[52].

Indirekt läßt sich diese Funktion der Paukenschläge noch aus der folgenden Textstelle in der *Geheimen Geschichte* entnehmen:

Dieser Toho'ta, der sich ängstigt,
wenn einer auf den Sattelfilz klopft,
weil er dies für der Pauke Ton hält,
Weilt nun auf der Kamelhengst-Steppe[53]:

Weiterhin erfahren wir noch aus der *Geheimen Geschichte*, daß laut Anordnung von Dschingis Khan die Nachtwachen u.a. für die neunzipflige Yakfahne und die Pauke als Insignien und Embleme seiner Macht Sorge zu tragen hatten, eine Anordnung, die Ögödai Khan nach dem Tod seines Vaters erneuerte[54].

Nach Angabe der chinesischen Sendboten wurden Pauken und Fahnen als begehrte Auszeichnung an besonders verdienstvolle Heerführer verliehen[55]. Fernerhin können wir dieser Angabe noch entnehmen, daß Paukenschläge nicht nur das Signal zum Kampfbeginn gaben, sondern auch zum Sammeln des Heeres[56]. Auch späterhin noch spielten bei den Il-Khanen Persiens Pauken als Insignien und Symbole der Investitur eine gewichtige Rolle. So hatte jeder königliche Prinz Anrecht auf Kesselpauken, ebenso die Fürsten und der Wezir. Die Il-Khane selbst besaßen hingegen als musikalisches Emblem ihrer Macht eigene und besonders große Kesselpauken, die fast Mannshöhe hatten und bei ihrem Tod nach dem Leichenbegängnis in Stücke zerschlagen wurden[57].

Die gewaltigen kriegerischen Eroberungen der Mongolen im 13. Jahrhundert konnten nicht nur erzielt werden dank der geschickten Taktik und Strategie ihrer Heerführer, der straffen Organisation und Disziplin sowie der äußerst großen Beweglichkeit ihrer Reiterheere, sondern auch dank ihrer Waffentechnik. Zu dieser gehörten u.a. tönende oder heulende Kolbenpfeile, d.h. Pfeile, bei denen zwischen Schaft und Spitze ein Hohlkolben mit scharfrandigen Löchern eingesetzt war. Der Ton bzw. die Töne, die beim Flug der Pfeile durch die entgegenströmende Luft entstehen, werden von der im Hohlkolben eingeschlossenen Luft übernommen und dadurch ihre Schallstärke bis zum Sausen auf das Höchste gesteigert. Tonhöhe und Klangfarbe werden determiniert durch Größe, Form und Material des als Resonator wirkenden

Kolbens. Ihr Formreichtum ist ungewöhnlich groß. Auf Einzelheiten kann hier nicht eingegangen werden. Es sei stattdessen auf einen Aufsatz von K. URAY-KÖHÄLMI verwiesen, in dem der Autor vor allem anhand eines umfangreichen sprachlichen Materials diesen Formreichtum analysiert, die Nomenklatur, Typologie und die Funktionsbereiche der Kolbenpfeile als Jagd- und Signalgeräte, Nachrichtenvermittler und Kriegswaffen aufzeigt[58]. Letzterenfalls dienten sie dazu, den Feind einzuschüchtern, ihn in Verwirrung und Schrecken zu versetzen.

Die tönenden Pfeile waren nicht etwa eine sinnreiche Erfindung der Mongolen. Sie waren vielmehr ganz offensichtlich Gemeingut der innerasiatischen Reitervölker. Bereits die chinesischen Annalen aus dem 3. Jahrhundert v. Chr. wissen zu berichten, daß die Hiung-nu, d.h. die Hunnen sich ihrer bedienten[59]. Auch den Orkhon-Türken des 6.-8. Jahrhunderts waren sie bekannt. Die Mongolen dürften sie von den Nomadenreichen, die dem ihren vorausgegangen waren, übernommen haben. Für ihre Frühgeschichte bezeugt sie bereits die *Geheime Geschichte*[60]. Sie erzählt, wie Dschingis Khan in jungen Jahren, als sein Rufnahme noch Temudjin war, seinen Schwurbruderschaftsbund mit Jamuha, der ihm im Kampf beigestanden hatte, erneuerte, wie Jamuha tönende Pfeile herstellte, indem er den Kolben aus den Hörnern eines zweijährigen Rindes zurechtschnitt, ihn an die Pfeilschäfte leimte, durchlöcherte und wie er dann die Pfeile Temudjin zum Geschenk machte. Späterhin scheinen Dschingis Khan solche einfachen Pfeile mit Kolben aus Horn, Holz oder Knochen nicht mehr recht befriedigt zu haben. Aus einer Quelle erfahren wir jedenfalls, daß er einen Chinesen in seiner näheren Umgebung damit beauftragte, tönende Pfeile für ihn zu verfertigen[61].

Im Reisebericht von RUBRUCK lesen wir fernerhin noch von zwei tönenden Kolbenpfeilen aus Silber, *voll von Löchern, so daß sie beim Abschießen im Flug ein Pfeifen hören ließen wie von Rohrpfeifen*[62]. Mangu Khan übergab sie mit einem Bogen, den zu spannen kaum die Kraft zweier Männer ausreichte, einem mongolischen Sendboten mit dem Auftrag, sie dem König der Franken zu überreichen und ihm zu sagen, daß, wenn er Frieden haben, d.h. sich unterwerfen will, so sei dies gut. *Will er aber nichts davon wissen* – ich zitiere –, *so bringe Bogen und Pfeile wieder zu uns, nachdem Du gesagt hast, daß wir mit solchem Bogen weit schießen und scharf treffen*. Der Bogen und die beiden Pfeile aus Silber symbolisieren hier drastisch und unmißverständlich den absoluten und universalen Machtanspruch der mongolischen Großkhane auf die Herrschaft über die damals bekannte eurasiatische Welt im Sinne der Worte, die Mangu Khan später in einem Sendschreiben an den französischen König richtete und RUBRUCK vor dessen Rückreise mitgab: *Von dem ewigen Gott ward bestimmt: Ein ewiger Gott nur ist im Himmel, ein Herr nur soll auf Erden sein*[63] (*Preceptum eterni Dei est: In celo non est nisi unus Deus eternus, super terram non sit nisi unus dominus*[64]).

Die ungeheuere Ausdehnung des mongolischen Imperiums, das sich von Südchina über Innerasien bis hin nach Persien und Osteuropa erstreckte, machte ein bis ins einzelne durchorganisiertes Postwesen erforderlich, um derart das große und so vielseitige Reich zentralistisch administrieren und beherrschen zu können. Die Einrichtung von Relais zwecks Übermittlung amtlicher Mitteilungen und Befehle, der Beförderung von Personen und Sachgütern gab es bereits schon ebenso wie in China so auch in anderen alten Kulturen und mehr oder minder zentralistisch administrierten

Staatswesen. Angesichts der enormen Entfernungen innerhalb des mongolischen Weltreichs gewann jedoch hier das Kurierwesen an Gewicht. So konnte der Groß-khan Ögödai in der *Geheimen Geschichte* mit Stolz feststellen: *Von allen Punkten war die Sache der Poststelleneinrichtung der allerbeste Vorschlag*[65]). Die beste Be-schreibung des Postwesens zur Zeit der Yüan-Dynastie in China, bewundernswert und unübertreffbar an Zeitnähe und Anschaulichkeit, verdanken wir erneut Marco POLO. Er schreibt u.a.:

> *Sie* [die Eilboten] *tragen große Gürtel, an denen mehrere kleine Glocken (son-nailes) hängen, damit man ihr Kommen schon von weitem hören kann, und dann macht sich der Kurier im nächsten Dorf fertig, übernimmt das Paket und eilt davon. Auf diese Weise kann eine Nachricht so schnell von Station zu Station übermittelt werden, daß der Kaiser innerhalb von achtundvierzig Stunden Botschaften aus Entfernungen erhält, für die man normalerweise mindestens zwölf Tage benötigt*[66]).

Ergänzt wird diese Angabe noch mit der folgenden:

> *Wenn aber ganz besondere Eile geboten ist, wenn zum Beispiel Nachrichten von Aufständen, von der Rebellion eines Fürsten oder dergleichen überbracht werden sollen, so reiten die Boten 200-250 Meilen an einem Tag… Wenn sie sich der Poststation nähern, stoßen sie in ein lautschallendes Horn, damit die Pferde fertig sind, bis sie kommen, springen auf und legen auf diese Weise ge-waltige Entfernungen zurück. In solch dringenden Fällen reiten sie auch die Nacht hindurch, wobei sie, wenn der Mond nicht scheint, von Läufern mit Fackeln geleitet werden*[67]).

Die Zeit ist bereits sehr vorgeschritten, und ich will Ihre Geduld nicht länger noch auf härtere Proben stellen. Ich versage es mir daher über das mechanische Musik-werk von Guillaume Boucher zu berichten, der im Auftrag des Großkhans Mangu am Eingang seines Palastes in Karakorum einen großen kunstvollen Baum aus Sil-ber errichtete. RUBRUCK hat diesen Baum in seinem Reisebericht ausführlich be-schrieben[68]). Guillaume Boucher war ein Goldschmied aus Paris, der bei der Erobe-rung von Budapest im Jahr 1240/41 in mongolische Gefangenschaft geriet und in die Mongolei verschleppt wurde. Sein kunstvoller Baum spendete zweimal im Jahr Getränke anläßlich großer Empfänge und Festgelage im Rahmen des traditionellen Trinkzeremoniells. Oben war der Baum mit einem christlichen Symbol in Gestalt ei-nes trompetenden Engels gekrönt, der gleichsam hier also die Stelle des Zitherspie-lers einnimmt. Auf Einzelheiten einzugehen, verbietet die Zeit. Dies erübrigt sich auch insofern, als Leonardo OLSCHKI[69]) Guillaume Boucher eine hervorragende Arbeit gewidmet hat, die dessen Tätigkeit in Karakorum allseitig beleuchtet und auf die hier nur hinverwiesen werden kann.

Abschliessend sei zugegeben, daß unsere Quellen zwar zahlreiche Informationen über das musikalische Brauchtum der Mongolen des 13. Jahrhunderts verzeichnen, über den Kontext, in dem ihre Gesänge und ihr Instrumentalspiel gestanden haben, aber – wie nicht anders zu erwarten – keine Auskünfte über die Musik selbst. Diese kann nur indirekt aus der heutigen usuellen Praxis ermittelt werden, die vielfach al-tes Traditionsgut in oraler Kommunikation bis in die jüngste Zeit noch lebendig be-wahrt hat.

ANMERKUNGEN

1) E. HAENISCH 2/1948, S. IX. Eine Neuauflage mit Rekonstruktion der alliterierten Reime wurde unlängst von W. HEISSIG besorgt. Entsprechende Textstellen aus der *Geheimen Geschichte* werden hier aus dieser Neuauflage (HEISSIG 1981) zitiert. Übersetzungen in andere Sprachen folgten derjenigen von E. HAENISCH, so 1941 diejenigen von S. KOZIN ins Russische und 1949 posthum von P. PELLIOT ins Französische. Die Entstehungszeit der *Geheimen Geschichte* ist umstritten. Sie dürfte jedoch de facto 1240 niedergeschrieben worden sein. Die beiden letzten der 12 Bücher wurden aber vermutlich späterhin mehrfach umgearbeitet. Der Verfasser ist unbekannt.

2) CARPINI (1182–1252), langjähriger Schüler und Gefährte des Franciscus von Assisi, erhielt 1245 in Lyon von Papst Innocenz IV. den delikaten Auftrag, ein Sendschreiben dem mongolischen Großkhan zu überreichen. Obwohl schon recht betagt, unterzog er sich dieser weiten, gefahrvollen und beschwerlichen Reise. Diese führte ihn zunächst in das untere Wolgagebiet an den Hof von Batu, dem Khan der Goldenen Horde, und dann durch ganz Innerasien nach Siri Orda, der Sommerresidenz der mongolischen Herrscher. Nach Inthronisation des neuen Großkhans Kuyuk verweilte er etwa ein Vierteljahr an dessen Hof, bis ihm endlich eine Antwort ausgehändigt wurde und er die Rückreise antreten konnte. Erst im Juni 1247 traf er wieder in Lyon bei Papst Innocenz ein. Seine Mission führte zu keinem Ergebnis.

3) RUBRUCK oder RUYSBRUCK (ca. 1215–126?) wurde in Flandern geboren. Der inoffizielle Auftrag, den ihm König Ludwig IX. auf Zypern erteilte, bezweckte ausschließlich, den römisch katholischen Glauben unter den Mongolen zu verbreiten. Seine Reise verlief in etwa wie diejenige von Carpini. Ende Dezember 1253 traf er in der Nähe von Karakorum in der Residenz des Großkhans Mangu ein und hielt sich an dessen Hof mehr als ein halbes Jahr auf. Mitte Juni 1255 kehrte er nach Zypern zurück, das König Ludwig nach seinem mißglückten Kreuzzug bereits ein Jahr zuvor verlassen hatte. Sein Reisebericht ist eine wahre Fundgrube wertvollster Information über die Mongolen. Wie er selbst erkannte, verlief seine Mission ergebnislos.

4) Marco POLO (ca. 1254–1324), gebürtiger Venetianer, begleitete seinen Vater und Onkel auf deren zweiten Reise nach China, die mehr als 24 Jahre von 1271–1295 währte. Er stand in hoher Gunst bei Kublai Khan, dem Begründer der mongolischen Yüan-Dynastie in China, und unternahm in dessen Auftrag ausgedehnte Reisen. Nach seiner Rückkehr geriet er 1298 in Genueser Kriegsgefangenschaft und diktierte im Gefängnis einem Leidensgefährten seine Erlebnisse und Erinnerungen. Marco POLOs Bericht zeichnet sich aus durch Lebensnähe, Intelligenz und Weite des Horizonts und eröffnete als bedeutendster Reisebericht des Mittelalters dem Abendland Ausblicke in eine bis dahin völlig verschlossene Welt.

5) Nach W. BANCK (OLBRICHT-PINKS 1980, S. VII) dürfen die beiden Gesandschaftsberichte *als die bedeutendsten und umfassendsten frühen Quellen bis zum Ende der Regierungszeit Ögödai's (1229–1241) gelten*. Der erste Bericht stammt von einem Abgesandten, der sich 1221 in diplomatischer Mission in Peking am Hof Muqalis, des mongolischen Statthalters für Nordchina, aufhielt. Der zweite Bericht in Form eines Doppelberichtes geht auf Informationen zurück, die 1233–1236 von Angehörigen südchinesischer Gesandschaften während ihres Aufenthaltes am Hof Ögödais eingebracht wurden. Teils sind diese als Augenzeugenberichte zu werten, teils als Informationen aus zweiter Hand.

6) Ibn BATTUTA (1304–1377) durchquerte in 26-jährigen Reisen die im 14. Jahrhundert bekannte oder nur wenig bekannte nichtchristliche Welt. Sie führten ihn im Osten bis zum Stillen Ozean, im Süden bis in das heutige Mozambique und im Norden in das Wolgagebiet an den Hof von Özbek Khan. Sein bewundernswertes Reisewerk, das er auf Wunsch des marokkanischen Sultans Abu Inan in die Feder dessen Sekretärs diktierte, darf als eines der wertvollsten und umfassendsten Reiseberichte gelten, das das Mittelalter aufzuweisen hat. Es steht demjenigen von Marco Polo nicht nach und übertrifft es sogar an Weltweite.

7) JUWAINI 'Ara-Malik (1226–1283) entstammte einer der vornehmsten Familien Persiens und legte in jungen Jahren die Reise nach Karakorum zweimal zurück. Nach eigenen Angaben wurde er schon damals dort aufgefordert, eine Geschichte der mongolischen Eroberungen zu verfassen, ein Auftrag, dem er sich alsbald unterzog. Später amtierte er als Gouverneur von Bagdad. Er soll sich große Verdienste um die Wiederherstellung des Wohlstandes dieser Stadt erworben haben, fiel aber in seinen letzten Lebensjahren in Ungnade.

8) RASCHID AL-DIN (1247–1318) stammte aus einer jüdischen Familie, konvertierte aber mit 30 Jahren zum Islam und stieg alsbald in der Gunst der Il-Khane Persiens als ihr Wezir. Infolge falscher Beschuldigungen und Intrigen fiel er jedoch in Ungnade und wurde 1318 grausam hingerichtet. Im Auftrag des Il-Khans Ghazan schrieb er eine offizielle Geschichte der Mongolen und ihrer Eroberungen. Zu der "Geheimen Geschichte" die, wie der Titel anzeigt, als geheime Chronik nur Angehörige der mongolischen Herrscher einsehen durften, hatte er keinen Zugang. Doch erhielt er mündliche Informationen von einem seiner Freunde mongolischen Stammes, der als Repräsentant des Großkhans am persischen Hof über sie zu wachen hatte. Auf Geheiß des Nachfolgers von Ghazan, des Il-Khans Öljeitu, verfasste er dann seine berühmte Universalgeschichte, im Mittelalter die erste und einzige ihrer Art.

9) RISCH 1934, S.289–290.

10) Ebda, S.287.

11) HEISSIG 1981, S.58.

12) BOYLE 1971, S.36 f.

13) Ausübung von Wetterzauber vermittels Regensteinen war offenbar ein althergebrachter Brauch verschiedener altaischer Völker und wurde noch bis in jüngere Zeit praktiziert. Im allgemeinen bestand das Verfahren darin, Bezoar-Steine unterschiedlicher Größe in ein Gefäß mit Wasser zu tauchen und sie in diesem hin- und herzubewegen, wobei Beschwörungsformeln hergesagt oder auch gesungen wurden. Vgl. hierzu FRANKE 1956, S.97, sowie DOERFER 1963, S.286–289, wo auch weitere einschlägige Literatur hierzu mitgeteilt wird. Über Wetterzauber mit einem Regenstein, der, an einer Schnur befestigt, in der Luft herumgeschwungen wird, berichtet anschaulich W. RADLOFF von den Tuvinern (Sojonen bzw. Sojoten), einem turksprachigen Volk, das nordwestlich von der Mongolei wohnhaft ist und viele Kulturelemente mit den Mongolen gemeinsam hat, so auf volksmusikalischem Gebiet u.a. außer pentatonischer Melodiebildung das Instrumentarium und den zweistimmigen Sologesang *(xöömij)*. RADLOFF II, 1893, S.180 schreibt: *Eine Sojonenfrau brachte einen Jada-tasch herbei und einer meiner Führer führte mit diesem die Ceremonie aus. Er befestigte den Stein mit einer fusslangen Schnur an einem Stab, hielt den Stein über's Feuer und ließ ihn vom Rauche beschlagen, dann schwang er den Stab nach allen Seiten in der Luft umher, während er mit lauter Stimme die Beschwörungsformel sang.* Es bleibe allerdings dahingestellt, inwieweit es sich methodologisch verantworten läßt, von dem Verfahren der Tuviner des 19. Jahrhunderts auf dasjenige der Mongolen des 13. Jahrhunderts rückzuschließen.

14) RISCH 1934, S.280.

15) WYNGAERT 1929, S.301.

16) S. hierzu LEACH, Artikel "Eclipses" I, 1949, S.337 f.

16a) Noch im 19. Jahrhundert war den Burjatmongolen diese Vorstellung geläufig. So berichten N. AGAPITOV und M. N. CHANGALOV in ihrer Arbeit über die Erforschung des sibirischen Schamanismus Folgendes: *When there is an eclipse of the sun or moon, said a Balagansk shaman, this is because they have been swallowed by an alkha, a monster without trunk or limbs, having only a head. The sun, or the moon, then cries "Save me!" and all the people shout and make a great noise, to frighten the monster* (zitiert nach M. A. CZAPLICKA 1914, S.287). Vgl. hierzu auch PALLAS 1801, S.41.

17) zitiert nach POUCHA 1950, S.184 f.

18) Die nestorianische Kirche entfaltete eine intensive Missionstätigkeit unter den Mongolen mit der Folge, daß Angehörige der Steppenaristokratie z.T. in hoher Stellung für das Christentum gewonnen werden konnten. Dies trug nicht zuletzt dazu bei, daß sich das Abendland übertriebene Vorstellungen von der Ausbreitung des Christentums in Innerasien hingab und große Hoffnungen erweckte, durch Bekehrungsarbeit den Machtbereich der römischen Kirche bis in jene entlegenen Gebiete ausdehnen zu können. Im Grunde verblieben aber die Mongolen Schamanisten. Die Annahme des nestorianischen Christentums erfolgte wohl aus abergläubischer Furcht und innerer Unsicherheit, es mit keiner der grossen Gottheiten zu verderben, die sie vor Angriffen feindlicher Dämonen schützen könnten. So ist auch die weitgehende Toleranz der Mongolen anderen Religionsformen gegenüber zu verstehen, gleichviel ob Konfuzianismus, Taoismus, Lamaismus, Islam oder Nestorinismus. In einem Religionsgespräch mit Rubruck vor dessen Rückkehr nach Zypern äußerte der Großkhan Mangu diesem gegenüber u.a.: *"Wie Gott der Hand verschiedene Finger gegeben hat, so hat er auch den Menschen verschiedene Wege gegeben, selig zu werden"* (RISCH 1934, S.275).

19) HEISSIG 1981, S.93.

20) HAENISCH 1939, S.73. Das Wort *hu'ur'da* steht zweifelsohne in Beziehung zu mongolisch *qugur*, das stets ein gezupftes oder gestrichenes Saiteninstrument bezeichnet. Nach DOERFER 1963, S.443, ist das Wort lautgesetzlich aus urtürkisch *qopur* entstanden. Von ihm abgeleitet ist alttürkisch *qopuz*, ein Wort, das in unterschiedlichen Abwandlungen als Bezeichnung von Saiteninstrumenten in die Sprache verschiedenster Ethnien Eingang gefunden hat, so u.a. auch ins Mittelhochdeutsche als Benennung einer Lautenart. Mitunter wird das Wort elliptisch auch auf andere Musikinstrumente übertragen, aber sprachlich dadurch differenziert, das ihm ein Nomen vorangestellt wird wie z.B. mongolisch *temür* (= Eisen) oder *aman* (= Mund) als Bezeichnung für die Maultrommel. Das Wort *qugurči* ist *nomen actoris* und bedeutet denjenigen, der auf dem *qugur* spielt.

21) RISCH 1930, S.90 f.

22) BOYLE 1958, S.104.

23) COURANT 1921, S.84.

24) BOYLE 1958, I, S.200

25) RISCH 1934, S.82 f.

26) OLBRICHT-PINKS 1980, S.82.

27) S. hierzu EMSHEIMER 1943, S.90–92, sowie Pl. V: 2 und VIII: 2. Nach DOERFER 1963, S.549–550, könnte sich das Wort *yatuhan* etymologisch von türkisch *yatqan* (= liegend) ableiten, da es sich um eine Zither handelt, die liegend gespielt wird. Ihm zufolge kann diese Etymologie jedoch nicht als gesichert angesehen werden.

28) OLBRICHT-PINKS 1980, S.83.

29) Noch vor RUBRUCK entsandte König Ludwig von Zypern aus André LONGJUMEAU nach Karakorum, um dem Großkhan ein Sendschreiben zu überbringen. Nach Kuyuks Tod regierte dort während eines Interregnums dessen Witwe, die das Sendschreiben in äußerst anmaßendem Ton beantwortete und die Unterwerfung König Ludwigs forderte. Ein Reisebericht LONGJUMEAUs hat sich nicht erhalten. Durch Vermittlung seines Ordensbruders und Zeitgenossen Vincent de BEAUVOIX sind wir nur z.T. über denselben unterrichtet.

30) Zitiert nach ROCKHILL 1900, S. XVIII. Die *Geheime Geschichte* (HEISSIG 1981, S. 9) beginnt mit den Worten: *Der Urahn Dschingis Khans war ein vom Himmel erzeugter, schicksalserkorener grauer Wolf.* Es ist unwahrscheinlich, daß André de LONGJUMEAU dieses mythische Motiv bekannt war. Eher ist anzunehmen, daß er mit seiner Aussage lediglich den ihm fremden und abstoßenden Klang- und Singstil der Mongolen kennzeichnen wollte.

32) HEISSIG 1981, S.18. Hutula war ein Großonkel Dschingis Khans. Auch RASCHID AL-DIN (BOYLE 1971, S. 223) berichtet über diesen Tanz, hier aber als Ausdruck der Freude über einen errungenen Sieg.

33) HAENISCH 1931, S. 30.

34) NEUBAUER 1969, S.247 f.

35) S. hierzu BLEICHSTEINER 1950, S.181–208.

36) GOMBOEV 1857, S.841.

37) RISCH 1930, S.228.

38) WYNGAERT 1929, S.110.

39) STEGER 1971, S.54–56.

40) HAENISCH 1957, S.17.

41) RISCH 1930, S.240.

42) RISCH 1934, S.43 f.

43) RISCH 1934, S.45.

44) RISCH 1934, S.210 f.

45) OLBRICHT-PINKS 1980, S.75.

46) RISCH 1934, S.146.

47) Zitiert nach PAUTHIER I, 1865, S.245.

48) VLADIMIRCOV 1923, S.7. In der gleichen Arbeit (S.34) schildert VLADiMIRCOV aus dem Mund eines berühmten westmongolischen Barden eine Episode, die sich 1912 während des Kampfes der Mongolen um ihre Unabhängigkeit von China bei der Belagerung der Stadt Kobdo zutrug, in die eine chinesische Militärabteilung verlegt war. Bei dieser Gelegenheit trug der Barde im Lager zur Begleitung seines *tobsi*ɣur die Heldenepopöe *Bum-Erdeni* vor und konnte damit die Begeisterung und Kampfeslust der Mongolen derart entfesseln, daß sie sich sogleich dazu anschickten, die Festung der Stadt zu stürmen. VLADIMIRCOV erinnert in diesem Zusammenhang an den Vortrag des Rolandliedes seitens eines normannischen Barden vor der Schlacht bei Hasting im Jahr 1066, durch den es diesem gelang, die Kampfglut der Normannen anzuschüren.

49) S. hierzu EMSHEIMER 1943, S.93.

50) S. hierzu HASLUND-CHRISTENSEN 1943, S.35–37; – EMSHEIMER 1943, S.82–89; – NAKAGAWA 1980, S. 234–238.

51) Das Wort *ko'urge* ist nach DOERFER 1963, S.475, aus dem Türkischen *kübrüg* entlehnt. Es bezeichnet sowohl die Pauke als auch die Trommel und wird entsprechend bald mit dem einen, bald mit dem anderen übersetzt, ohne daß sich eindeutig entscheiden läßt, welches der beiden Instrumente gemeint ist.

52) HEISSIG 1981, S.37.

53) Ebda.

54) HEISSIG 1981, S.172.

55) OLBRICHT-PINKS 1980, S.109. Nach DOERFER 1963, S.474. bezeugen chinesische Quellen Pauken als Symbole der Investitur eines Fürsten bereits für die Alttürken des 7. Jahrhunderts.

56) OLBRICHT-PINKS 1980, S.74.

57) Zitiert nach FARMER 1939, S.12 f.

58) URAY-KÖHALMI 1953, S.45–71.

59) GROOT 1921, S.49.

60) HEISSIG 1981, S.43.

61) PELLIOT 1929, S.173.

62) RISCH 1934, S.202 f.

63) RISCH 1934, S.292.
64) WYNGAERT 1929, S.307.
65) HEISSIG 1981, S.176.
66) KUNST 1972, S.169.
67) KUNST 1972, S.170. OLBRICHT 1954 hat dem Postwesen in China unter der Mongolenherrschaft eine ausführliche Abhandlung gewidmet.
68) RISCH 1934, S.239–243.
69) OLSCHKI 1946.

VERZEICHNIS DER ZITIERTEN LITERATUR

BLEICHSTEINER 1950   R. BLEICHSTEINER, Zeremonielle Trinksitten und Raumordnung bei den turko-mongolischen Nomaden, in: Archiv für Völkerkunde 5, 1950.

BOYLE 1958   J. A. BOYLE, The History of the World-Conqueror by 'Ala-ad Din 'Ata-Malik Juvaini, translated from the Text of Mirza Muhammud Quazvini by John Andrew BOYLE, Manchester 1958.

BOYLE 1971   J. A. BOYLE, The Successors of Genghis Khan, translated from the Persian of Rashid al-Din by John Andrew BOYLE, New York/London 1971.

CARPINI   s. RISCH 1930.

COURANT 1921   M. COURANT, Chine et Corée, Essai historique sur la musique classique des chinois, in: A. LAVIGNAC, Encyclopédie de la musique et dictionnaire du Conservatoire; Première Partie, Paris 1921.

CZAPLICKA 1914   M. A. CZAPLICKA, Aboriginal Sibiria: A Study in Social Anthropology, Oxford 1914.

DOERFER 1963   G. DOERFER, Türkische und mongolische Elemente im Neupersischen. I. Mongolische Elemente im Neupersischen, Wiesbaden 1963 (Akademie der Wissenschaften und der Literatur, Veröffentlichungen der Orientalischen Kommission XVI).

DULAURIER 1858   M. E. DULAURIER, Les Mongoles d'après des historiens arméniennes, in: Journal Asiatique, Cinquième série XI, Paris 1858.

EMSHEIMER 1943   E. EMSHEIMER, Preliminary Remarks on Mongolian Music and Instruments, in: The Music of the Mongols. Part I: Eastern Mongolia, Stockholm 1943 (Reports from the Scientific Expedition to the North-Western Provinces of China under the Leadership of Dr. Sven Hedin. The Sino-Swedish Expedition, Publication 21).

FARMER 1939   H. G. FARMER, Studies in Oriental Musical Instruments, Second Series, Glasgow 1939.

FRANKE 1956   H. FRANKE, Beiträge zur Kulturgeschichte Chinas unter der Mongolenherrschaft. Das Shankü sin-hua des Yang Yü, Wiesbaden 1956 (Abhandlungen für die Kunde des Morgenlandes 32, 2).

GOMBOEV 1857

G. GOMBOEV, O drevnych mongol'skich obyča-jach i sueverijach opisannych u Plano Karpini, in: Vostočnoe otdelenie Russkogo archeologičeskogo obščestva, č. 4, St. Petersburg 1857.

GROOT 1921

J. J. M. de GROOT, Chinesische Urkunden zur Geschichte Asiens. Erster Teil: Die Hunnen der vorchristlichen Zeit, Berlin-Leipzig 1921.

HAENISCH 1931

E. HAENISCH, Untersuchungen über das Yüan-ch'ao pi-chi. Die Geheime Geschichte der Mongolen, in: Abhandlungen der Sächsischen Akademie der Wissenschaften. Philologisch-historische Klasse (4), VIII B, Leipzig 1931.

HAENISCH 1939

E. HAENISCH, Wörterbuch zu Manghol un niuca toḅca'an. Geheime Geschichte der Mongolen, Leipzig 1939.

HAENISCH 2/1948

E. HAENISCH, Die Geheime Geschichte der Mongolen. Aus einer mongolischen Niederschrift des Jahres 1240 von der Insel Kode'e im Keluren-Fluß. Erstmalig übersetzt und erläutert von Erich HAENISCH, Leipzig 2/1948.

HAENISCH 1957

E. HAENISCH, Sinomongolische Glossare, in: Abhandlungen der Deutschen Akademie der Wissenschaften zu Berlin: Klasse für Sprachen, Literatur und Kunst, Jg. 5, 1956, Berlin 1957.

HASLUND-CHRISTENSEN

H. HASLUND-CHRISTENSEN, On the Trail of Ancient Mongol Tunes, in: The Music of the Mongols. Part I: Eastern Mongolia, Stockholm 1943 (Reports from the Scientific Expedition to the North-Western Provinces of China under the Leadership of Dr. Sven Hedin. The Sino-Swedish Expedition, Publication 21).

HEISSIG 1981

W. HEISSIG, Die Geheime Geschichte der Mongolen, hrsg. von Walter HEISSIG nach der Übersetzung von Erich HAENISCH, Düsseldorf-Köln 1981.

JUVAINI

s. BOYLE 1958.

KUNST 1972

Th. A. KUNST, Marco Polo: Von Venedig nach China, neu herausgegeben und kommentiert von Theodor A. KUNST, Tübingen-Basel 1972.

LEACH 1949

M. LEACH (Ed.), Funk & Wagnalls Standard Dictionary of Folklore, Mythology and Legend, New York 1949.

NAKAGAWA 1980

S. NAKAGAWA, Morin xuur, in: Musical Voices of Asia. Report of [Asian Traditional Performing Arts 1978], Tokyo 1980.

NEUBAUER 1969

NEUBAUER, Musik zur Mongolenzeit in Iran und den angrenzenden Ländern: I. Schwerpunkte des musikalischen Lebens und namentlich bekannter Musiker, in: Der Islam 45, Berlin 1969.

OLBRICHT 1954

P. OLBRICHT, Das Postwesen in China unter der Mongolenherrschaft im 13. und 14. Jahrhundert, Wiesbaden 1954 (Göttinger Asiatische Forschungen 1).

OLBRICHT-PINKS 1980   P. OLBRICHT-E. PINKS, Meng-Ta pei-lu und Hei-Ta shih-lüeh. Chinesische Gesandtenberichte über die frühen Mongolen 1221 und 1237. Nach Vorarbeiten von Erich HAENISCH und Yao TS'UNG-WÜ übersetzt und kommentiert von Peter OLBRICHT und Elisabeth PINKS. Eingeleitet von Werner BANCK, Wiesbaden 1980 (Asiatische Forschungen 56).

OLSCHKI 1946   L. OLSCHKI, Guillaume Boucher. A French Artist at the Court of the Khans, Baltimore 1946.

PALLAS 1801   P. S. PALLAS, Sammlungen historischer Nachrichten über die mongolischen Völkerschaften. Zweyter Theil, St. Petersburg 1801.

PAUTHIER 1865   M. G. PAUTHIER, Le livre de Marco Polo, Citoyen de Venise, Conseiller privé et commissaire impérial de Khubilai-Khaan: Première Partie, Paris 1865.

PELLIOT, 1929   P. PELLIOT, L'édition collective des oeuvres de Wang Kuuo-wei, in: T'oung Pao 24, Leiden 1929.

POUCHA 1956   P. POUCHA, Die Geheime Geschichte der Mongolen als Geschichtsquelle und Literaturdenkmal. Ein Beitrag zu ihrer Erklärung, Prag 1956

RADLOFF 1893   W. RADLOFF, Aus Sibirien. Lose Blätter aus meinem Tagebuche, Bd. 2, Leipzig 1893.

RASCHID AL-DIN   s. BOYLE 1971

RISCH 1930   F. RISCH, Johann de Plano Carpini, Geschichte der Mongolen und Reisebericht 1245–1247, übersetzt und erläutert von Dr. Friedrich RISCH, Leipzig 1930 (Veröffentlichungen des Forschungs-instituts für vergleichende Religionsgeschichte an der Universität Leipzig, II. Reihe, Heft 11).

RISCH 1934   F. RISCH, Wilhelm von Rubruck, Reise zu den Mongolen 1253–1255, übersetzt und erläutert von Dr. Friedrich RISCH, Leipzig, 1934 (Veröffentlichungen des Forschungsinstituts für vergleichende Religionsgeschichte an der Universität Leipzig, II. Reihe, Heft 13).

ROCKHILL 1900   W. W. ROCKHILL, The Journey of William of Rubruck to the Eastern Parts of The World, London 1900.

RUBRUCK   s. RISCH 1934.

STEGER 1971   H. STEGER, Philologia musica. Sprachzeichen, Bild und Sache im literarisch-musikalischen Leben des Mittelalters: Lire, Harfe, Rotte und Fidel, München 1971 (Münstersche Mittelalter-Schriften 2).

URAY-KÖHALMI   K. URAY-KÖHALMI, Über die pfeifenden Pfeile der innerasiatischen Reiternomaden, in: Acta Orientalis Academiae Scientiarum 3, Budapest 1953.

VLADIMIRCOV 1923   B. VLADIMIRCOV, Mongolo-oiratskij epos, Moskva-Leningrad 1923.

WYNGAERT 1929   P. A. WYNGAERT, Sinica Franciscana. Vol. I: Itinera et relationes fratrum minorum saeculi XIII et XIV..., Firenze 1929.

Zoltán FALVY, Budapest

TROUBADOUR MUSIC AS A HISTORICAL SOURCE OF EUROPEAN FOLK MUSIC

European musical scholars have devoted much well spent time to closely examining the manuscripts of that ancient musical phenomenon, which spans some 150 years. The secular monody of the period of *Ars antiqua* has been approached partly through its highly characteristic poetry and partly through the apparatus of musical theory devised by theorists of the time. That was certainly true of 19th century writing about the troubadours and of studies of them during the early decades of the 20th century. Musical historians largely relied on a chain of transcriptions of troubadour texts, on selections of texts, or on the complete edition of all the poems of a particular troubadour. I cannot list all the older studies here, but in 1932, GENNRICH published his *Grundriß einer Formenlehre*[1], which virtually laid the foundations for 20th century musical research into the songs. In the methodology in which he presents the melodies, GENNRICH went no farther than his predecessors, as he too couls only conceive medieval song in one kind of rthythm. After his first book, GENNRICH continued to be preoccupied by the troubadour question and published troubadour songs almost up to the present day, always making use of the rhythm he had suggested[2]. GENNRICH was never able to break with the troubadour texts, and borrowed all his analyses and formal designations from the poetry, even where he used musicological concepts as in the 6-syllable rondeau. Nevertheless, GENNRICH's publications have been a tremendous assistance to music research. He has published the troubadour music almost in its entirety, having been familiar with all the relevant sources. New melodies only came to light elsewhere in fragments.

The Institut d'Estudis Occitans of Toulouse considered it necessary to issue a new, complete publication of melodies, and the publication was undertaken by I. F. de la CUESTA of Madrid, in 1978[3]. This excellent edition, gives the troubadour songs in a neutral notation, always providing the original notation above, where it exists. If the melody has survived in several sources, each is given with the original score picture. The bulky publication left no room for the texts, and so only the first strophe of every song was published in four languages.

Scholars have long been occupied with comparative examination of secular monody. They have usually approached non-Gregorian music within the conceptual sphere of art music, from the vantage point of Gregorian, which was the most widespread musical phenomenon of the age. Only a few scholars raised the question of European folk music, and those who did experimented with a comparison of the melodic lines, i.e. they sought the solution through the principle of melodic similarities.

In his comparative articles, Benjamin RAJECZKY repeatedly dealt with the issue from several aspects[4], and selected examples from Hungarian folk music. Similarly, at the IFMC session in Sárospatak in 1972, Janka SZENDREI[5] and László DOBSZAY[6] reported new results. Benjamin RAJECZKY provided thorough information about the European experiments, in several articles quoted here. In the closing section of his article of 1974, he noted: *The detection of the medieval folk-music stock and folk-music styles has not yet even attempted... The attitude taken up amounts in many cases to a mere gesture of confidence or an antidote rather than a musicological endeavour*[7].

The most research concerning medieval European folk music has lately been performed by Walter WIORA and Higinio ANGLÉS, in their melody comparisons. Writing in 1961 about the question of rhythm in medieval lyrics, ANGLÉS said: *Hat man die beiden Arten der Notation (Mensural-modal und Mensural-nicht-modal) vor sich, so geht daraus klar hevor, daß die kopisten beim abschreiben der Notae simplices, der Ligaturen, der Plicae usw. sich über die rhythmische Bedeutung derselben wohl im klaren waren. Es geht ebenfalls eindeutig hervor, daß die nicht-modale Notation häufiger auftritt als die mensural-modale. Mit dieser nicht-modalen Notation kopiert, erscheinen die Lieder oft in einem typisch volksliedhaften Charakter*[8].

In a Festschrift for Anglés, WIORA summarized the *Elementare Melodietypen* of medieval melodies and clarified some basic principles that had often been confused, or viewed one-sidedly by scholars in their research. One of them says: *Es wäre falsch, ('monokausal') alles auf den Spielmann zurückzuführen oder nur nach Quellen im Volkslied zu fragen oder alles vom Choral oder vom Ausstrahlungszentrum Frankreich abzuleiten. Die elementaren Melodietypen... sind sinderlich von verschiedenen Quellen her in den Formelschatz der Inventoren und der Spielleute geflossen: aus Tanzliedern verschiedener Gesellschaftsschichten und professioneller Tanzmusik, aus der Kirche, aber auch aus alten Traditionen des Volkes*[9].

WIORA also pointed out that there are written proofs to show that medieval poets were working on the basis of models, types and toposes. In this study, I should like to provide a brief list of some contributions to the field of troubadour poetry, grouping them around two themes:

1. Excerpts are quoted from troubadour poems which have a bearing on the models or the extent, according to their own texts, to which the troubadours themselves were composers, singers, etc.
2. The structural results are presented, developed and brought to fruition by my examinations; they are none other than a statistical summary of the melodic construction of the troubadour music which has survived in writing.

1. There have been many written debates, and several different opinions, concerning the question of the musical competence of the troubadours, whether they were composers, musicians, or merely poets who supplied the texts. There has also been debate on the manner of performance in the Middle Ages – whether the troubadours performed the songs themselves or availed themselves of the assistance of someone else, e.g. a jongleur. (The question may never be conclusively decided, as the 150-year span of troubadour music was not a unified period.) As many variant are possible as there were troubadours, in terms of musical gifts, knowledge of instruments, and ability to perform as singers. But some concrete confessions and professions may bring us closer to clarifying the matter. The following excerpts from troubadour texts follow the chronological order of the troubadours, according to the periods in which they were active, from the mid-12th century onwards.

J.RUDÈL (1125–1148) *Non sap chantar...*
He does not know how to sing he who does not supply a tune, nor does he know how to make a poem he who does not make the words for it...

MARCABRUN (1130–1149) *Lo vèrs comença...*
I begin this poem on an old melody, of ancient meaning, (according to the understanding of what I see and live...)
                    Pax in nomine Domini!
Marcabru has made the music and the words. Listen to his voice...

B. de VENTADORN (1147–1170) *Ai! tantas bonas chançons...*
Alas! how many good songs and how many good poems I would have made...
                    Non es meravelha s'ieu chant...
It is no wonder that I sing better than any other singer...

Fl. de MARSELHA (1178–1231) *En chantant ma'vén a membrar...*
When I sing I let myself be reminded of what I would like to forget through my song...

BEATRITZ DE DIA (second half of 12th century) *A chantar...*
Sing I must of what I would not so much...

Guil. MAGRET (1196–1204) *Enaissi'm pren com fai...*
I send sirventes or song or anything else that I think will please her...

Aim. de PEGUILHAN (1190–1221) *Per solaç d'autrui chant soven*
I often sing for somebody else's enjoyment but if I once sang and rejoiced with some happiness, I see now that I sing in vain

RAIMON DE MIRAVAL (1191–1229) always mentions his own
knowledge of singing in his 22 songs, and once he makes a special mention of a jongleur by the name of VENCUT, who played for him. Some examples from the 22 poems:
                    Bel m'es...
I like to sing...
                    Celh que non vòl ausir chançons...
Let him who does not want to listen to singing keep away from our company, for I sing to make my body joyful...
                    Chants, quand non es qui l'entenda...
When there is nobody to understand it a song cannot be worth anything and since I have time and occasion to expand my beautiful joy I wish to be listened to somewhat seriously; for a poem is better received if in the end one speaks rightly, therefore do I want my songs to be understood.
                    Tals vai mon chant...
As one who asks me to sing... when he hears and understands my poems...
                    Un sonet m'es bel qu'espanda...
It pleases me to compose a tune...

GUIU D'USSEL (1195–1196) *Ben feira chançons...*
   I would like to have new words on a pleasant song... I'll say the same thing in a different way and thus I'll make it sound a new song.

PEIROL (1188–1222) *En jòi que'n demòra..*
   I want to compose a little song...
                    Dùn bon vèrs vau pensant...
   I am thinking of a good song that I want to write...
                    M'entencion ai tota en un vers...
   ...perhaps a song would be easier to memorize if I wanted to make one but the composition turns to frivolity whereas the verse seems to be of the highest price...
                    Si be'm sui luènh...
   I contemplate making and composing a verse which will be beautiful, precious and refined; the more people are grateful to me for my songs...

GUIRAUT RIQUIÈR (1254–1292) *Amb lo temps agradiu...*
   I'll make it with male words on a rhythm of seven syllables and with a melody full of charm.
                    De far chançon...
   I find it difficult to compose a song. It is not that my art fails nor that I want reason for it nor anything but because my song is not accepted...
                    Jamais non er om...
   Never again in this world will anybody be welcome to make good poems and pleasant tunes nor to desire courteous renown, for the world has become so coarse...

G. RIQUIER was the last troubadour known to us by name; he lived for nearly ten years at the court of King Alfonso the Wise of Spain; 50 of his poems make references to music, composition and performance.

The examples presented may convince us that troubadours were generally conscientious composers, who wrote their own music to their texts or at least selected melodies that suited them, based on old models. It can often be read that they performed their own songs, but there is no mention anywhere of how they performed them. They never mentioned any musical instruments. That is the point at which the role of the jongleur must be accepted. One or more of them played the instruments, and without an instrumental accompaniment by them, the troubadour-author's own singing would have been less successful. Several musical phenomena became mingled during the performance of the two kinds of music, since the social position of the jongleurs differed from that of the troubadours, wo where higher on the social ladder, at least by the time the troubadour, through the patron who employed him, was living and writing his poems. To reach that social status, the troubadour would have had to have been a good musician, while still a member of the lower strata in a medieval city, and living under the same social conditions as the jongleurs. At that stage they would still have made use of the same musical idiom, a musical vernacular which permeated the entire Middle Ages, whether one considers cantiga, conductus, troubadour music or Gregorian. From that point of view, one cannot yet speak of folk music in the 20th century sense of the term, but one can speak of music in common usage, covering a considerable area of Europe.

2. In examining the melodic structures of the troubadour music, I observed the following phenomena, and during comparisons of them I have most often found the following types. (As in all summaries, this can only provide the typical, generalized features, omitting the individual, rarer structures.)

a) Descendes melody[10] – a phenomenon of melodic construction characteristic of a third of the melodies in the Manuscript marked *G*, originating from northern Italy, which has preserved the most troubadour songs (62 of the 163 melodies are descendens).

The extent and character of the descent varies, but the proportion is so high that it can be considered an important characteristic in the composing practice of the troubadours. Peire VIDAL often exposes his chief musical idea at the beginning of his songs. In his descendens songs, this method can lead to certain associations; his song beginning *Quant hom es...*, for example, reminds a Hungarian researcher of a Hungarian folksong; the song beginning *Quant hom honratz...* recalls *Dies irae*, the medieval Gregorian hymn of Thomas of CELANO, (particularly the striking first line). It is worth noting that Thomas of CELANO was born in 1190, and was only able to select the melody for the text of his hymn at the beginning of the 13th century, because it must have been widely popular at the time: after VIDAL, five more contrafacta were made of it. It would be a bold supposition that the melody was VIDAL's own. It is more probable that he was one of the many who made use of it. Anyway, the parallel popularity in troubadour music, of a medieval melody primarily known in church music, throws an interesting light on its career.

The proportion of descendens melodies differs from troubadour to troubadour. It makes up 50 per cent in FAIDIT's case (which means merely 7 songs), but it also comes to 50 per cent with RIQUIER, the last troubadour (where it amounts to 25 songs).

The descendens melodic structure is not a typical troubadour phenomenon which can be generalized, but the broadly phrased melodies are often formed so that one encounters descendens melodic lines within the songs, at the beginning of the inner text lines. RIQUIER, for instance, contructs his melody by inserting an ascending opening of 2 to 3 notes before the descent. FAIDIT, who lived earlier, opened his songs without this initium, at the highest point of the melody. The presence of the descendens tendency at the beginning of the poem deserves special attention, mainly because this is also a characteristic of the early layer of Hungarian folk music. No parallel can be drawn between Hungarian folk music and the similar construction principle in troubadour music, but it should be noted that descendens melody was not an alien phenomenon to the secular monody of 12th and 13th century Europe.

b) Terraced song structure – this is typical of a high percentage of troubadour songs. By a terraced structure, I mean one in which the melody of the first line of text is repeated a fourth or a fifth higher for the second line of text, so that it consists of similar musical material at a different pitch. The repetition is not always note for note, although exact repetition is not rare.

This structural technique does not always appear at the beginning of the song; it can appear after the opening but still in the first half of the melody, or more rarely, before the conclusion.

The terraced structure is only one ingredient in the later broadly-phrased melodic form, but its emergence and presence in troubadour music is a factor that certainly influenced the development of the arched structure.

c) Other characteristics include the syllabic melodic sections, in which the texts of the poems show up better than they do in richly ornamented, melismatic melodies. In pairs of lines, the first melodic section is often syllabic and the second melismatic, the reason being that with the musical toposes, the dance music practice of the period must be taken into consideration: if certain groups of notes are consistently placed at the ends of the line, they give evidence of a dance, even if the values are missing.

Besides syllabic construction, recitative sections also frequently occur. The repetition of one note is helpful to an intelligible recital of the text. These sections recall psalmody in that they use preparatory notes. Recitative performance may serve to reinforce the tonality, since the evaluation of the note sounded several times as a tuba is one determinant of the key, but recitative is rarely used for that purpose.

The question of keys is interesting too. Troubadours did not only think in terms of the medieval modes, they often used the passing-note major, and there was even a transitory type that oscillated between the modal keys and the major, bringing forth uncertain tonalities suitable to Mediterranean practice. For example there are crosses between the major and the Dorian and the major and the Mixolydian, between the Hypophrygian and the Aeolian, etc. This may be crudely explained as erroneous notation, but with our present-day knowledge of tonal systems it is more advisable to speak of a lack of sense of tonality. There appears what is called chromaticism in very tiny steps and a whole range of passing, glissando solutions marked with a plica.

In his book, *A History of Melody*, Bence SZABOLCSI writes: *The Middle Ages are afraid of intervals other than of whole tones, and particularly of passing-note sharpening; the realm of semitones and chromaticism is not a medieval world (rather a Near Eastern one...). Whenever posssible medieval musicians avoid such instrumental musica falsa with its pagan associations. They elude it, as they also elude the passing note if in no other way then by making its status as a passing note questionable... If often seems as if the music of the major were only unfolding with difficulty and step by step from the modality of church music, permanently touching on the sphere of authority of the Lydian and the Mixolydian*[11].

Alongside the tonal uncertainties, there further prevailed some too rigid medieval views about tonal relationships. Aribo SCHOLASTICUS speaks of RUSTICUS SONORITAS in connection with the major tetrachord, while Guido of AREZZO uses the epithet AGRICOLAE DICTUS for the Lydian scale, in which he sees popular, and at the same time pagan characteristics.

Based on this information we consider that a great majority of the troubadours consciously applied music to their poems, sometimes using familiar models and sometimes composing the music themselves. Certain elements of the applied or composed pieces of music, which have survived in writing from the end of the 13th century, are very similar to those of the folk music considered as ancient, particularly the music of the peoples who arrived in Eastern Europe during the 9th to 10th centuries. Even if western European monodies differ in scale (e.g. the pentatonic scale is not typical), they too are not far apart in certain structural aspects.

It would be a mistake to infer a relationship between medieval European secular monody and eastern European Hungarian folk music only because descendens melodies are found in both. Descendens melodies are found in the music of many peoples. Yet by examining troubadour music from the aspect of a careful ethno-musicological philology, it must be noted alongside several other interesting results, that it conceals a valuable source material about medieval European folk music.

Finally let me introduce a few melodies:

Lo vèrs comenca by MARCABRUN, in the text of which he mentions that he made based on an old model *(old melody, of ancient meaning)*. MARCABRUN is one of the earliest troubadours, dating from the first half of the 12th century.

The song beginning *De far chancon* by RIQUIER, one of the last troubadours, active at the end of the 13th century, is a fine example of a descendens troubadour song.

After the troubadours of the first and the last periods, let us hear a song by a troubadour who had been to Hungary, Peire VIDAL (active at the turn of the 12th and 13th centuries). This is *Quant hom honratz*, whose first line resembles *Dies irae*.

Here is another VIDAL-song, *Quant hom es en autrui poder* which resembles a Hungarian folksong (The Young Farm Labourer).

A question, and a closing thought:

Can ethno-musicological research workers take a stand on whether a relationship can be sought between similar folksong types developed in distant geographical regions and in even distant historical periods? My closing thought is that the comparative system, on the basis of which the old folk music types have been distinguished from the newer in the 20th century (e.g. BARTÓK's categories for old Hungarian folk music) can also be applied to medieval church and secular music which has survived in writing. If one examines troubadour music from this point of view and by this method, one can say that troubadour music is one of the outward manifestations of archaic European folk music.

NOTES

1) F. GENNRICH, Grundriß einer Fromenlehre des mittelalterlichen Liedes, Halle (Saale) 1932.

2) F. GENNRICH, Der musikalische Nachlaß der Troubadours. I. Kritische Ausgabe der Melodien, Darmstadt 1958; III. Prolegomena, Langen 1965; IV. Kommentar, Darmstadt 1960 (Summa musicae Medii Aevi).

3) CUESTA, Ism. Fern. de la Las cançons dels trobadors, Textes establits per R. LAFONT, Tolosa 1978.

4) B. RAJECZKY, Gregorianik und Volkslied, in: Report of the Tenth Congress IGFMw., Ljubljana 1967; Kassel 1970; – Europäische Volksmusik und Musik des Mittelalters, in: Studia Musicologica 15, Budapest 1973, pp. 201–204; – Choralforschung und Volksmusik des Mittelalters, in: Acta Musicologica 46, 1974, pp. 181–216; – Gregorianik und Volksgesang, in: Handbuch des Volksliedes II, München 1975, pp. 391–405.

5) J. SZENDREI, Die Te Deum-Melodie im Kodex Peer, in: Studia Musicologica 14, Budapest 1972, S.169–201; – Te Deum als ungarischer Volksgesang im Mittelalter, in: Studia Musicologica 15, Budapest 1973, pp. 303–320.

6) L. DOBSZAY, Comparative Research into an ''Old Style'' of Hungarian Folk Music, in: Studia Musicologica 15, Budapest 1973, pp. 15–78.

7) B. RAJECZKY, Europäische Volksmusik und Musik des Mittelalters, in: Studia Musicologica 15, Budapest 1973, pp. 201–204.

8) H. ANGLÉS, Der Rhythmus in der Melodik mittelalterlicher Lyrik, in: IMS Report of the Eighth Congress, New York 1961, Vol. I, Kassel 1961, pp. 3–11; Vol. II, Kassel 1963, pp. 43–47; – in: Scripta Musicologica I, Rome 1975, p. 397.

9) W. WIORA, Elementare Melodietypen als Abschnitte mitteralterlicher Liedweisen, in: Miscelénea en Homenaje a Monsenor Higinio Anglés, Vol. II, Barcelona 1958–1961, p. 1007.

10) B. RAJECZKY, Descendenzmelodik im Choral und unsere absteigenden Perioden, in: Acta Ethnographica VI., Budapest 1957–1958, pp. 357–369

11) B. SZABOLCSI, A melódia története (A History of Melody) Budapest 2/1957, pp. 58–59.

1. MARCABRUN:LO VERS COMENÇA····

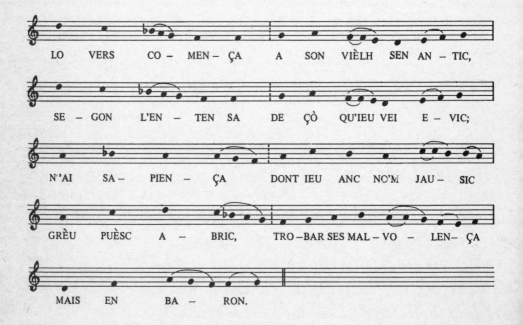

2. G. RIQUIER:DE FAR CHANÇON ⋯

DE FAR CHAN – ÇON SUI MAR – RITS,

NON QUE SA – BERS ME'N SO – FRA – NHA,

NI RA – SONS NI RES QUE'I TA – NHA,

NI DOM – NEIS NI GAIS SO – LAC,

PER CAI – RE NI FACHS ON – RATS

E CAR CILH NO'M VÒL VA – LER.

QU'IEU DE – SIR SES VIL VO – LER.

3. VIDAL:QUAND ÓM ONRATS···

QUAND ÒM ON – RATS TORNA – EN GRAND PAU – BRÈI – RA,

QU'A ES TAT RICS E DE GRAND BENA – NAN – ÇA,

DE VER – GO – NHA NON SAP REN CONSI QUEI – RA,

ANS A – MA MAIS CO – BRIR SA MA – LA – NAN – ÇA;

PER QU'ES MÀ – GER MER –CÈS E PLUS FRANCS DO(N)S,

QUAND ÒM FAI BEN A PAUBRE VER – GO – NHAS,

QU'A MANTS D'AU –TRES QU'AN EN QUER –RE FI – AN – ÇA.

4. VIDAL:QUAND OMES EN AUTRUI PODER····

QUAND OM ES EN AU - TRUI PO - DER

NON PÒT TOTS SOS TA - LANTS COM — PLIR,

ANS L'A — VÉN SO - VENT A GE - QUIR

PER L'AU— TRUI GRAT LO SIEU VO - LER.

DONCS POS EN PO — DER ME SUI MES

D'A — MOR SE — GRAI LOS MALS E'LS BE(N)S,

E'LS TORTS, E'LS DRECHS, E 'LS DAMS, E'LS PROS,

QU'AIS — SI M'O CO — MAN — DA RA — SO(N)S.

Raina KATZAROVA(†), Sofia

LADOUVANE – FORTUNE TELLING

In 1792, Ieroschymonach SPIRIDON[1]), born in Gabrovo, Bulgaria, finished his *Istoria vo kratce o bulgarskom narode Slovenskom* (Short History of the Bulgarian Slav People) written in the monastery Neamtu, Moldoiva.

In this history, Father SPIRIDON mentions the names of mythical kings who lived before our time. According to father SPIRIDON, these kings demanded that, besides the honour done to them as kings, they should be worshipped as gods. Father SPIRIDON describes the way in which the worship of these mythical kings took place. Actually he was describing nothing but three Bulgarian folk customs, *koleda* (Christmas), *Ladouvané – Fortune Telling* (Singing to the Rings) and *Peperouda* (Butterfly). He described these customs as they were performed at the time when he wrote his history, at the end of the 18th century. Father SPIRIDON accepted the performance of these customs as the worship of a mythical king, a deity which he called an idol.

He mentions in this series of mythical kings one called Lilla or Ládo, who, according to Father SPIRIDON, reigned from 588 B. C. *This king the Bulgarians mention to this day (1972),* Spiridon wrote *and honour as a god. On the eve of St Basil's Day, the first day of January the lads and lasses get together at a high place, collect their rings and place them in a small copper, singing songs, and often mentioning the name of this devil (bésa togó), 'Lado, tâi lado'. That is, on the eve of St Basil's Day, they leave their rings to spend the night in that little copper. In the morning (on January the 1st) they get together again at a high place and sing songs to test their fortunes, i.e. songs differing in mood – happy and unhappy – and when they sing a happy song then a lass puts her hand in the little copper, mixes the rings well and draws one out of it; she looks to see whose this ring is, and whosoever it is will be happy. Thus, deceiving themselves, they worship the idol.*

The description, given by Father SPIRIDON corresponds, along general lines, almost completely with the custom of Ladouvané ,'singing to the rings', preserved, even though sporadically, in Bulgaria to this day. In certain villages this custom is still a living tradition. It is performed according to the example described by Father SPIRIDON. He has omitted one detail, namely that *Ladouvané* is connected with *horos* (chain or round dances), danced to singing before and after the rings are drawn out.

Father SPIRIDON says that the rings are drawn out after a happy song is sung. In *Ladouvané*, as performed today, the rings are drawn out no matter what song is sung, a happy one or an unhappy one. Each one accepts that the song foretells, be it good or bad, for such is his or her luck.

Father SPIRIDON says that in their songs the lasses and lads often mention the name of *That devil*, that idol *Lado tâi Lado*. In actual fact *Lado tâi Lado* is a refrain, sung after each prediction, and it is natural that it should be repeated, and together with it the name of the mythical King Lado. This refrain, varied in different ways, is sung to this day in a good number of songs for *Ladouvané*, in many villages of Central North Bulgaria.

The refrain, *Lado tâi Lado*, and the description of the custom take us straight to the songs which Father SPIRIDON mentions. He himself gives no definite example of these songs, but he gives a clear hint of what they were. They were songs which foretold marriage, songs known to this day in many places in Bulgaria. The custom of *Ladouvané* is a prematrimonial one. Every prediction is in the form of a riddle, which hints at the future suitor or bride, and what he or she will be like.

In its present form, the custom is performed on the eve of St Basil's Day and on St Basil's Day itself[2]. Lads and lasses place nosegays of green plants, to which their rings are tied, in water poured into the copper in complete silence. Father SPIRIDON does not mention the water. It is understood. The rings are placed in a small copper into which water is poured. The water acts as a purifying, or apotropeic medium.

The copper is placed under a rose or lilac bush, or another green bush, and left there for the night. In the morning the copper is taken to the *megdan* (square) of the neighbourhood. In a large village every neighbourhood has its own square where the rings are sung to. If the village is small, the young people of the whole village gather at a given place to sing to the rings.

A lad or a lass, whose parents are living, takes out the nosegays on to which the rings are tied. A choir of girls or young men and girls, sing antiphonally the riddles which foretell the future. The refrain *Lado tâi Lado, Oy Lado, Lado, momiché mlado* (Oy Lado, Lado, young lass) follows every riddle, or *Brakni, momko, izvadi prastena, Lado, Lado* (Put out your hand, lad, take out a ring, Lado, Lado).
Let us hear a few of these sung riddles:
A lone flower on a stone – he (she) will marry a mother's only child.
A short table, frequent hunks (of bread) – she will go to a rich house.
This week, until next week – she will get engaged by next week.
A bearskin sweeps a church – she will marry a priest.
Golden scissors cut cloth – she will marry a tailor.
A large table and few hunks – she will go to a poor home.
Blue trousers, wet bottom – a fisherman.
A ram bleats for the sheepfold – a shepherd.
A flayed cow rumbles through the village – a bagpipe player.
A green dish stands under a barrel – a drunkard.
Sits on a chair, scrapes butter – a dairyman.
White paper, black writing – a schoolmaster.
A crooked pear-tree bears much fruit – he (she) will join a large family.
In mig-village goes skating – a flighty lad or lass.
Blue sky, clear star – a beauty, or a handsome lad.
An old bushel with a new bottom – a widower or a widow.

And because the custom is still performed, our present life is reflected in it: A tractor driver is foretold by the riddle *A buffalo goes roaring across the field*.

During the Second World War, the girls of Koprivshtitsa sang about a guerilla suitor, fighting in the resistance, with the couplets:

> *A nightingale sings in the forest,*
> *A cockoo[3] sings an answer.*

Horos are danced to singing before the custom is performed, and at the end there is more dancing.

Almost two hundred years have passed since Father SPIRIDON noted this custom, popular with young people. For many a long year, centuries before 1792, the custom must have existed and been performed in a merry mood. Father SPIRIDON saw it and noted it very exactly, although he provided it with another content.

Because of the refrain *Lado tâi Lado*, Father SPIRIDON connected the custom with the name of the mythical King Lado. He took the custom as a service on behalf of the King-God, Lado. Father SPIRIDON's attitude to the custom of *Singing to the rings* was negative. He took it as the worship of idols, and thus shared the official attitude of the Church towards folk customs, an attitude which existed not only in the Middle Ages, but very much later as well.

In spite of this rejection, in spite of its long journey down the centuries, the custom of *Ladouvané*, known in different regions of Bulgaria under different names, such as *Dailáda, Piperénka, Momé Vassílyo, Singing to the Rings, Nyágo moé*, lived on, full of joy in life, like a wiry golden branch on the widely branching tree of Bulgarian customs. Let us thank Father Spiridon for seeing it two hundred years ago and leaving us a document about it.

ABBREVIATIONS

SAM.–Coll. = NARODNI PESNI OT SAMOKOV I SAMOKOVSKO. Folksongs coll. from Samokov and Samokov region, Sofia 1975.
SIB.–Coll = SEVEROISTOCNA BÂLGARIA. Folksongs coll. from North East Bulgaria, Sofia 1962.
SSB.–Coll = SREDNA SEVERNA BÂLGARIA. Folksongs coll. from Middle North Bulgaria, Sofia 1931.
TV.–Coll. = OT TIMOK DO VITA. Folksongs coll. from Timok to Vita, Sofia 1928.

NOTES

1) Ieroschymonach = a monk of a higher rank, who lives according to the strictest canons. Father SPIRIDON lived as a monk at the Zograph or Hilendar Monastery on Mount Athos, then went to the Ilien-Skythos of the Pantokrator Monastery. In 1780 he left for Moldavia where he lived in different monasteries up to 1794. He afterwards travelled in Bulgaria and returned to Mount Athos. He died in 1815.

2) In other villages this custom is performed on St George's Day – on April 6th on St John's Day – the day of the summer solstice.

3) Cuckoo in Bulgarian is feminine.

LADOUVANE-FORTUNE TELLING SONGS

HORO, danced before and after the rings are drown out

Koprivštica Mt. Sredna gogora, 1935

Provik - na se sdrav - čo ot pla - ni - na

što ne do - dat mo - mi da me be - tat

FORTUNE TELLING SONGS

v-ge Kramolin, distr. Sevlievo, 1929 SSB. 447

Sed - ni bul - ka, iz - va -di prâs- ten la - do, tâj la - do

v-ge Agatovo, distr. Sevlievo, 1929 SSB. 449

Na stoi se - di, sâs krak du - ma, la - do, tâj la - do

brâk - ni, bu - lja, iz -va -di prâs - ten, la - do, tâj la - do.

v-ge Nisovo, distr. Russé, 1928 SIB. 230

Koj — tu prâs - ten naj dob - ri - čak,

oj la - do, la - do, la - di - na bu - ljo,

sid - ni, iz- va - di ma - la - men prâsten

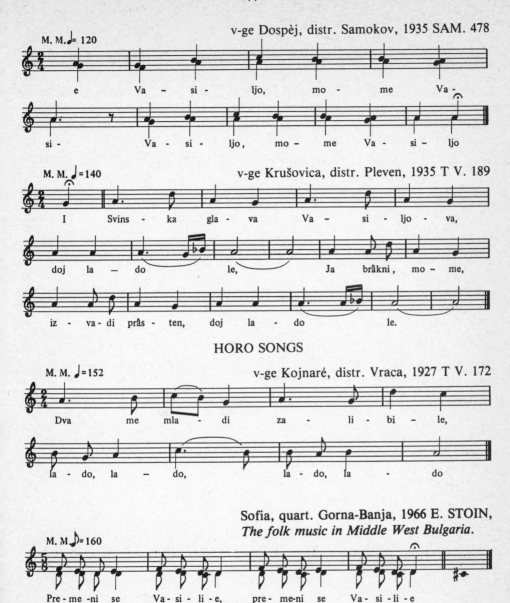

HORO SONGS

Christoph PETZSCH, Augsburg

NACHRICHTEN AUS DEUTSCHEN STÄDTECHRONIKEN
(dritte Fortsetzung)

Die Ergiebigkeit von Städtechroniken des 14. bis 16. Jahrhunders für die Aufgabenstellung der Studiengruppe ist vom grundsätzlichen Sachverhalt bei ihnen recht eingeschränkt, worüber im Referat von Medulin 1979 das Wesentliche zu vergleichen ist. Ähnliche Erfahrungen machten auch Andere, obwohl nicht nach Musizieren und Singen in der älteren Zeit forschend. Dafür steht unter anderen Karl-Sigismund KRAMER mit seinen umfangreichen allgemein volkskundlichen Studien, gestützt auf archivalische Quellen in großen Teilen Frankens bis zum 18. Jahrhundert. Er stellte fest: ...*Von Lied, Musik, Tanz und Spiel, vom volksmündlichen Erzählgut schließlich werden überhaupt nur Bruchstücke sichtbar. Und was die Sprech- und Redeweise des Volkes betrifft, die Fülle an Anschaulichem und Formelhaftem, die das Wesen der Volkssprache ausmacht, so vermögen wir sie nur zu erahnen. Bezüglich der Einzelerscheinungen der Volkskultur ... sind erhebliche Vorbehalte zu machen*[1]. Das ist so unmißverständlich wie instruktiv zugleich für vergleichbare Aufgaben, deren grundsätzliche Schwierigkeit erhellend. Alois MAUERHOFER ließ 1977 in Seggau wissen, daß es für die von ihm untersuchten österreichischen Rechtsquellen (Weistümer) ebenso zutrifft. Chronisten wie Kanzlei- oder Kämmereischreiber hatten anderes im Auge, die Gesichtspunkte der Forschung des späten 20. Jahrhunderts lagen ihnen sehr ferne. Einen anderen Gesichtspunkt beizutragen erlaubt eine Äußerung Adalbert STIFTERs. In der von F. MÜLLER 1956 herausgegebenen letzten Fassung der *Mappe meines Großvaters* sagt er Mitte des 19. Jh.: ...*manche fand ich später unter den Volksliedern, wie ...Ich hielt als Schüler der lateinischen Schule derlei Sachen für zu geringe* (S.30)! Das ist die Auffassung auch von Schreibern mittellateinischer Handschriften, die sich allenfalls herabließen, aus mehr oder weniger persönlichen Gründen eigensprachliche Verse, Verspartien oder sogar Strophen(folgen) festzuhalten. Eine erste Zusammenstellung, die Weiteres nach sich ziehen sollte, unternahm ich im Jahrbuch für Volksliedforschung 1979.

Ungeachtet dessen soll Begonnenes mit dem Folgenden fortgesetzt werden, dieses Mal hier und da ergänzt um KRAMERs Ergebnisse der Auswertung archivalischer Quellen. Sie dienen zur Ergänzung, Verdeutlichung und Abrundung der Nachrichten aus den Städtechroniken. Bei dieser dritten Fortsetzung scheint es wiederum angezeigt, den Stand der Arbeit zu präzisieren. Von insgesamt 37 Bänden, derer vor mehr als einem Jahrhundert begonnene Edition noch in diesem Jahrhunder weitergeführt wurde (Lüneburg und Bremen), waren einschließlich des Referates in Medulin 24 Bände besorgt[2]. Hier im folgenden sind sechs weitere Bände ausgewertet, nämlich

Köln I und III = Bände 12 und 14
Braunschweig III (erster Teil, weiteres nicht mehr erschienen)
Soest und Duisburg = Band 24
Lüneburg = Band 36
Bremen = Band 37

Nur wenige Bände bleiben nun noch auszuwerten, bevor an eine Gesamtdarstellung der Nachrichten zu denken ist. Sie hätte eher systematisch als analytisch und an Städte gebunden vorzugehen.

Zu beginnen ist mit Band 12, dem ersten der drei Bände, die Chroniken und Chronikalisches aus Köln enthalten. In einer Reimchronik von 260 Reimpaaren zu den Jahren um 1370, überschrieben *die Weberschlacht* heißt es 275 ff. zu einem Streite im Rat der Stadt, die Mehrzahl hätte ihren Willen durchgesetzt. Danach 289 ff.:

> *want ir gewalt was so grois,*
> *dat is die besten ducke* ("oft" oder "sehr") *verdrois,*
> *sie enkunden's gekeren neit* ("nicht")
> *herumb sungen si ir leit* ("Lied").

Die Minderheit pflichtete demnach der Mehrheit, der stärkeren Partei bei, indem sie "deren Lied sangen". Selbst wenn es hier schon Redensart gewesen sein sollte, was recht unwahrscheinlich ist, weist es zurück auf Faktisches in der früheren Geschichte des Liedsingens; die mit dem letzten dieser Verse artikulierte Wendung hatte damals offensichtlich einen recht konkreten Hintergrund. Es läßt sich etwa so umschreiben: ein bestimmtes Lied singen heißt damals eine Partei ergreifen, obgleich stadt-, landes- oder reichs-politisch. An anderer Stelle heißt es *want hie* ("denn er") *wolt niet singen ir liet*[3]). Demzufolge hatten Lieder auch die Funktion, eine Gruppierung u.a. kenntlich zu machen, und dies auch deshalb, um zu klarer Abgrenzung zu verhelfen, vergleichbar den Fahnen und Bannern der einzelnen Parteien oder Profilierten – einmal für die Ohren, einmal für die Augen bestimmt. Das ist von Vergleichbarem in der neueren Zeit abzugrenzen, zumal in unserer Gegenwart. Damals waren es sehr vernehmliche 'Signale' des Sichidentifizierens, an welchem jedermann und jeden Tag teilhaben konnte. Diese sehr konkreten Signale gehörten ebenfalls zum Singen des einfachen Mannes (Frauen waren daran wenig beteiligt). Heute sind es vergleichsweise nur mehr Beifalls- und Sympathieerklärungen in gebundener Form des Textes, teilweise auch zu singen wie die Internationale, um das bekannteste Beispiel zu nennen. Daß ein Einzelner (oder wenige) sie öffentlich singt, ist kaum zu erwarten.

Ging es in der *weverslaicht* ("Weberschlacht") um Parteiung des Rates, um unblutige Auseinandersetzung zwischen Parteien, dann nicht so in der größeren Reimchronik des 1270 bezeugen Stadtschreibers Gotfrid HAGEN. Obwohl er auch Kleriker war, nahm er bei den Streitigkeiten zwischen seiner Stadt und den Erzbischöfen seiner Zeit Partei für die Stadt Köln, für ihren Magistrat, der aber seinerseits zerstritten war (siehe im folgenden). Instruktives für die Zielsetzung der Studiengruppe zu erfahren, ist dann kaum zu erwarten. Doch steuert HAGEN Einiges bei, was von Relevanz ist.

Bei den zum Teil blutigen Auseinandersetzungen innerhalb der Väter der Stadt Köln nennt dieser Chronist Namen der deutschen Heldensage, um Einzelne mit jenen vergleichend zu rühmen. So ist anzunehmen, daß man auch in Köln Mitte bis Ende des 13. Jahrhunderts noch von ihnen wußte, möglicherweise auch noch selber von ihnen vortragen hörte. Dietrich von Bern steht dabei voran, wie anderen Orts auch. Mehrfach vergleicht HAGEN, es werde gekämpft *as hei* ("wie wenn er") Dietrich von Bern wäre (Verse 3685, vgl. auch 4757, 5007 u. 5689). Einer habe auch angegriffen dem kühnen Heime gleich (4813), entsprechend 4898 f.:

> *man saich si veichten* ("fechten") *also sere*
> *as it itge und Heiman (sic) were*

Heime und Wittich nebeneinander nennt auch der Marner, ein Liedautor des 15. Jahrhunderts nach Aufzählung von Dietrich von Bern (als Erstem), König Rother und anderen, um unterschiedliche Wünsche seines Publikums von Zuhörern zu verdeutlichen[5]). Für Philipp STRAUCH als den Herausgeber des Marner galt das Rheinland als dessen Heimat, wohin er später auch wieder zurückkehrte. Da der Marner aber auch in Österreich gewesen ist und mit denen von Henneberg in Mitteldeutschland zu tun hatte, ist es unmöglich, die Kenntnis der Epen auf das Rheinland einzugrenzen, vielmehr bleibt sie in einem weit größeren Raum anzunehmen, was ohnehin viel mehr Wahrscheinlichkeit hat. Wenn der Stadtschreiber und Chronist (*meister*, Vers 6283/6291) HAGEN in Köln Kenntnis voraussetzen konnte, da er einige Patrizier im Waffengang mit Epengestalten vergleichend rühmte, so wird er nicht nur die Oberschicht angesprochen, sein Publikum wird auch andere umfaßt haben und mit Sicherheit nicht nur eines von Lesern gewesen sein. In Seggau war seinerzeit aus der Chronik des Straßburgers TWINGER VON KÖNIGSHOFEN mitzuteilen, daß es bei ihm noch gegen 1400 heißt *Dietrich von Berne, von dem die geburen* ("Bauern") *singent und sagent...*

Für den zweiten Gesichtspunkt, denjenigen der Vortragsart, seien einige Verse zitiert, die sich um die Verse 66, 98, 153, 165, 221, 253, 304, 386, 453 und noch andere ergänzen ließen:

> 4417   *no hoirt we* ("nun hört, wie...")
>   *der greve von Guilche Jülich spraich*
> 5813f. *Ir alle die mich hoert mit oren,*
>   *geloift* ("glaubt") *mir armen dumben toren*
> 6071   *nu moicht* ("mögt") *ir horen we hei* ("wie er") *sprach*

An einem Publikum von Hörern ist hier nicht zu zweifeln. Vorlesen war die Vortragsart, wobei Vorsingen einzelner Parteien niemals völlig ausgeschlossen werden kann; die für alles Mittelalterliche so bezeichnende Offenheit *(res non confecta...)* betrifft nicht nur das Vorzutragende, sondern ebenso die Modalitäten des Vortragens und dieses selber. Zur umstrittenen Frage, ob Reimpaardichtung gesungen werden konnte, ist das letzte Wort noch nicht gesprochen, und apodiktisch Vorgebrachtes, zu wenig Abgesichertes ist dabei nicht förderlich. (Ich bereite Weiteres zur Veröffentlichung vor.)

Noch ein Drittes. Auch in der Reimchronik des *meisters* HAGEN von Köln finden sich Belege, daß großer Freude als elementarer Äußerung der Menschen damals laut und weithin hörbar Ausdruck gegeben wurde, ungebrochen durch Reflexion oder konventionelle Zurückhaltung. In Texten unterschiedlicher Textart heißt es dann gewöhnlich in stehender Wendung *mit rîchem* ("mächtigem") *schalle*. Singstimmen und Instrumente können beteiligt gewesen sein, wenngleich das Miteinander als solches soviel zu sehen nicht expliziert ist. Im Prinzip nicht anders als Otfried von WEIßENBURG im 9. Jahrhundert, der die große Freude der Engel mittels der Aufzählung einer Reihe von Instrumenten ansagt, hier indessen mit Gott preisenden

Gesang verbunden (im Kapitel V,23 *De qualitate caelestis regni*), stellt der Kölner Chronist die Freude der Kölner nach einem Sieg dar (11228):

> *do der volcwich* ("Kampf") *al was verwonnen* ("gewonnen")
> *mit vreuden heim riden* ("reiten") *begunden*
> *de van Colne mit groissem schalle*
> *samen* ("zusammen") *vreuden sich alle*

Dem folgt wenige Verse später eine Klimax, ein non plus ultra (wie im Mittelalter nicht selten), hier mir dem Wortlaut (1130 f.):

> *man ensaich nei* ("sah nie") *lude* ("Leute") *weder* ("zurück")
> *komen vrolicher, als ich hain* ("habe") *vernomen.*

In diesem Zusammenhang erfahren wir auch vom hohen Alter einer uns noch sehr geläufigen Redensart, mag sie hier in der Folge beider Glieder auch umgekehrt sein (die erwähnte Offenheit gilt auch hier). 1136 f. heißt es:

> *ducke* ("oft") *komet regen na sunnenschinę*
> *as deit* ("die es auch tut") *na freuden pine*
> ("Pein", d.h. Unglück).

Wir kennen demgegenüber nur noch das mit 3780 f. ebenfalls belegte

> *nu sit* ("seid") *des sicher ind gewis:*
> *na rain* ("Regen") *kumt gerne sonnenschin.*

Daß bei gegebenem Anlaß großer Freude mit Lautstärke entsprochen wurde, kann vielleicht mehr noch als für Patrizier für die schlichte Bevölkerung Gültigkeit gehabt haben. Nicht nur aus freudigem Anlaß kam es zu solcher Lautstärke, wie mit 1480 f. zu zeigen ist:

> *si reifen* ("riefen") *mit groissen schalle*
> *dem buschove* ("Bischof") *wolden si helpen alle.*

Die stehende Wendung besagt hier weniger Freude als vorbehaltlose Zustimmung. Mag für uns auch die Gefahr bestehen, formelhafte Wortfolgen des Mittelalters bei Interpretation zu überfordern, so ist doch nicht zu bezweifeln, daß elementare Gemütsbewegung sich entsprechend elementar und das heißt oft auch besonders ohrenfällig äußerte (die Kehrseite davon sind die damals viel häufiger und reichlicher fließenden Tränen, noch bis zur Goethezeit). Es sollte hier nicht unerwähnt bleiben, da es die Aufgabenstellung zumindest streift. Später wird sich das erst allmählich geändert haben, und in der Neuzeit wurde derart Ohrenfälliges ohnehin zunehmend durch Anderes mit erhöhter Phonzahl relativiert, zunehmend unwirksamer und gegenstandslos gemacht.

Der zweite Band der Kölner Chroniken ist bereits 1977 berücksichtigt worden[6]. Der dritte Band, der 14. der Reihe, enthält wie die beiden anderen überwiegend Nachrichten zur Stadtpolitik. Sein zweiter Teil setzt die Chronik des Johann KOELHOFF (gedruckt 1499) fort. Zu den Zitaten bisher und in folgenden ist noch anzumerken, daß bis in das 16. Jahrhundert hinein alle Aufzeichnungen vom Mittelrhein bis nach Holstein die Vokallänge mit zusätzlichem Vokal kennzeichneten, mit i (y) oder e. Im dritten Band der Kölner Chroniken heißt es deshalb sehr oft *Soist* für Soest (das e wird auch heute nicht gesprochen, da o als Länge), und zu 1426 in einer Nachricht, daß ein portugiesischer Prinz Gast bei einer Hochzeit war, *er hoifeirde* ("hofierte") *ouch mit.*

S.788 ist zum Jahre 1447 zu erfahren, daß man eine große Glocke für den Dom, eine kleine für St. Johann gegossen habe, jene habe 224, diese 110 Zentner gewogen. Daran zeigt sich, daß Städtechroniken jener Jahrhunderte für mancherlei Forschungsinteressen etwas bieten. So kann es nicht fruchtlos sein, sie mit wechselndem Erfolge bis zum letzten Band durchzusehen. S.827 erfahren wir vom Tanz bei Fürstenbesuch im Jahre 1470. Der Rat von Köln veranstaltete auf dem heute noch als Konzertsaal verwendeten Gürzenich, der anfangs als Tanzhaus diente, zu Ehren des Kaisers Friédrich III. und dessen Sohn Maximilian ein Tanzen. Es heißt dazu, der Kaiser habe den Wunsch geäußert, die *schoenen vrauwen zo Coellen* mit eigenen Augen zu "besehen". Maximilian, in der Musikgeschichte als Begründer der Hofkapelle mit namhaften Kapellmeistern kein Unbekannter, hatte mit einer jungen Adligen den ersten Tanz, vor ihm nach *furstelicher wise* zwei *edelinge* aus seinem Gefolge. Dann wurde von den Erzbischöfen – auch diejenigen von Mainz und Trier waren zugegen – verfügt, daß sich Frauen und Jungfrauen paarweise bei der Hand faßten (die genannte Zahl ist nicht gering). Sie tanzten dann *sunder man* ("ohne Mann") *vur dem keiser up ind neder*. Der Chronist vergißt auch nicht von der Beköstigung der Anwesenden zu berichten: *man bot kruit* ("Kraut") und Wein, heurigen wie vorjährigen.

Im Jahre 1494 wurde Maximilian, nun selber Kaiser, von Bürgermeister und Rat feierlich eingeholt (S.889). Der Kaiser ging unter dem ersten der Baldachine, geleitet von den Erzbischöfen von Köln und Mainz. Den Baldachin trugen zwei Bürgermeister und einige Ratsherren. Dem Kaiser folgte unter dem zweiten Baldachin die Kaiserin, nach ihr *vil koesteliger jon (k) frauwen*. Wenn dem Kaiser einige Grafen, Ritter und andere Herren vorangingen, so hat diese Anordnung ihre Gesetzmäßigkeit und wird als solche Wirkung gezeigt haben. Die Spitze des Aufzuges bildeten Musikanten: *pifen ind mancherlei spiel, desgelichen gingen ouch vur* ("voran") *nae* ("nach") *furstlicher wise die trompetter*. Somit waren hier außer der üblichen Mitwirkung von Pfeifern und Trompetern noch andere Instrumentalisten dabei *(mancherlei spiel)*, der Aufzug noch ansehnlicher als sonst. Von der Huldigung damals ist S.890 zu lesen *Item dae der konink* ("König"), was der Kaiser in Hinblick auf ein einzelnes Land zugleich auch war *komen sulde, so waren der stat trompetter up der stat torn* ("Turm") *ind spielten so lange bis die huldunge geschiet was zu der zit als vurß* (?) *quam zo vois gain* ("zu Fuß gegangen") *der konink ind mit eme vil fursten ind heren*. Nicht viel später berichtet der Chronist vom Kampfe der Schweizer gegen kaiserliche Truppen an der Etsch. Die Schweizer bliesen auf einem Horn, es sei *genant Horn von Urach* (= Uri S.915).

Als dritte Beilage enthält dieser Band S.926 ff. Prosa über die Unruhen der Jahre 1481 und 1482 in Köln, als vierte eine Reimchronik über jene im Umfang von nahezu 900 Versen (S.945 ff.). Der Herausgeber hatte *fast den Eindruck, als habe der Verfasser seinen Bericht zuerst in schlechter Prosa geschrieben, ihn dann in einige hundert Zeilen zerschnitten und diese, so gut oder schlecht es gehen wollte, mit Reimen geschmückt* (S.945). Ob es sich so verhielt, bleibe offen, doch ist diese Reihenfolge naheliegender als die umgekehrte, mit der Konsequenz, daß der Text erst sekundär zum Vorlesen umgearbeitet wurde. Der Herausgeber merkt S.961 an, ab Vers 857 entsprächen die Verse *vielfach wörtlich* dem Schluß der ebenfalls in Reimpaaren abgefaßten *Webschlacht*, von welcher oben die Rede war. Demzufolge handelte es sich bei dem als vierte Beilage Abgedruckten um eine Kompilation. Das legt noch näher, nach der Umsetzung von Prosa in Reimpaare zu fragen. Beides ist im Sinne des Magistrates dargestellt, überdies steuerte man Einiges an Unterlagen aus der Kanzlei der Stadt Köln bei, was nur wenigen zugänglich war. Mit großer Wahrscheinlichkeit wechselte das Publikum: einmal dachte man an Leser *(Litterati)*, danach erst an *Illiterati* und Vorlesen. Zweifel am Vorlesen nehmen Verse wie zum Beispiel *nu huirt* ("hört") *wat geschach* (435) oder *nu sall ich uch* ("euch") *sagen vortan* ("weiter") (530). Auch hier ist der programmatische Titel *Werk – Typ –Situation* von Relevanz. Ein Gleiches entsteht einmal als Prosa, danach als Chronik in Reimpaaren, je nachdem, wie die Situation, und das heißt an wen es gerichtet war. Ebenso konnte ein Text von Reimpaaren zu gesungenen Strophen gewendet werden, wie nachweislich bei des Wolkensteiners *Freidank-Cento* (ATB) Nr. 115, aber ebenso auch beim Vortrag vor *Illiterati*. Derjenige, der nur unzulänglich singen konnte, wählte sich das Vorlesen.

Der Band 24 mit Chronikalischem aus Soest und Duisburg enthält Anhaltspunkte zur Wortgeschichte von hofieren, die bisher noch nicht geschrieben ist. Zu 1421 in Soest heißt es, man *danzede und hove(r)de* zu Ehren des Erzbischofs auf dem Rathaus (S.30). Damit scheint zweierlei gemeint zu sein. Zu 1522 heißt es dagegen, sie *hoverden ...myt dantzen* (S.139), – somit eine der Möglichkeiten zu hofieren. Demzufolge geht es 1421 wahrscheinlich nicht um zweierlei, mit dem Vorbehalt, daß sich in mehr als einem Jahrhundert etwas verändern konnte, mit dem zweiten Vorbehalt noch, daß der Chronist selber sein Verständnis von hofieren hier einbrachte. Festzuhalten bleibt, daß hofieren auch mit Tanzen geschehen konnte. Vermutlich war es lange Zeit mehrdeutig und je nach der Situation Verschiedenes bedeutend. – Auf das Jahr 1489 bezieht sich die Nachricht, auf dem Rathaus sei *dansen und springhen* veranstaltet worden, *myt junffern und frauwen vrolich...* (S.78). Es stellt sich erneut die Frage nach der Bedeutung der Doppelformel, die nicht selten und weit in die Neuzeit hinein zu belegen ist. Synonym entfällt hier, wie bereits 1979 in Medulin angenommen. Die Frage findet nachher ihre Beantwortung.

Im Jahre 1481 erhielten die Trompeter und Pfeifer bei Huldigung des neuen Herzogs von Cleve in Soest sechs *postengulden* (S.66), bei der oben genannten Gelegenheit im Jahre 1522 jeder der *stadt piper* ("Stadtpfeifer") einen Goldgulden aus Fürstenhand (S.142). Der Harfenist erhielt dasselbe, wie der Herausgeber anmerkte (Archivalie XXXII, 5 des Stadtarchives). – Zu Glocken fand sich auch hier etwas, daneben zum Orgelbau und seinen Kosten. Im Jahre 1469 goß der Meister Johann von Dortmund die Sturmglocke des Münsters neu, *up eren alden sanck in noten*. Die Glocke behielt ihren alten Klang bei (S.51). Da man an ihn gewöhnt war, war dies auch sehr naheliegend. Am 10. September 1515 wurde für eine neue Orgel von St. Salvator (in Soest) Meisterlohn von 400 Gulden vereinbart, *behalven all ander gereytschap* (S.248). In den hohen Betrag waren demzufolge die Kosten für Material, Gerät usw. noch nicht einmal einbegriffen. – Die Städtechroniken enthalten neben den chronikalischen Reimpaartexten (s.o.) Versfolgen von Zeitgenossen, zu verschiedenen Geschehnisen entstanden.

Seite 201–204 sind kleine Vierzeiler abgedruckt, 6 mit Reimpaaren, 5 mit Kreuzreimbindung (abab). Ihre Anspruchslosigkeit erinnert u.a. an die mit Melodien überlieferten Verfolgen der Geißler von 1349, über welche in Seggau 1977 Näheres mitgeteilt wurde. Arthur HÜBNER (Monographie 1931) zweifelte nicht daran, daß über sie Wesentliches vom usuellen Singen zu erfahren sei. In Medulin 1979 konnte ich noch Ergänzendes beitragen (S.89 und S.98). Einer der Vierzeiler in Band 24 beginnt (S.203):

Dit mach men singen ende sagen

Möglicherweise ist *singen ende sagen* hier nur mehr entleerte Formel, doch belehren die Kleinstrophen der Geißler mit Melodien eines anderen, ebenso Kleinstrophen in der früher sogenannten *Pfullinger Liederhandschrift* (zu ihr unten), die gegen 1480 aufgezeichnet wurde. Dort haben wie S.201 ff. mehrere, Nr. 4, 5 u. 13, drei Reimpaare zur Kleinstrophe gebündelt, mit durchweg männlicher Reimkadenz, die Melodie ist über BÄUMKER Nr. 147 (S.403) nachgewiesen. Auf diese Weise ist weiterer Zugang zu usuellem Singen zu gewinnen und damit zugleich ein Anhaltspunkt für das Abgrenzen dieser kleinen Gebilde von Liedern mehr oder weniger kunstmäßiger Anlage. Dabei ist nicht an diejenigen der *meister* gedacht, sondern an die Lieder spätmittelalterlicher Liederbücher. Sie und die Versfolgen, die dem usuellen Singen zuzuordnen sind, bleiben auseinanderzuhalten. – Mit nun Folgendem ist ebenfalls auf das Referat in Medulin zurückzukommen. Dort blieb es bei einem Ansatz, der hier gerechtfertigt werden kann.

Es geht um die Bedeutungen des Wortes *Tanz*, das bis ins 16. Jahrhundert hinein im bekannten Paar von Vor- u. Nachtanz ausschließlich den Vortanz bezeichnete, welchem die lebhaftere Art des Nachtanzes mit ternärem Zeitfall (Reigen, Sprung usw.) folgte. Auch die oben bereits erwähnte Doppelformel *tanzen und springen* ist auf diese Weise befriedigend zu erklären. 1979 Begonnenes konnte ich inzwischen schon weiterführen aufgrund des Befundes, daß der Wolkensteiner – aber nicht nur er – bei seinem Schaffen das Tanzpaar adaptierte, wie Michel BEHEIM und andere den *reien*, den Nachtanz allein. Schon Oswald KOLLER hatte in der Wolkenstein-Gesamtausgabe (DTÖ) 1902 darauf kurz hingewiesen, ohne dem weiter nachzugehen; in der späteren Forschung blieb es unberücksichtigt, abgesehen von der Ablehnung durch Herbert LOEWENSTEIN (1932). Das Abweichen in der Haltung innerhalb des Tanzpaares veranlaßte dazu, mit entsprechenden Teilen des Textes korrespondieren zu lassen. Usuelles auf diese Weise wiederzugewinnen ist von größerer Problematik als beim *reien*, wovon bereits in Brünn die Rede war – ein so Sachkundiger wie Karel VETTERL stimmte damals zu.

Über einige Partien in den Chroniken war noch mehr Sicherheit dafür zu gewinnen, daß Wort Tanz damals eine beim Vortanz implizierte Bedeutung hatte. Unsere hochdeutsche Wortbedeutung zu verabsolutieren ist oft genug unzulässig, vielmehr häufig eine Verengung der älteren dabei gegeben. Der Band 12, der erste der Kölner Chroniken, enthält S.117 ff. (in Hagens Reimchronik) eine Partie über blutige Auseinandersetzungen in der Bürgerschaft. In den Versen 3320 ff. geht es darum, daß Kämpfen nach Möglichkeit vermieden werden sollte, doch blieben die Bemühungen ohne Erfolg. Vers 3320 heißt es einmal *strît* (''Streit''), vorher aber acht Mal und nachher ein weiteres Mal *danz* in der Bedeutung von *strît*. Das Wort stand demzufolge für ein Nachteiliges, für ein Übel, ein Unglück[10], wie der *reien* für Freude und Erfreuliches. Als ein dem entsprechendes Signal stellte er sich inzwischen noch weiter heraus[11], und zwar im Zusammenhang der Fastnacht (-freude). Die Zeit der

Fastnacht ist wie diejenige der Kirchweih (zu dieser bei KRAMER I über Register) eine Zeit der Fröhlichkeit, und als Zeichen deren auch eine Zeit des Tanzens. In Coburg wurde 1580 nachweislich von Tuchknappen (Wollwebern) mehrmals der *Küefues getreten* (KRAMER I, S.91), der vielleicht mit dem Kuhreigen anderer Landschaften identisch ist. Fröhlichkeit führte oft genug zur Ausgelassenheit beim Tanzen und diese nahm Formen an, die sich in Polizeiverordnungen niederschlug (S.149 f.).

Abweichende Bedeutung, eine gelinde Spannung von *tanz* (Vortanz) und Nachtanz ist nicht zu bezweifeln, ihre Ursache liegt offen. Die hier mitgeteilte Bedeutung hatte das Wort nicht nur in Köln oder im Rheinland, sie galt darüber hinaus. Das findet Bestätigung im ersten Teil des dritten Bandes der Braunschweiger Chroniken (Band 35 der Reihe; für die Aufgabenstellung hier im übrigen unergiebig). Im Bericht von einer Stadtfehde Ende des 15. Jahrhunderts heißt es, Angehörige der einen Partei seien in einen anderen, dort namentlich genannten Stadtteil *by den anderen danz gegangen... Hirumme* (infolgedessen) *wart he noch grymmiger* (S.52). Ein zweiter Beleg folgt dort S.99, die Knechte eines Anführers hatten *eynen danz betenget* ("begonnen"), im Glossar des Bandes erläutert mit "bildlich für Kampf, Verwicklung". Wenn Oswald von Wolkenstein im gleichen 15. Jahrhundert den Vortanz ad hoch adaptierte, ist anzunehmen, daß die Bedeutung wie in Köln und Braunschweig auch im oberen Deutschland gegolten hat und allgemein so verstanden wurde, ebenso auch vom Publikum der Chronisten und des Ritters in Südtirol. Soviel hier zum (Vor-) Tanz und dessen Heranziehen bei Nichtusuellem. Zur historischen Gegebenheit des Adaptierens von Usuellem ist noch beizutragen, daß dafür im Prinzip auch für das elisabethanische England Gewißheit besteht[12]. Das kann umso weniger verwundern, als das Verhalten in jenen Jahrhunderten vergleichsweise stärker affektbestimmt war und vorab ausgeprägten, zumal gegensätzlichen Affekten Ausdruck gegeben wurde, wie bereits oben erwähnt.

Im Band 36, Lüneburg (erschienen 1931) dominieren Aufzeichnungen in Prosa, ergänzt um Versfolgen zu gravierenden Geschehen um und nach Mitte des 15. Jahrhunderts. Es handelte sich um die Anteile am Ertrag der damals sehr einträglichen Lüneburger Salinen. Kontrahent des Magistrates war die Geistlichkeit, stets *prelaten* gennant, daher die übliche Bezeichnung "Prälatenkrieg". In ihn hinein spielte eine Ablösung des Magistrates durch einen neuen, wobei man mit Angehörigen des alten sehr übel umging. Ein anderes in diesem Band: Vorfälle bei Einführung der Reformation. Gegen 1530 tragen Augenzeugen sehr anschaulich und lebendig über Begleitumstände bei. Ein Beispiel dafür ist das folgende. Mit zunehmend lautem Singen brachte man den katholischen Geistlichen zur Resignation, so daß er sich in die Sakristei zurückzog. Er hatte eingesehen, daß er seine Messe – vom nicht mehr katholischen Chronisten *afgodisch* ("abgöttisch") genannt – nicht ordnungsgemäß zelebrieren konnte (S.448). Man sang, um ihn zu stören, deutsche Psalmen. Nicht lange danach kommt es auf ähnliche Weise zu einem *grot tumult* in der Kirche (S.449).

Bei Verordnung des Magistrates, die herkömmlichen Zeremonien der katholischen Liturgie aufzugeben, gestattet er zugleich dem evangelischen *her* Steffen das Predigen in drei Kirchen, weiter das Sakrament zu reichen sowie den Gesang von *psalmen auf teutsch, wie sie doctor Luther gestelt*. An einem 11. Dezember dieser Jahre wurde in St. Johann die erste deutsche Messe gesungen (S.479 f.).

Vom oben erwähnten "Prälatenkrieg"[13]) sind S.396 ff. 'Historische Volkslieder' mit abgedruckt (hier ist ersichtlich, daß generelle Ablösung von LILIENCRONs Benennung durch 'politische Lyrik' unzweckmäßig ist, man müßte denn Epitheton und Substantiv zu weit fassen). Weitere finden sich S.459 ff. Das erste von 27 Strophen (Reimfolge aabccb) betrifft die Absetzung des alten Magistrates im Jahre 1454. Es schließt:

> De dut leed heft ("der dies Lied hat") gedicht
> he ("er") dede dat van rechter plicht
> er konde des ("davon") nicht wol laten ("lassen")

Er hatte Motive, nicht vom Singen zu lassen. Analoges findet sich zu etwa gleicher Zeit bei Zeitgenossen. Bei Michel BEHEIM heißt es in Nr. 358[14]) in Hinblick auf sein Auftragsbewußtsein (3 f.):

> was ich begynn in meiner sach
> so muss ich al zeit singen

und eben dazu später es ist mein art und hat mich angeborn (19). Lochamer–Liederbuch Nr. 21 beginnt:

> Kan ich nit über werden ("frei werden von" oder ähnlich)
> senlicher not auf erden,
> die schaiden mir kan bringen,
> so muß ich senlich singen.

Was auch immer – man sang sich etwas vom Herzen, "von der Seele", die Beweggründe hatten viel Gewicht. In jedem Falle war Singen damals etwas anderes als später, war eine elementare Lebensäußerung bis ins späte 16. Jahrhundert, weshalb man mit pauschalem "Gesellschaftslied"[15]) vorsichtig umgehen sollte. Elementar ist kein Qualitätsurteil, mag es sich bei solchen Äußerungen, etwa bei den erwähnten Auswüchsen des Tanzes gelegentlich auch um Ungehobeltes gehandelt haben. Gegenteiliges fehlte nicht. Was ein Zeitgenosse im 18. Jahrhundert betont hat, kann sich auch weit früher schon begeben haben: Bürger und Bauern hört man in frohen Stunden und in Schenken besser singen als in anderen Orten Currentknaben (KRAMER I. S.244).

Der Sachverhalt des Elementaren solcher Art, deren Kenntnis zu einem Psychogramm jener Jahrhunderte vergleichsweise beitragen könnte, ist zusammenzuhalten mit erwähnten Einzelheiten beim Tanzen und auch mit der damals weithin hallenden Bekundung großer Freude (mit großem oder richem schalle). Es erlaubt auch Folgerungen auf Anderes, in den Chroniken und Liedern nicht zu Abstrahierendes. Zu berücksichtigen wäre dabei indessen eine Variationsbreite aller Realisierungen von dergleichen. So ist für den Beginn von Lochamer–Liederbuch Nr. 21 (oben mitgeteilt) anzunehmen, daß damit weniger unreflektiert gesprochen wurde als bei Usuellem. Gehörte das Liederbuch doch auch in eine Reichsstadt wie Nürnberg und in einen Kreis von für damals überdurchschnittlich beweglichen Köpfen, in eine Bildungsschicht. Auch bei dem zweiten Lüneburger Lied mit 25 Strophen mit der Reimfolge aab Waise b (S.403 ff.) verdient die Schlußstrophe Erwähnung. Sie beginnt:

> De ("der") uns dut leidt ("Lied") gesungen hat,
> konde he ("könnte er"), he sunge it gerne bet ("besser")
> und wolde des nicht sparen.

Der dritte Vers ist mit dem dritten des vorangehenden Liedes zu vergleichen. Mit dem zweiten wurde ein Gedankenmuster realisiert, das wohl am besten mit dem zweiten zu Beginn des Reigenliedes, *Lochamer–Liederbuch* Nr. 42, zu belegen ist:

> *Ich spring an disem ringe,*
> *des pesten, so ichs kan*
> *von hübschen frewlein singe.*

Möglicherweise steht dieser mittlere Vers in constructio apokoinou. Das Gedankenmuster bezieht sich in jedem Falle auf den dritten Vers. Für das Muster ist ein Beleg auch aus dem Liede S.462 ff. *van den schroderknechten* (Schneidergesellen) beizubringen, das ebenfalls mit 22 Strophen recht umfangreich ist. Die Reimfolge aabcb bezeugt wiederum eine Kleinstrophe schlichter Art. Zu Beginn wird zum Singen eines neuen Liedes ermuntert (wie dann vor allem im 16. Jahrhundert), mit den Worten *konden wie it wol besinnen* (soferne wir es recht ausdenken könnten) dazu. Die Anmerkung 1 dort läßt wissen, daß es auch von einem anderen Chronisten überliefert ist, bei ihm *gesangk* genannt. Somit hat es seine Melodie gehabt. Die letzten Verse lauten:

> *nemen ene darumme nicht in hat* ("haßt ihn darum nicht"),
> *de juw* ("der euch") *dussen reien* (!) *gemacht hadd*
> *und den schroderknechten geschenket!*

Absicht des Autors war es, die Widersacher des alten Glaubens zu schelten. Die Funktion des Scheltens (Strafens) ist damals nicht selten im Liede realisiert worden. *reien* (fehlt im Glossar des Bandes) ist nicht wörtlich zu nehmen, sondern nur mehr als Lied, wie in Straßburger Chroniken *leich* bei den Geißlern (bei CLOSENER S. 107; es heißt dort leis oder leich).

Seinerzeit zur Topographie des Singens Beigetragenes, wobei *singstul* in Augsburg Mitte des 15. Jahrhunderts als Einrichtung an der Außenwand eines Gebäudes konkretisiert werden konnte[16]), ist mit hier Folgendem zu ergänzen. Ende 1450 bewirkten die *prelaten* in Lüneburg Verschleppung einer Verhandlung, indem sie vorbrachten, ihnen sei bekannt geworden, die Einwohner hätten *gemaket ein gedichte*, um die Geistlichkeit herabzuwürdigen, und *dat sunge men over de gemeinen straten*. Bei Nachforschung gab man in der Einwohnerschaft an, davon nichts zu wissen, und gegebenenfalls wäre es auch nicht recht. Man beschloß, falls doch derartiges, *dat men dar sunge*, zur Kenntnis gelangen sollte, im Magistrat darüber ein Urteil zu fällen. Die Einwohner sagten zu, behilflich zu sein. Beides wurde dem Klerus mitgeteilt (S.382). Man kann sicherlich auch ohne Zeugnisse damit rechnen, daß in den Straßen mittelalterlicher Städte gesungen wurde, indessen ist dieser Ort des Singens hier doch einmal genau nachzuweisen. Gerade die breiteren Straßen boten sich an, es waren dann annähernd so viele Hörer zu erreichen wie vom erhöhten *singstul* an einem Gebäude, der jedoch an der Seite eines größeren Platzes dabei nicht zu überbieten war.

Anderes von Relevanz betrifft Singen unter Dach, doch weder in der Kirche noch im Wohnhaus, welche Selbstverständlichkeiten hier nicht interessieren. Die im folgenden mitgeteilte Gelegenheit bot sich ebenfalls an. In der letzten Versfolge des Bandes Lüneburg (S.465 ff.), 16 Strophen von jeweils neun Versen mit Reimfolge abab cdccd (teilweise unregelmäßig gereimt) kritisiert ein Tonnenmachergesell das Verhalten der Magistratsherren gegenüber armen Handwerkern, und das nicht ohne

Humor. Er schließt, er wolle nicht traurig sein über den Verlust seiner Anstellung in Lüneburg, denn außerhalb der Stadtmauern hätte man auch zu essen und zu trinken. Die letzte Strophe beginnt:

> *Dut leidlin* ("dies Liedlein") *is gesungen*
> *to Lune in den kroug (sic)*
> *van einen (sic) tunnenmackerjungen,*
>
> .....

Der Herausgeber merkte an, daß es sich um den Krug beim Kloster Lüne handele, recht einladend an der Ilmenau gelegen und deshalb noch zur Zeit der Edition dieses Bandes (1931) gerne aufgesucht. Im größten Raum einer Gaststätte konnte auch ein größeres Publikum versammelt sein. Singen unter Dach war bei institutionalisierten Singschulen nach 1500 die Regel. So fand das Hauptsingen der Nürnberger nachweislich im Vorraum einer Kirche statt, das Zechsingen in namentlich bekannten Gaststätten[17]. Archivalisch ist in München 1527 und 1531 weihnachtliches Singen von *singern meistergesangs* zu belegen, und zwar in der Bußstube (des niederen Gerichtes), die etwa 30-40 Menschen faßte. Im Jahre 1528 fand das Singen in der Gaststube[18] einer Brauerei, in der Sendlinger Straße statt. Zur Weihnachtszeit werden die Sänger dort jeweils vermutlich Zuhörer gehabt haben, die nicht direkt zu ihnen gehörten, aufgeschlossene Münchener außerhalb dieser *geselschaft*.

Mit Band 36 schloß die Reihe der zum Abdruck gebrachten Chroniken zunächst ab. Im Jahre 1968 erschien der hier folgend ausgewertete Band 37, Bremen. Namentlich bekannt von den Chronisten sind Herbert SCHENE und Gert RINESBERCH, ihre Aufzeichnungen auf die Jahrzehnte von 1350 bis an 1430 heran zu datieren. Der Hauptteil des Bandes, dessen Autoren diese beiden sind, ist Annalen vergleichbar gemäß der Amtszeit der Erzbischöfe von Bremen angelegt.

S.21 ff. wird wie in anderen Chroniken vom frevelhaften Tanzen von Kölbigk in Sachsen berichtet, abgerundeter und auch ausführlicher als sonst (im Abdruck etwa 30 Zeilen). Das Tanzen wird hier auf das Jahr 1032 gelegt.

Zur Schlacht an der Aller 1357, in welcher der Graf von Hoya Bremens Gegner war, teilt der Chronist mit, daß die Bremer dem Sieg nahe waren, dann aber durch irreführenden Rufe wie *de Bremer vleet* ("flieht") zur Flucht gebracht wurden, Ursache dafür, daß dieses Geschehen bedichtet und besungen wurde (S.140). Ereignisse ungewöhnlicher wie dieser und anderer Art[19] waren Gegenstand kunstlosen Vortragens und Vorsingens, bei ihnen war man sich des Interesses vieler sicher. Der Chronist berichtet S.164 von Aufruhr und Verrat in Bremen im Jahre 1366. Ein Lied unterweist hier, daraus Nutzen zu ziehen und *frut* ("mit Eifer") Rat in vergleichbaren Situationen zu geben, aufgrund solcher Erfahrung dazu berechtigt. Auf diese Verse wird später noch Bezug genommen. Verfaßt seien sie von einem *mester* ("Meister"), was einleuchtet, da er ad hoc unterweist, und die Reimfolge ist mit abab ccc ddd auch ein wenig kunstvoller als andere. Nur die zehn Verse einer ersten Strophe sind überliefert.

Der Chronist zeigt Humor wie auch Bescheidenheit. Wenn er nicht zu entscheiden wagt, wie es sich verhalten hat, zieht er sich zurück mit *dat bevele ick wiseren luden* ("klügeren Leuten").

ANMERKUNGEN

1) K. S. KRAMER, Volkslied im Hochstift Bamberg und im Fürstentum Coburg 1500–1600. Eine Volkskunde aufgrund archivalischer Quellen, Würzburg 1967 (Veröffentlichungen der Gesellschaft für fränkische Geschichte Bd. 24, S.278. Im ff. KRAMER.

2) Verfasser, Nachricht aus Städtechroniken... (Fortsetzung) in: Musikethnologische Sammelbände 5, Graz 1981, S.67-86, hier S.68 die Übersicht.

3) So Vers 567 der Beilage IV im gleichen Band 12. Vgl. noch Anm. 7 unten.

4) Erste vollständige Ausgabe von E. GROTE. Des Meisters Godefrit Hagen Reimchronik der Stadt Cöln, Köln 1834.

5) Der Marner, hrsg. von Ph. STRAUCH, mit einem Nachwort, Register und Literaturverzeichnis von H. BRACKERT, Berlin 1965 (Deutsche Neudrucke, Reihe Texte des Mittelalters). Nr. XV, 14 beginnt *Sing ich dien liuten miniu liet/sô wil der êrste das.*

6) Wie Anm. 2 oben, Bd. 2, Graz 1978, S.199 ff., hier S.120, 122 und öfter.

7) Es heißt dort, der Weber Macht sei groß zum Verdruß aller anderen, denn diese *moisten ir liet singen.* – Eine Nachricht zum Jahre 1374: bei Jung und Alt herrschte grassierende Krankheit, *mania* gennant, gekennzeichnet von Kreischen und anderen *grusamen* Tönen bei absonderlichen Bewegungen. Mit Tüchern und Gürteln verschnürt tanzte man unter Rufen *here sant Johan so so / vrisch ind vro.* Es wuchs sich dann zu großem Unfug aus, bevor es nach 15 Tagen ein Ende nahm.

8) Auch in der Bevölkerung *scheint man eine bestimmte Ordnung einzuhalten,* wenn getanzt wurde. Vgl. K. S. KRAMER, Bauern und Bürger im nachmittelalterlichen Unterfranken. Eine Volkskunde aufgrund archivalischer Quellen, Würzburg 1957 (Veröffentlichungen der Gesellschaft für fränkische Geschichte Bd. 12) S.185. Im ff. KRAMER II.

9) Werk-Typ-Situation. Studien zu poetologischen Bedingungen in der älteren deutschen Literatur. Hugo Kuhn zum 60. Geburtstag, Tübingen 1969. Von den 17 Beiträgen verdient Erwähnung hier insbesondere M. CURSCHMANN, Typen inhaltsbezogener formaler Nachbildung eines spätmittelalterlichen Liedes im 15. und 16. Jahrhundert (Hans Heselloher: "Von üppiglichen Dingen"), S.305-325. Wenn CURSCHMANN nachweist, daß Kontrafaktur, wie von F. GENNRICH verstanden, wie dort bei Erscheinungen des Neurealisierens von schlichteren Vortragsformen zu kurz greift, berührt er damit auch usuelles Singen. Dabei ist noch abgesehen vom Melodietypus, vgl. dazu Verfasser, Kontrafaktur und Melodietypus, in: Die Musikforschung 21, 1968, S.271-290. Oswald von Wolkenstein zeigt noch weitere Möglichkeiten in dieser Hinsicht. – Bei dieser Gelegenheit ist mitzuteilen, daß des Wolkensteiners mehrstimmige Liedsätze nun in einer zuverlässigen Neuausgabe vorliegen von I. PELNAR, Die mehrstimmigen Lieder Oswalds von Wolkenstein, Tutzing 1981, (Münchener Editionen zur Muikgeschichte, hrsg. von TH. GÖLLNER, Bd. 2). Die Editorin verdient besonderes Interesse auch deshalb, weil sie Neues zur Zweistimmigkeit usueller Provinienz veröffentlicht hat.

10) *engestlicher dantz* heißt es vom Jüngsten Gericht in einem Liede der Kolmarer Liederhandschrift, vgl. über Anm. 2 oben, hier S.97 im Beitrag über Kehrreim usw.

11) So in der bisher sogenannten Pfullinger Liederhandschrift. Dieser (letzte) Teil des cod. theol, et philos. 4⁰ 190 der Württembergischen Landesbibliothek Stuttgart erfuhr erste geschlossene Ausgabe (bei WACKERNAGEL, Kirchenlied einzeln, aber verstreut) durch V. KALISCH in: Württembergische Blätter für Kirchenmusik 49, 1982, S. 3-19 und Fortsetzung S.51-57. Näheres zur Erstausgabe, die auf zwei Hefte verteilt ist, bei Verfasser, in: Jahrbuch für Liturgik und Hymnologie 1982. – Freude äußerte sich in älterer Zeit häufig mit Tanzen, so bei Anlässen zur Zufriedenheit, selbst bei beiderseits zufriedenstellenden Geschäftsabschlüssen! Dazu KRAMER II, S.185 ff., wo u.a. das Zitat... *als sie in die frolligkeit komen ... gedanzt.*

12) ... *das Besondere ... Musik des Hofes und der...Oberschicht in einer ständigen Wechselwirkung...mit der Musik des Volkes,* so auch Melodien zum Tanzen und zur Arbeit. Diese Feststellungen traf W. CLEMEN, Das Drama Shakespeares, Göttingen 1969, S.31, im Kapitel über Shakespeare und die Musik. CLEMEN gilt als ein hervorragend Kundiger betr. Shakespeare und dieser Zeit.

13) LILIENCRON, Bd. I, S.466 ff.

14) Die Gedichte des Michel Beheim..., hrsg. von I. SPRIEWALD und H. GILLE, Berlin 1968/70/72 (DTM Bde. LX, LXIV und LXV).

15) Vgl. Verfasser, Einschränkendes zum Geltungsbereich von "Gesellschaftslied", in: Euphorion 61, 1967, S.342-348, was hier und da trotz Kenntnis ohne Folgen blieb. Schon A. REISSMANN sah vor mehr als einem Jahrhundert im Prinzipiellen klarer: *Der unendliche Inhalt bedingt eine große Mannigfaltigkeit der Form* (Das deutsche Lied in seiner historischen Entwicklung, Kassel 1861, 2. Buch).

16) Näheres bei Verfasser, Singschule. Ein Beitrag zur Geschichte des Begriffes, in: Zeitschrift für deutsche Philologie 95, 1976, S.400-416, hier S.406 f.

17) Ders., Zu Albrecht Lesch, Jörg Schechner und zur Frage der Münchener Meistersingerschule, in: Zeitschrift für deutsches Altertum 94, 1965, S.121-138, hier S.133 mit Anm. 5.

18) Zum Singen im Wirthaus, vgl. bei KRAMER I den Abschnitt S.191 f. Im 18. Jh. habe man nachweislich in einem Dorfkrug Bier getrunken und dabei *einige lustige jedoch unschuldige Lieder* gesungen (S.192). Der nächste Abschnitt dort betrifft Schand- und Spottlieder, die auf Einzelne oder einen ganzen Stand gesungen wurden (zu ihnen vgl. schon in den vorhergehenden Referaten). Solche sang man nicht nur auf der Straße öffentlich oder halböffentlich im Gasthaus, sondern neben überwiegend anderen Liedern selbst in den Spinnstuben (Rockenstuben). Zu Mißbräuchen dabei und sogar beim Singen zu Neujahr vgl. KRAMER I, S.83 f. Unerlaubtes ist auch vom Tanzen belegt, und hier sind Polizeiverordnungen besonders aufschlußreich (S.150 zu Coburg und Bamberg). Von Bamberg erfahren wir Namen wie *Scheuben-, Flöh-* und *Slaifers* Tänze, ebendort vom 18. Jh.; es scheint sich bei Auswüchsen meist um kürzlich Importiertes an Tänzen zu handeln. Zu Coburg (1542) heißt es in der Polizeiordnung zu den *unzuchtigen* Tänzen, gleich ob auf Hochzeiten, auf Rathaus, Kaufhaus, auf den Gassen oder in Häusern der Bürger sonst, es sei man oder gesell, er solle sich *mit jungfrauen und frauen des unzuchtigen und unverschempten umbdreens, aufhaben, herumschwenkens, vilfeldigen ungewonlichs druckens und umbfahens, auch unzimlichen laufens und abstossens, auch schendlichen geberts* ("Gebahrens") *und geschreis enthalden und desselben mit mehr uben noch gebrauchen, sondern fein erbarlich und zuchtiglich seinen tanz vorbringen...* Wer dessen überführt würde, hätte mit unmittelbarem Abführen ins Gefängnis zu rechnen, sonst aber Bußgeld zu entrichten; Fremde erhielten nur beim ersten Male eine Verwarnung. Ob die Musikanten zu solchem Tanzen *zuchtiglich* aufspielten?
Getanzt wurde damals überall. Dafür ein Zeugnis aus Höchstadt von 1766 (S.151). Ein Mann ging nach Zecherei im Wirtshaus zum Stadttor und hätte sich mit anderen von ihm aus der Türmerstube vom Türmer aufspielen lassen *und also miteinander gegen bezahlung eines Groschen auf der gassen getanzet, und zwar in so lange, bis der amtsknechtsbursch feyerabend gebotten* (S.151).
Albrecht Lesch, der selber eine Funktion in der niederen Stadtgerichtsbarkeit hatte, sah sich vom Ethos der *meister* veranlaßt, auch schlechte Richter und Schöffen zu kritisieren (Lied XV, ed. KOESTER). Gleiches geschah auch mit kunstlosem Singen, bei KRAMER, I, S.189 zu entnahmen. Ende des 17. Jahrhunderts beklagten sich ein junger Maler und ein Jäger, auf bloßen Verdacht hin des Aufruhrs bezichtigt worden zu sein. Das Lied auf einem Flugblatt ordnete KRAMER ohne genauen Text mitteilen zu können *zwischen Sage, Pamphlet und Bänkelsägerlied* ein. Seine Verlegenheit rührt von dem Anm. 15 oben genannten grundsätzlichen Sachverhalt her, und dieser daher, daß Lieder vielfältig wechselnde Funktion haben, dem *Vollziehen* (Hugo Kuhn) von Vielerlei dienen konnten.
Das wäre ebenso wie in vielen anderen so auch im folgenden Falle zu fragen. Zu Ostern 1682 zogen junge Burschen nach ihrem *Aufenthalt im Wirtshaus mit einem fidler über die gasse nach dem Kegelplatz... eins bierkanne vor sich tragend, auch ihre röcke auszogen...mit schreyen und...mit nicht geringen zulaufs des jungen gesindes.* Wie die Weltgeschichte, so ist auch die Musik- und Liedgeschichte bis an unsere Jahre heran dort auf den Aspekt der abendländischen, hier auf denjenigen der Kunstmusik eingeschränkt gewesen, verständlich insoferne es weithin an schriftlicher Fixierung fehlt. Das im Lochamer Liederbuch gegen 1460 nachgetragene (!) Nr. 45. *Es fur ein paur gen holz* mit seinen wenigen Versen (Anfang?) ist eine seltene Ausnahme.

19) Von Ungewöhnlichem hielten die Chronisten mancherlei fest. Ein Erzbischof lädt mehr als 500 Gäste, darunter neben Bischöfen und Prälaten auch Ratsherren und Ritter mit ihren Knechten nach Hamburg ein und bewirtet sie. Der fähigste Küchenmeister der Umlande bereitete das Essen angeblich wochenlang vor. Es gab zwanzig Gänge bei der Tafelei, die Besonderheiten – nicht wenige – werden auch benannt (waren Kraniche damals Leckerbissen?). Die Kosten für alles – die Getränke seien die besten gewesen, die man verlangen konnte – beliefen sich auf 500 Lübecker Mark (S.170 f. in diesem Band 37). Uns erscheint es hypertroph, könnte indessen Klimax vom mittelalterlichen Genotyp sein. Das mehrmals erwähnte *mit großem (rîchem) schalle* ist demgegenüber anders zu beurteilen, wir dürfen es wörtlicher nehmen.

Benjamin RAJECZKY, Budapest

DATEN ZUM VOLKSMUSIKLEBEN DES 6. JAHRHUNDERTS
IN DEN SCHRIFTEN DES VENANTIUS FORTUNATUS

Der berühmte Dichter der Hymnen *Pange lingua gloriosi proelium certaminis* und
Vexilla regis prodeunt ist für uns nicht nur deswegen von Bedeutung, weil die Melo-
die zum erstgenannten wahrscheinlich aus der Zeit des Textes zu datieren ist. Günther
WILLE und Bruno STÄBLEIN hatten Ende der 60-er Jahre Textstellen aus seinen
Schriften zitiert, welche wertvolle Angaben boten zur musikalischen Praxis des
Frankenreiches im 6. Jahrhundert.

Geboren um 530–540 in der Nähe von Treviso, studierte der junge Dichter in Ra-
venna, und hatte sich an den klassischen Dichtern, in erste Reihe an Vergil ausgebil-
det und wurde so als wichtiges Bindeglied zwischen Antike und Mittelalter wegwei-
send für die spätere Kirchendichtung. Wichtiger aber in musikalischer Hinsicht bleibt
für uns seine römisch-italienische Weltoffenheit, welche ihn ungeachtet der lombardischen Wirren in Oberitalien und der finsteren Züge der Geschichte der Merowin-
ger im Frankenreich eine zweijährige Reise über die Alpen, durch Bayern, Mainz,
Köln, Metz, Verdun, Reims, Soissons, Paris, dann nach Tours und Poitiers antreten
ließ, überall Eindrücke sammelnd und zu Gelegenheitsdichtungen bereit, welche bezeugen, wie günstig er aufgenommen wurde und wie zahlreich die Beziehungen waren, die ihn mit den führenden kirchlichen und politischen Persönlichkeiten verban-
den. Besonders warme Freundschaft schloß er mit Königin Radegunde, die frühere
thüringische Königstochter, die König Chlotar nach Ausrottung ihrer Familie als
Kriegsgefangene mit sich nahm und später heiratete, die aber sich nach zehnjähriger
Heirat ins Kloster zurückzog, um sich unter der Disziplin ihrer Ziehtochter, der Ab-
tissin Agnes einer harten Askese zu widmen (587). Als Presbyter und später als
Bischof von Poitiers, schrieb Fortunat unter anderem auch ihre poetische Biogra-
phie. Von allen geehrt, starb er um 600.

Schon im Prolog seiner Schriften, welche er dem Geschichtschreiber der Mero-
winger, Bischof Gregor von Tours widmete (Migne, Patrologia Latine Bd. 88), fällt
auf, daß er die einzelnen Völker mit ihren Nationalinstrumenten assoziiert: die sogenannten "Barbaren", das heißt Germanen und ihre Lieder *(leudi)* kennzeichnet
die Harfe

    [barbaros leudos harpa relidebat (S.62)

    die Barbaren-*leudi* wurden von der Harfe wiedergegeben];

so auch im Gedicht zur Genesung von König Sigiberts Feldherren Lupus wird un-
terschiedlich gesungen:

    Romanusque lyra, plaudat tibi barbarus harpa,

    Der Römer soll dir mit der Lyra, der Barbar mit der Harfe,

    Grecus Achilliaca, chrotta Britanna canat (S.244)

    der Grieche mit Achillscher Phorminx und der Brite mit der Chrotta Huldigung
    singen.

Bei dieser Gelegenheit unterscheidet er seine kirchlich anmutenden Verse und die
Barbarenlieder, die *leudus* heißen:

    Nos tibi versiculos, dent barbara carmina leudos.

Wir geben dir Versikel, die Barbaren-Lieder mögen dir *leuden* bieten.

Offenbar hatten wandernde Spielleute ihre Instrumente auch auf fränkischem Boden bekannt gemacht.

Fortunats gedicht, zu Ehren des Bischofs Germanus an den Pariser Klerus gerichtet, deutete STÄBLEIN (Die abendländische Musik des I. Jahrtausends, in: Knaurs Weltgeschichte der Musik, München 1968, S.97) als Beschreibung einer großen instrumentalen Pariser Festmesse:

Hinc puer exiguis attemperat organa cannis,

Von dieser Seite fügt der Knabe aus kleinen Pfeifen Instrumente zusammen,

Inde senex largam ructat ab ore tubam.

von dort rülpst der Alte einen weiten Hornstoß vom Munde.

Cymbalicae voces calamis miscentur acutis,

Disparibusque tropis fistula dulce sonat.

Zymbelschläge mischen sich mit hohen Rohrpfeifen, und mit verschiedenen Wendungen tönt süßklingend die Flöte.

Tympana rauca senum puerilis tibia mulcet,

Kindliche Pfeifen beschwichtigen die rauhen Pauken der Alten,

Atque hominum reparant verba canora lyram.

und mit gesungenen Worten ergänzen die Männer die Leier.

Leniter iste trahit modulus, rapit alacer ille,

Sanft entfaltet sich die eine Weise, hastig eilt die andere,

Sexus et aetatis sic variatur opus (S.103).

so wechselt die Handlung nach Geschlecht und Alter.

Auf den ersten Blick mag STÄBLEINS Interpretation angemessen sein, allein lassen zwei Texte dagegen Zweifel aufkommen. Zum einen sprechen die einleitenden Verse der Textstelle ganz klar über Matutin und Laudes des Offiziums, nicht aber über die Messe:

Pervigiles noctes ad prima crepuscula jungens,

Den durchwachten Nächten den Frühmorgen anschließend,

Construit angelicos turba veranda choros.

errichtet die ehrwürdige Truppe Engelchöre.

Gressibus exertis in opus venerabile constans,

Mit tapferen Schritten sich ins ehrwürdige Werk stellend,

Vim factura polo, cantibus arma movet

greift sie mit Gesängen zu Waffen, um den Himmel zu bestürmen.

Stamina psalterii lyrico modulamine texens,

Die Fäden des Psalters webt sie mit lyrischen Wendungen

Versibus orditum, carmen amore trahit.

und setzt das in Versen begonnene Lied mit Liebe fort.

Zum andern beschreibt unser Dichter den Gesang der Nachtigall genau mit denselben Worten, wie oben die Handlung der Knaben. Dort hieß es:

Hinc puer exiguis attemperat organa cannis,

hier, wo er dem Bischof Felix ein Gedicht über Ostern und den österlichen Vogelgesang widmet, lesen wir (S.131):

Hinc philomela suis attemperat organa cannis,

Von nun an fügt die Nachtigall aus ihren Pfeifen Instrumente zusammen,
fitque repercusso dulcior aura melo.
und die Luft wird süß vom Schall der Melodie.

Hier deuten die instrumentalen Ausdrücke ganz klar auf den Gesang und lassen obige Stelle so interpretieren, daß hohe und tiefe Instrumentengruppen eigentlich nur den Klangunterschied der Knaben- und Männerstimmen beschreiben, welcher in der alternierenden Psalmodie stark hervortrat (zumal sich daran nach Intention des Bischofs Germanus auch das Volk, also auch Frauenstimmen beteiligten, wobei die Handlung wirklich *nach Geschlecht und Alter* wechselte).

So mischen sich Ausdrücke für Instrumentenspiel und Gesang auch in der Beschreibung der Moselfahrt von Metz bis Andernach (S.337), wo nach Erwähnung der reichen Fischgerichte der Dichter auf die musischen Freuden zu sprechen kommt:

Ne tamen ulla mihi dulcedo deesset eunti,
Doch daß mir in der Reise die Süßigkeit nicht fehlt,
Pascebar musis, aure bibente melos.
nährten mich die Musen, indem meine Ohren Melodie tranken.
Vocibus excussis pulsabant organa montes,
Mit schmetternden Tönen schlugen die Instrumente die Berge,
Reddebantque suos pendula saxa tropos.
und die steilen Felsen warfen ihre Weisen zurück.
Laxabat placidos mox aerea tele susurros,
Bald löste das Luftgewebe sanfte Töne,
Respondit cannis rursus ab alpe frutex.
und vom Berge antwortete das Gebüsch wiederum mit seinen Pfeifen.
Nunc tremulo fremitu, modo plano musica cantu,
Talis rupe sonat, qualis ab aere meat.
Wie die Musik einmal mit zitterndem Gemurmel, dann mit glattem Gesang durch die Luft geht, so schallt sie vom Fels zurück.
Carmina divisas jungunt dulcedine ripas,
Die Lieder verbinden die getrennten Ufer mit ihrer Süßigkeit,
Collibus et fluviis erat una tropis.
durch die Melodien fanden Hügel und Flüsse gemeinsame Stimme.

Nach den blutig-düsteren Geschichten Gregors von Tours zeigen uns Fortunats friedliche Musikschilderungen sonst unbekannte, tröstend mildmenschliche Züge der Merowingerwelt.

Den eigenen Gedichtvortrag bezeichnete der Dichter auch mit instrumentalem Ausdruck, wie in den *Versus facti super mensa in Villa Sancta Martini* – Verse gemacht beim Tisch zum Osterfestmahl, wo gespielt und gesungen wurde (S.339).

Cum videram citharae cantare loquacia ligna,
Als ich sah, daß die geschwätzigen Hölzer der Kithara singen
Dulcibus et chordis admodulare lyram,
und die Lyra mit süßen Saiten mit einstimmt,
Quo placido cantu resonare videntur et aera,
wie auch die Luft die sanften Gesänge wiederzugeben schien,
Mulceat atque aures fistula blanda tropis:
als die Pfeife die Ohren mit reizenden Wendungen ergötzte:

Quamvis hic stupidus habear conviva, receptus,
obwohl ich hier nur als dummer Gast eingeladen bin,
Et mea vult aliquid fistula muta loqui.
so will doch auch meine stumme Flöte etwas sagen.

Die Erzählung der Wallfahrtsmusik in der *Vita Sanctae Radegundis reginae* ist in doppelter Hinsicht lehrreich: sie bietet einen authentischen Bericht über Musik und Tanz bei Wallfahrten und liefert eine klare Angabe übe eine Dichterin, deren Verse vom Volk übernommen wurden (S.510–11); G. WILLE: *Musica Romana,* Amsterdam 1967, S.153:

Quadam vice obumbrante jam noctis crepusculo,
Einmal als die Nacht schon einbrach,
inter choraulaes et citharas, dum circa monasterium a saecularibus molto fremitu cantaretur,
während das weltliche Volk zum Spiel der Tanzflötisten und Zitherspieler rund um das Kloster mit lautem Getöse sang,
et sancta duabus testibus perorasset diutius,
und die Heilige mit zwei Begleiterinnen lange Zeit gebetet hatte,
dicit quaedam monacha sermone joculari:
sagt eine Nonne mit scherzhaften Worten:
Domina, recognovi unum de meis canticis a saltantibus praedicari.
Herrin, ich habe eines meiner Lieder erkannt, welches die Tanzenden singen.
Cui respondit: Grande est, si te delectat conjunctam religioni audire oderem saeculi.
Sie antwortete: es ist eine große Sache, wenn du gerne hörst, wie der Geruch der Welt der Religion anhaftet.
Adhuc soror pronuntiat: Vere, Domina, duas et tres hic modo meas canticas audivi, quas tenui.
Die schwester aber fügt noch hinzu: Wahrlich, Herrin, eben hörte ich zwei oder drei meiner Lieder, welche ich erkannte.
Sancta respondit: Teste Deo me nihil audisse modo saeculari de cantico.
Die Heilige antwortet: Gott ist mein Zeuge, daß ich aus dem Gesange nichts Weltliches hörte.
Unde manifestum est ut carne licet in saeculo, mente tamen esset in coelo.
Daraus ist es offenbar, daß sie, wenn auch körperlich in dieser Welt, im Geiste aber im Himmel war.

Klatschen und Tanzschritte waren wohl den Klosterbewohnern auch nicht fremd, so läßt sich jedenfalls Fortunats Gedicht *De virginitate* – Über die Jungfräulichkeit deuten (S.266):

Culmina multa polos radianti lumine complent,
Die vielen Gipfel füllen den Himmel mit strahlendem Lichte,
Laetanturque piis agmina sancta choris.
und die heiligen Scharen frochlocken mit frommen Chören.
Carmine Davidico plaudentia brachia texunt,
Zum Davidischen Lied knüpfen sie klatschende Arme
Creditur et sacro tripudiare gradu.
und mit heiligen Schritten scheinen sie zu tanzen.

Nehmen wir dazu noch die bekannte Wendung der Klagelieder, welche sich von der Bibel (2.Sam. 19,1) bis auf unsere Tage wiederholt. So singt auch bei Fortunat Goisuintha, die Mutter der von König Chilperich ermordeten Geleusintha (S.224–25):

Si nostrum jam lumen obit, si nata recessit,
Wenn schon unser Licht erlöscht, wenn unsere Tochter uns verließ,
Quid me ad has lacrymas invida vita tenes?
wozu erhältst mich, neidisches Leben, für diese Tränen?
Errasti, mors dura nimis,
Du hast dich geirrt, äußerst harter Tod:
Cum tollere matrem funere debueris,
als du die Mutter hättest bestatten sollen,
Sors tibi nata fuit.
kam dir die Tochter an die Reihe.

Der alte Brauch des Klagens hielt sich auch durch das ganze Mittelalter, in allen Schichten der Gesellschaft, so auch in den Klöstern, wie wir in der *Vita Sancti Columbae* (Lebensbeschreibung des Irländers Columba, Gründers des berühmten Klosters auf der Hebrideninsel Iona in 563) lesen:

...coetus monachorum cum luminaribus accurrens Patre
als die versammelten Mönche mit Lichtern in die Kirche eilten
viso moriente
und dort den sterbenden Vater sahen,
coepit plangere...
begannen sie zu klagen (PL 88, S.773).

Die Schriften der spätantiken und frühmittelalterlichen Schriftsteller verdienen – wie die Arbeiten von GEROLD, MACHABEY, QUASTEN und WILLE zeigen – die höchste Aufmerksamkeit der historischen Volksmusikforschung: sie bieten die unentbehrlichen Daten zu einer kontinuierlichen Geschichte der europäischen Volksmusik.

Walter SALMEN, Innsbruck

STUDENTEN ALS SPIELER UND BEWAHRER VON VOLKSMUSIK IN DEUTSCHLAND

Die Liedersammlungen *Des Knaben Wunderhorn* (1805ff.) und *Zupfgeigenhansl* (1909) sind in das Gedächtnis der Nachwelt eingegangen als recht wirksam gewordene Sing- und Lesebücher, die der Initiative rühriger Studenten zu verdanken sind. In beiden popularen, in großen Auflagen verbreiteten Büchern wurden aus Veranlassungen heraus, die den Jugendbewegungen eigen waren, vorzüglich Volkslieder aus mündlicher Tradition zur Wiedererweckung angeboten. Dieses Bemühen von Studenten um den produktiven Gebrauch, die Notierung wie auch die Pflege von Volksmusik ist jahrhunderte alt und reicht mindestens bis in die Frühphase der Entwicklung urbaner differenzierter Lebensformen zurück. Seit dem Mittelalter bildeten die aus Reichen wie Armen, aus Adeligen wie aus Söhnen niederster Herkunft sich bunt zusammensetzenden Studentenschaften keinen Stand, sondern vielmehr eine ständisch gemischte Gruppe von Jugendlichen, die während weniger Jahre ihres Lebens etwas Gemeinsames verband. In Liedern des 16. Jahrhunderts sprach man dieser Gruppierung die Haltung des *freien Mutes* zu, des *frisch vnnd frölichen*, also Eigenarten des ungebundenen, noch nicht in ständische Normen vollends eingezwängten Lebens[1]. Den Studenten wurde eine zwischenständisch vermittelnde, noch optierfähige soziale Rolle zugestanden. In Bursen und Hörsälen begegneten sich Rustikales mit feudaler Attitude, vitaler Elan und gelehriges, asketisches Wissenwollen in buntem Wechsel. Im Gegensatz zu den späteren Verhaltensweisen im Berufsleben und in den Geleisen von Etiketten sowie verpflichtenden Normen war man noch offen sowohl für das Elementare und Derbe als auch für das zu erlernende Feine. Es ist daher nicht verwunderlich, daß eine solche jugendliche Gruppe mit *frischem freien sin* (Tübingen, vor 1614) in ihrem Musizieren und offenen Beobachten der Umwelt das einfache Lied einschließlich des Kindergesanges nicht übersah, sondern vielmehr sich ungezwungen durch Vorurteile und Dogmen dessen erfreute. Man hatte keine Scheu vor *gassenhauern, reuter und schandtbuben liedern,* im Gegenteil man lebte damit bei Wanderungen, in Schenken, auf der Gasse und tat überdies als der vielmals in Volksliedern besungene *schreiber* manches, um auch mit der Feder deren Verklingen zu verhindern. Dies konnte stammbuchartig geschehen durch Fixieren von etwas Liebgewonnenem, oder aber auch im absichtlichen Sammeln und Dokumentieren für die Nachwelt.

Schon das *Rostocker Liederbuch* aus der zweiten Hälfte des 15. Jahrhunderts bietet einen trefflichen Beleg für dieses allseitige Offensein von Studenten für das tradiert Einfache im Singen wie auch für das modisch Feine und künstlerisch Anspruchsvolle[2]. Buntscheckig ist der Gehalt dieser Quelle, denn diese umfaßt Marienantiphonen und Motettisches ebensowohl wie Trinkgesänge, zeitgeschichtliche Lieder, Spottverse, Liebeslyrik als auch Kinderliedartiges wie etwa auf fol. 38r die älteste Niederschrift von *Id reghent up der brugge*, dessen Eingangszeile in Kinderreigen noch im 19. Jahrhundert vielerorts gebräuchlich war *(Bspl. 1)*[3].

Bspl. 1 a: Rostocker Liederbuch

Bsp.1 a, Rostocker Liederbuch

Bspl. 1 b: aus Sachsen und Berlin 1872

In bunter Abfolge steht in dieser Handschrift mithin Einfaches aus unbestimmbar alter Tradition neben dem damals Aktuellen, *kortlich* erst Entstandenen. Diese Mischung blieb in vielen studentischen Niederschriften bis ins 18. Jahrhundert hinein favorisiert. Modisch Stilisiertes erklang oftmals neben dem Rustikalen, Derben, von den Normen des Kunstgesanges sich betont Unterscheidenden. Die Studenten hielten Kontakt zu Jedermann, obwohl die Gelehrten und die Vornehmen das Volk als *büffelhirnigen Pöffel* zu diskriminieren beliebten und es nach deren Ansicht für einen angehenden *doctus* unschicklich war, wenn sich dieser allzu *gemein* machte mit dem Pöbel und dessen Musizieren.

Ein Überblick über die Quellen aus studentischem Milieu mag zeigen, daß *studiosi* jeglichen sozialen Herkommens unbeeindruckt durch derartige Aburteilungen des Nicht-Künstlerischen in Wort und Ton kontinuierlich durch die Jahrhunderte an der Teilhabe am Popularen festhielten, zumal die temporär Fahrenden und Bettelnden unter ihnen mit allen Schichten der Bevölkerung in Kontakt kamen und mit diesen leben mußten, wodurch mancher Liedaustausch bewirkt wurde, studentische Lieder in aller Munde gerieten und umgekehrt usuell Geläufiges in Bursen und Kneipen

Einzug fand[4]). So findet sich beispielsweise in der Basler Handschrift F VI,26f. vom Ende des 15. Jahrhunderts die simple Melodie des Schwankliedes *Der schreiber was ein mann*, welches dreistimmig in studentischen Zirkeln gesungen wurde[5]). Der aus Basel stammende Medizinstudent Felix PLATTER sang 1582 in Montpellier und auf dem Wege dorthin u.a. das Lied vom *ritter aus Steurmarck*[6]), während etwa in demselben Jahre der Adelige Achatius zu DOHNA aus Ostpreußen in seine Lauten-tabulatur *Gassenhawer* wie *Ach elselein liebstes elselein mein* oder *So wünsch ich ir [ein gute Nacht]* eintrug[7]). Wenn selbst noch im Jahre 1842 Carl Friedrich BECKER den Begriff Volk definieren konnte als etwas Zusammengesetztes aus den Gruppen *Handwerksmeister, Gesellen, Studenten, Ammen*, dann dürfte es gewiß verlohnend sein, die Rolle der Studenten innerhalb der Volksmusikgeschichte deutlicher zu be-stimmen. Beginnen wir mit deren Sing- und Spielpraxis in Stadt und Land.

Studenten sind bis ins 19. Jahrhundert hinein als Spielleute aufgetreten, indem sie das jeweils von ihnen geforderte Repertoire parat hielten, also auch den Dorfmusi-kanten abgeben konnten. Waren doch viele als *pauperes* genötigt, sich mit ihren mu-sikantischen Fertigkeiten im Leben duchzuschlagen, um zu überleben. Viele von die-sen hatten keine andere Chance denn in einer gehetzten Wanderexistenz als Bettler, Gaukler und Spielleute sich anzubiedern. *Verlotterung* war häufig die Folge davon[8]). Was es bedeutete, wenn man auf der niedersten Stufe der verfemt als aso-zial, ehr- und rechtlos geltenden Spielleute sich durchbringen mußte, mag eine Ein-tragung in der Kölner Matrikel vom 13. November 1498 erhellen helfen, wonach *Joh(ann) de Brisaco; (ad) art(es) i(uravit), et totum remissum propter patrem canen-tum et ludentem in viella in actibus universitatis et facultatem*[9]). So wie man damals etwa bei einer Einbürgerung oder zwecks Aufnahme in eine Handwerkerzunft einen Echtheitsbeweis vorzulegen hatte, der eine sozial einwandfreie Herkunft bescheinig-te[10]), ebenso war auch bei der Immatrikulation der Verruf von unehrlich geltenden Leuten abzustammen ein das akademische Leben behindernder Makel. Dennoch blieb vielen Studenten keine andere Wahl, als selbst in verachteten Gewerben einen dürftigen Unterhalt zu verdienen und nach der Devise zu handeln: 'dess Brot ich ess, dess Lob ich sing', denn die bereits im 15. Jahrhundert formulierte Forderung *Stu-dium liberos requirit* blieb bis in die jüngste Zeit hinein unerfüllt. Das Freisein von Nebentätigkeiten war nur wenigen vergönnt.

Auf den Straßen und in den Häusern mit Gesang bettelnde Studenten waren ne-ben den *currendarii* aus den Gymnasien und Trivialschulen eine allenthalben begeg-nende Erscheinung. Man *ersang* (Wien 1597) sich Nahrung und Unterkunft mit *car-mina* verschiedenster Art. Wenn 1484 am Hof zu Innsbruck *Lorentzen von Portgra-ber, Studenten von Padua und seinen Gesellen, die meinem gnedigisten Herrn etlich Gesang brachten* 13 fl 2 lb 6 gr gegeben wurden, so wird dies der Lohn gewesen sein für den Vortrag durchziehender Studenten, die dem Herzog Siegmund wohl zu ge-fallen vermochten. Diese sangen jedwede Art von Liedern, jedoch auch zweckbe-tonte Bettelgesänge mit lateinisch-gelehrtem Aufputz, wovon eines 1603 in Schlesien notiert worden ist:

> *Dominum pastorem*
> *cum laude quaerimus,*
> *si vellet nobis dare*
> *six grossos.*

o decus honestorum,
corona clericorum,
date literatis
dona pietatis!...[11]

In Wien wurde 1582 das Bettelsingen von Studenten verboten, weil dies offensichtlich weniger Freude als belästigenden Verdruß bereitete[12]. Hingegen gab man in Marburg 1602 vier armen Studenten Geld, die vor der Kanzlei gesungen hatten, 1669 drei armen in Tann (Fulda) eine Wegzehr *so im (gräflichen) Schloß gesungen*, 1670 im Rathaus zu Rotenburg an der Fulda *8 alb Einem studioso auß der Pfaltz, welcher ein gueth testimonium undt darneben ein lateinisch Carmen Bürgermeister und Rath überreicht*[13]. Bemerkenswert an letzterem Quellenzitat ist der Vermerk, daß auch dieser Student einen Echtheitsnachweis zuvor zu erbringen hatte, bevor er seinen Gesang vor der Obrigkeit präsentieren durfte.

Da Bettelsänger weniger den Zwängen von Spielmannsbruderschaften, Stadtpfeiferordnungen und anderen Reglementierungen unterlagen als die Instrumentisten, wurden letztere stärker behindert oder abgedrängt als die *Liedermacher* unter den *pauperes*. Wer über musikantische Fertigkeiten verfügte, suchte diese als Erwerbsquelle zu nutzen, womit er freilich in den Städten stets auf die Konkurrenz der eingezünftelten Musikanten stoßen mußte. Die sprichwörtlichen Streitigkeiten unter den Spielleuten aller Grade bezogen mithin vor dem 19. Jahrhundert die aufspielenden Studenten mit ein, sofern diese sich nicht als Gehilfen dingen lassen konnten, wie dies z.B. in Altdorf sich ereignete, wo ein Student dem Stadtpfeifer gegen einen Freitisch beim *Abblasen* half[14].

Mittel der Diskriminierung von aufspielenden Studenten, die sich wie z.B. 1728 in Leipzig als *Dorfmusikanten* anboten, gab es etliche[15]. In Tübingen verweigerte man denen, die mit *welschen Geigern* herumzogen, den Zugang zu den Kosttischen, in Graz (1683) wie in Königsberg (1799) beschwerten sich die privilegierten *Stadtmusici* über das Wirken *fremder Musici und Studenten* bei Hochzeiten sowie bei Bällen und forderten Rektor und Senat auf, dies zu unterbinden[16]. In Innsbruck soll 1766 das Gubernium ein Verbot erlassen, wonach es Studenten, *welche zum Teil nicht einmal Studien betreiben*, untersagt werden soll bei Hochzeiten sowie in Wirtshäusern aufzuwarten, um den professionellen Musikanten nicht den Verdienst zu schmälern. In Wien, wo seit 1288 die St.Nicolai-Bruderschaft der Spielleute eine strenge Kontrolle über das gewerbliche Musizieren ausübte, hatten es nebenberuflich Tätige besonders schwer, sich ein Zubrot zu erspielen. Die niederösterreichische Landesregierung verfügte während des 17. Jahrhunderts mehrere Maßnahmen gegen *studenten, soldaten und handwerksgesellen*, die *hoch- und andere mahlzeiten* in *Compagnien* abgabenfrei bespielten, die Musizierverbote in Kriegszeiten sowie während der verordneten Landestrauer nicht achteten[17]. In einem Patent vom 19. Januar 1638 werden nähere Begründungen dafür gegeben, warum der Obrist-Spielgraf die sogenannten *freien Spielleute* belangen sollte, denn *die studenten und allhiesigen soldaten in der stadtquardi des hochzeit – und mahlzeiten mit gwald und gar in verbottnen zeiten zu bedienen eintringen wodurch einerseits sie den gehorsamben, so ihr einkaufgelt und jahrschilling reichen, igr gemeinsames und brod abschneiden und aus dem mund nemben anderseits dem uralten geistlichen stift S.Nicola die gföll entzogen werden...* . Ökonomische Interessen, Schutz von Privilegien, Abwehr unkontrollierbarer Lotte-

rer waren die wesentlichen Motivationen für die Unterbindung musikantischer Tä-
tigkeiten aus der Sicht der Behörden. Die Rektoren und Senate unterstützten dies,
weil sie primär daran interessiert waren, daß Studenten studierten und nicht in Schenken verbummelten. Trotz dieser Maßnahmen muß das spielmännische Auftreten
beträchtlich gewesen sein, denn um 1800 war die typenhafte Bezeichnung *Prager
Studenten* für fahrende Musikanten aus Böhmen weit verbreitet und zugkräftig[18].
EICHENDORFF hat eines seiner Gedichte nach diesem Kennwort *Wanderlied der
Prager Studenten* betitelt.

Auch im Gesang kam den Studenten als geschlossener Gruppe ein beträchtlicher
Anteil an der Geschichte von Volksmusik zu. Das studentische Leben war seit dem
Mittelalter geteilt in einem Dasein in engen Bursen sowie in Schlendern oder *Bum-
meln* im Freien. Wiener Statuten untersagten daher bereits 1385 und öfters *cum in-
strumentis musicis et cantibus in plateis* sich bemerkbar zu machen[19], da die Studiosi stets das vitale Bedürfnis hatten, aus ihren engen Behausungen auszubrechen und
sich *Luft zu verschaffen* im Freien, wobei dem Singen psychohygienisch und emo-
tional eine nicht zu unterdrückende Gewichtigkeit zukam. Es war auch ein Zeichen
von *Frische*, der Manifestierung von jugendlichem *Freisein*, wenn in den Universitätsstädten Studenten lautstark bei Tag und Nacht durch die Gassen schlenderten
freilich verbunden mit der Reaktion, die Schelte der Mitbürger damit auf sich zu ziehen. Dies wiederum forderte zum Singwettkampf heraus, denn beispielsweise sangen in Marburg 1552 die Bürger die Studenten mit einem Lied an, das in dem Refrain
endete *Studenten, das sein Schelme!*. Die vielen gewiß gerechtfertigten Klagen über
das *Gebrüll* im Freien vermitteln indessen nur ein einseitig verzerrtes Bild. Trägt
man alle Dokumente dazu zusammen, dann gelangt man zu einer gerechteren Einschätzung dieser Aktivitäten.

Seit dem Mittelalter war die Fluktuation der Studenten beträchtlich, die Wege zu
den Hohen Schulen waren weit. Neben den Vaganten und Handwerksgesellen waren
daher die Studenten die eifrigsten Sänger von Wanderliedern und meist gefragten
unterhaltenden *Lautenschlager* auf Reisen sowie bei Spazierfahrten[20]. Einträchtig
mit denen, die auf den Straßen Europas sich bewegten, intonierten sie *Carmina ex
tempore* und musizierten dazu auf Instrumenten. Der aus Basel stammende Felix
PLATTER schildert, wie dies 1557 *uf der reis* nach Montpellier auf *Teutsch* vonstat-
ten ging und *belustigend* wirkte[21]. Denselben Effekt hatte noch dies Musizieren etwa in Göttingen oder in Rostock wärend des 18. Jahrhunderts, wenn man Spazierfahrten mit *Nimfen* (= Damenbegleitung) und *Musikanten* unternahm. Letztere gaben den Ton an, worauf *der ganze Chor die Stimme erhob* (so in Rostock 1731).
Dieses Singen erregte *Heiterkeit* auch bei Landpartien, die beispielsweise 1808 der
junge EICHENDORFF mit Kommilitonen in der Umgebung von Heidelberg unternahm, wobei der erfrischende *Gesang* eine labende Quelle seines *Dichterfrühlings*
bildete.

Innerhalb der Städte und Dörfer wurde dieser Effekt zwar auch erzielt, jedoch zumeist als Störung seitens der daran Unbeteiligten empfunden. Wenn etwa um 1700
Studenten in Altdorf (und anderswo) *auf öffentlichen Markt und Gaßen Tische ge-
setzet* und Lieder wie *O Tannenbaum, o Tannenbaum* angestimmt haben[22], dann
war dies nicht nur allgemein erheiternd, sondern auch Anlaß zu Provokationen, die
nicht geduldet wurden. Hier nannte man das im 17. Jahrhundert bei offenem Fens-

ter *die Fuß zum Fenster hinausgehengt* und die *Leuth auf dem Markt ansingen*. Zahlreich sind die Anklagen wegen der *Cantilenas inhonestas per vicos et plateas vagando* (Leipzig, um 1500) gesungen, die wegen der Lautstärke und des Inhaltes brüskierend wirkten. In Tübingen (und andernorts) sangen 1597 Studenten vor den Häusern von Professoren das herausfordernde Lied von den sieben Nonnen, in Rostock wurde 1609 ein Streit mit den Bürgern durch *mancherley Pasquille und schändliche Lieder* ausgetragen[23]), am 15. Juni 1699 zogen Studenten in Innsbruck randalierend mit *Schandliedern* durch die Stadt und erregten damit öffentliches Ärgernis. Studenten verhöhnten und proklamierten somit mittels *Ansingen* eine öffentliche Schelte. Auch in Leipzig war zu Zeiten Goethes *das Singen verschiedener Studenten-Lieder, sowohl dasselbst (auf Plätzen) als in Prozessionen durch die Stadt* (J. G. BÖHME) mehr eine Belästigung denn eine Freude für die Zuhörenden[24]). Diese beunruhigend negative Wirkung wurde vollends dann ausgebreitet, wenn sich Studenten zu Wortführern der aufsässigen Menge machten und diese mit provokanten Parolen anführten. 1626 soll ein *Student Casparus* bei Gmunden aufrührerische Bauern demagogisch packend angetrieben haben mit Versen wie:

> *Der Jesuiter Gleißnerei*
> *Und des Statthalters Tyrannei,*
> *Des Vicedomus Dieberei*
> *Und der Amtleut Finanzerei,*
> *Darzu der schwere G'wissenszwang,*
> *Der Auflagn unerschwinglich Drang:*
> *Die haben gemacht in diesem Land*
> *Unter der Bauerschaft den Aufstand.*

Um 1700 ließen im damals orthodoxen Leipzig bei Gelagen Studenten *Schand-Lieder nach der Geistlichen Lieder Melodeyen* (mithin Spottlieder auf Melodien von Kirchengesängen) grölend laut werden. In Göttingen wagten diese es gar 1794 anläßlich einer *Waldparthie* im Beisein von Professoren *den Marseiller Marsch* aus revolutionärer Begeisterung heraus zu intonieren.

Auch ohne Gesang, mit Lärmgeräten und Musikinstrumenten verursachten Studenten im Freien viel anstößige *Frevelthaten*. Oftmals ließen diese sich in Ehrenhändel verstricken, in Exzesse gegen Minderheiten, Handwerksgesellen, die Obrigkeiten und andere Ziele von Agression, um möglichst häufig Anlässe zu Aufläufen zu haben[25]). Der Umgang mit Waffen erschien vielen wichtiger als derjenige mit Büchern. In manchen Universitätsorten wie Frankfurt an der Oder herrschte dabei eine abschreckende Roheit, die weithin berüchtigt war, in anderen Städten wie etwa Basel waren dagegen rüpelhafte Ausschreitungen auf Gassen selten. Katzenmusiken kamen freilich auch hier vor. Man trommelte auf Kübeln (so in Tübingen 1550), man zog nach Landsknechtsart ungeschlacht in unziemlicher Kleidung *mit der trummen offentlich herum* (so in Tübingen 1533). Auch wurden Pfeifen (Leipzig 1533) oder Trompeten (Freiburg 1748) eingesetzt[26]). Wegen Vergehens in den Karzer geworfene Kommilitonen wurden mit Tumult daraus befreit oder mit einem *Vivat* (Greifswald 1811) dorthin geleitet, wodurch die Behörden desavouiert werden sollten[27]). Bilder vermitteln anschaulich einen Eindruck von diesen das Leben in den Universitätsstädten gewiß stark belastenden Störungen[28]). Den Studenten abverlangte schriftliche Erklärungen (z.B. in Halle 1693) sich insbesondere des nächtlichen Lärmens zu enthalten, blieben meist auf Dauer wirkungslos. Lautes öffentliches Auftreten gehörte zum studentischen Milieu.

Hieraus wird ersichtlich, daß die Studenten als Gruppe nicht nur an der geschichtlichen Ausgestaltung von Trinklied und Liebeslied, dessen erster Beleg mit Neumen aus dem 11. Jahrhundert stammt[29], prägend mitgewirkt haben, sondern daß diesen eine besonders gewichtige Teilhabe an den Gattungen des Spottliedes – verbunden mit dem Brauch des *Herausforderns* – sowie der zeitgeschichtlich-politischen Gesänge zuzuschreiben ist. Zahllos sind die Belege für *Pasquille* (z.B. Dorpat 1653 oder Altdorf um 1700)[30] bei Nutzung von Tonangaben[31] sowie von aktuellen Liedern auf politisch-religiöse Zeitfragen. Daneben wurden selbstverständlich auch weitere aufregende Ereignisse besungen, so etwa der Start des ersten Luftballons in Böhmen im Jahre 1790[32]. Die Verfasserangabe *en studente gud* begegnet sehr häufig. Diese zählten bekanntlich insbesondere während des späten Mittelalters zu den wenigen *schreibern*, die das *gemachte newe lied* dieser Zeit angelehnt an bekannte Formeln aus der usuellen Singtradition produzieren konnten[33].

Ebenso zahlreich sind die aus Prozessen des Umsingens wie des Zersingens hervorgegangenen Mischgebilde von genuinen, allgemein verbreiteten Volksliedern, die zu gruppenspezifisch geprägten Studentenliedern wurden, und umgekehrt. Ich nenne als Beispiel dafür lediglich die Entwicklungsgeschichte des Mischliedes *Rusticus amabilem obsecrabat virginem*[34], die Adaptierung von Balladen und Liedern wie *Ich fuhr wohl über den Rhein, Der Keutzel wohl auf dem Zaune saß, Es fur ein hubsche vischerin*[35] im studentischen Gebrauch, oder das *studenten leeth, genomet Vrysck vnd vrolick willen wy sijn*, welches 1528 in den Wirren der Reformationszeit gemein gemacht wurde[36]. In diesem vielschichtigen Bereich des Gebrauchsliedes dogmatisch streng trennen zu wollen zwischen artifiziell Gemachtem und usuell Tradiertem dürfte aussichtslos und sachfremd operierend sein.

Gehen wir von der Singpraxis aus über in den Bereich der Notierung von Liedern mit der Absicht der Sammlung, Bewahrung und reflektierten Pflege, dann zeichnet sich ein nicht minder facettenreiches Bild ab, das mit den neumiert notierten *Carmina burana* des 13. Jahrhunderts geschichtlich bedeutsam zu beginnen hat. Das niederdeutsche Rostocker Liederbuch von etwa 1480 ist insbesondere in den Nummern 47 bis 56 eine primäre Volksliedquelle, die in seltner Breite vom Kinderlied bis hin zu dem pathetischen Vortragslied *Nuwe mere han ik vernomen* über ein Ereignis von 1464 im Herzogtum Braunschweig-Lüneburg reicht, dessen Melodie andeutend mensuriert notiert ist und deswegen protokollgetreuer als spätere Notate dieses Gattungstyps das tatsächlich Erklungene wiedergibt *(Bspl. 2)*.

Bspl. 2: Rostocker Liederbuch, 1465, Nr. 4

Um 1500 wurden in Basel populare Lieder durch Studenten zu Papier gebracht, um 1550 schrieb zu Königsberg der adelige Studiosus Achatius zu DOHNA in seine Lautentabulatur ihm vertraute *Gassenhawer* für den häuslichen Gebrauch auf[37]. In Leipzig geschah Ähnliches während des 17. Jahrhunderts[38]. Kurz nach 1600 notierten sich in Rostock ebenfalls zum Zwecke des divertierenden Musizierens die Studenten Petrus FABRICIUS und Petrus LAUREMBERG sowie in Leipzig der angehende Jurist Johannes RUDE *Flores Musicae*, wozu auch in stilisierten Fassungen das Lied vom *Störtebecker*, vom *Bremberger* oder das Spottlied *Es ist ein baur in brunnen gefallen* gehört haben, welch letzteres bis heute im Kinderspiel an der Ostsee lebendig geblieben ist *(Bspl. 3.)*[39].

Bspl. 3 a: Scherzlied, P. Fabricius, 1603, fol. 77.

Bspl. 3 b: dasselbe, Pommern um 1840, DVA Nr. A 113031

Im Liederbuch des Johann HECK (um 1683) finden sich *Es wohnt ein Müller an jenem Teich*, oder die weit verbreitete *cantio* vom *Hennecke Knecht*[40]. In einem Nachtrag des Tübinger Studenten Johann Friedrich SCHWEHLEN zur *Schwelinschen Liederhandschrift* von 1658 finden sich Strophen wie:

> *Es gieng guet fischer auß,*
> *eß gieng guet fischer auß,*
> *wolt fischen auf der brückhen,*
> *wolt anglen mit der mucklen,*
> *daß er komm wider nach hauß.*

oder:

> *Ich stundt heimlich an einem orth,*
> *ich höret so gar klägliche wort*
> *von einem zarten jungfrawlein,*
> *wie sie ein große klag führet ein.*

oder als spöttische Kontrafaktur das zeitgeschichtlich-politische Lied auf die Reise der Convertitin *Christiane von Schweden* 1655 nach Rom *Im thon: Vom himmel hoch, da komb ich her:*

> *Von niderland, da komb ich her,*
> *gar vihl bring ich der newen mehr,*
> *der newen mehr bring ich so vihl,*
> *davon ich singen vnd sagen will.*[41]

In Leipzig notierte der Student Christian CLODIUS vor 1669 in ein Liederbuch als *Aria* oder *Oda* u.a. ein *Es fuhr ein Bauer ins Holtz, Hey, Mutter, der Finck ist todt* (in Kanonfassung), *Drey Gänß im Haber Stroh, Hopgen, hop, hop, he.* Mithin findet man auch in dieser Gebrauchssammlung mit insgesamt 109 Stücken ähnlich wie zweihundert Jahre früher im Rostocker Liederbuch wiederum neben den geselligen Trink- und Tischliedern wie etwa *More palatino bibamus* simple Melodien aus Kindermund, Volksballaden spätmittelalterlicher Herkunft und anderes mehr.

Diese Absicht mittels der Notierung auch in der Gruppe junger Akademiker usuell vertrautes Liedgut erhalten zu wollen blieb auch während des 18. Jahrhunderts lebendig, zu einer Zeit also, als das Verklingen von Volksliedern durch Maßnahmen und Verhaltensweisen der Obrigkeiten beträchtlich befördert wurde. Trotzdem behielten Studenten den lebendigen Kontakt zu diesem Repertoire auch inmitten der durch Vorurteile belasteten Verhältnisse, die das Gelehrte und Vornehme abzukapseln suchten vom sogenannten *büffelhirnigen Pöffel.* Der Freiherr Albrecht Ernst von CRAILSHEIM scheute sich als Student in Altdorf 1747 bis 1749 nicht, in seine Sammlung außer Gesellschaftsliedern auch mündlich Tradiertes aufzunehmen[42]. Der 1777 in Salzburg seine theologisch-juridischen Studien abschließende Benediktiner-Frater Meingosus GAELLE hatte als eifriger Liebhabermusikant ein offenes Ohr für Schäferpoesie, Klage- und Jägerlieder, aber auch für Dialekt-Gesänge aus dem Volksmunde, die er für Harfe und zwei Violinen gesetzt in seine Sammlung *Das Unschuldige Vergnügen* eintrug[43], darunter das im gesamten deutschen Sprachgebiet verbreitete Ehestandslied von der *alt und jungen Schwiega* (Bspl. 4)[44].

Bspl. 4:

Über diesen Zweck hinaus, Volksgesänge für den musikalisch-praktischen Zweck in studentischen Zirkeln zu notieren, standen Studiosi im 18. Jahrhundert freilich auch von Anfang an im Dienste des konservierend-volkskundlichen Interesses das Altehrwürdige, vermeintlich Naive für eine Regeneration der Künste und der Menschen sowie für Zwecke von Forschung und Pflege zu horten. Ohne den Einsatz von Studenten, die Vergehendes absichtsvoll erneuern bzw. wiedererwecken wollten, wären die Ideen Johann Gottfried Herders und anderer nicht so folgenreich verwirklicht worden. Diese waren bis ins 19. Jahrhundert hinein so wie im späten Mittelalter die *schreiber*, die mit *frischem mut* auf die Stimmen der Menschen ihrer Umwelt hörten und willens waren, das *Erhaschte* zu Papier zu bringen, u.a. als Materialien für die Jugendbewegungen des 19. und 20. Jahrhunderts nützlich. Bereits in den Vorphasen zu dieser nach 1780 sich in einer "Bewegung" begrenzt entfaltenden Geistesströmung waren gelegentlich Studenten als Vermittler von Volksmusik tätig geworden. Als beispielsweise im Sommer 1715 der hannoversche Resident Friedrich Christian WEBER auf einer Reise nach St. Petersburg in Lettland am Tanz der dortigen Bewohner Gefallen fand, ließ er sich von einem *Liefländischen Studenten* ein Tanzlied aufschreiben[45]. Kein geringerer als Johann Wolfgang GOETHE wirkte mit in der ersten Stunde der vorromantischen Begeisterung für das schlichte Volkslied, als er im Sommer 1770 im Elsaß zwölf Liedtexte *aus denen Kehlen der ältesten Mütterchens aufzuhaschen* suchte, um diese damit als Muster für die Kunstdichtung zu erhalten[46]. Ihm folgten seither viele später zu Dichterruhm gelangte Studenten *auf den Spuren des Volksliedes*, u.a. Achim von ARNIM, Clemens BRENTANO, August Heinrich HOFFMANN VON FALLERSLEBEN, Albert Ludwig GRIMM, Ludwig UHLAND. Auch namhafte Komponisten wie etwa Johann Friedrich REICHARDT beteiligten sich als Studenten an diesen Aktivitäten[47]. In Gießen schrieb der stud. phil. Friedrich ROLLE um die Mitte des 19. Jahrhunderts 136 Lieder auf, in Halle drängte es dazu aus Heimatliebe um 1847 den späteren Richter Ludolf PARISIUS.

Überblickend kann man somit feststellen, daß der Anteil der Studenten an der Praxis wie an der Hortung von Volksmusik in Deutschland ein beträchtlicher gewesen ist.

ANMERKUNGEN

1) W. STEPHAN, Die Haltung Freier Mut und das ältere Volkslied, Würzburg 1938, S.107.

2) Hrsg. von F. RANKE u. J. MÜLLER-BLATTAU, Halle 1927.

3) S. ERK-BÖHME Nr. 1877 sowie W. SALMEN, Das gemachte "Neue Lied" im Spätmittelalter, in: Handbuch des Volksliedes II, München 1975, S.418.

4) Vgl. H. Ch. WORBS, Die Schichtung des deutschen Liedgutes in der zweiten Hälfte des 17. Jahrhunderts, in: AfMw. 17, 1960, S.64.

5) JbVldf. 1, 1928, S.138.

6) W. SALMEN, Thomas und Felix Platters Autobiographien als musikgeschichtliche Quellen, in: Schweizerische Musikzeitung 94, 1954, S.51.

7) H. P. KOSACK, Die Lautentabulaturen im Stammbuch des Burggrafen Achatius zu Dohna, in: Altpreußische Beiträge, Königsberg 1933, S.49.

8) GEILER VON KEISERSBERG predigte 1498 in Straßburg gegen die verlotterten Studenten mit der Kennzeichnung: *Diese ziehen nochmals innn dem land herumb, der eine wirdt ein Gauckler, oder spillmann, der ander ein thellerschlecker...*

9) H. KEUSSEN, Die Matrikel der Universität Köln II, Bonn 1919, S.460.

10) Vgl. W. SALMEN, Der Spielmann im Mittelalter, Innsbruck 1983, S.50 ff.

11) HOFFMANN VON FALLERSLEBEN, In dulci iubilo, Hannover 1861, S.108.

12) F. GALL, Alma Mater Rudolphina 1365–1965. Die Wiener Universität und ihre Studenten, Wien 1965, S.121.

13) JbVldf. 22, 1977, S.67.

14) J. MATTHESON, Grundlage einer Ehrenpforte, Hamburg 1740, S.262.

15) A. SCHERING, Musikgeschichte Leipzigs II, Leipzig 1926, S.287 f.

16) F. von KRONES, Geschichte der Karl Franzens-Universität in Graz, Graz 1886, S.39 u. 43; – G. KÜSSEL, Beiträge zur Musikgeschichte der Stadt Königsberg i. Pr., Königsberg 1923, S.32.

17) H. G. MAREK, Der Schauspieler im Lichte der Soziologie, Wien 1957, S.28 u. 43 f.

18) E. GÜLZOW, Prager Studenten, in: Zeitschrift für Deutschkunde 41, 1927, S.843 f.

19) P. WAGNER, Universität und Musikwissenschaft, Leipzig 1921, S.27; – N. C. CARPENTER, Music in the Medieval and Renaissance Universities, Norman 1958, S.38.

20) W. SALMEN, Platters Autobiographien, 1954, S.51.

21) Dazu s. auch H. BRAUN, Erwähnungen von Volksmusik im Schrifttum des 16. Jahrhunderts, in: Musikethnologische Sammelbände 5, 1981, S.21 ff.

22) AfMw. 17, 1960, S.63.

23) R. LAUE, Die Musik Rostocks im 17. Jahrhundert, mschr. Diss. theol., Rostock 1976, S.137.

24) J. VOGEL, Goethes Leipziger Studentenjahre, Leipzig 1909, S.66.

25) M. BAUER, Sittengeschichte des deutschen Studententums, Dresden 1926, S.46 f.

26) R. von MOHL, Geschichtliche Nachweisungen über Sitten und das Betragen der Tübinger Studenten während des 16. Jahrhunderts, Tübingen 3/1898, S.12; – J. HALLER, Die Anfänge der Universität Tübingen 1477–1537, II, Stuttgart 1929, S.172; – Ch. KROLLMANN, Das älteste preußische Stammbuch, in: Altpreußische Beiträge, Königsberg 1933, Abb. 2; – F. J. von BIANCO, Die alte Universität Köln, Köln 1856, S.589; – W. SCHRADER, Geschichte der Friedrichs-Universität zu Halle, Berlin 1894, S.73.

27) H. SCHREIBER, Geschichte der Albert-Ludwigs-Universität zu Freiburg i.Br. II, Freiburg 1857, S.91.

28) W. SALMEN, Musikleben im 16. Jahrhundert, Leipzig 1976, Abb. 98; – MGG 6, 1957, Taf. 77.

29) Siehe F. ZAGIBA, Musikgeschichte Mitteleuropas I, Wien 1976, S.132 u. Abb. 72.

30) ZfVk 39, 1930, S.76 ff.; – Weimarisches Jahrbuch für deutsche Sprache, Literatur und Kunst 3, 1855, S.472 ff.

31) Z. B. E. K. BLÜMML, Zwei Leipziger Liederhandschriften des 17. Jahrhunderts, Leipzig 1910.

32) R. Fr. von LILIENCRON, Die historischen Volkslieder der Deutschen III, Leipzig 1867, S.558; – Goethe-Jahrbuch 15, 1894, S.210; – ZfVk 39, 1930, S.76; – P. STÖTZNER, Ein geschriebenes Liederbuch des 16. Jahrhunderts, in: Euphorion 2, 1895, S.295.

33) Dazu W. SALMEN, Das gemachte "Neue Lied"... (s. Anm. 3).

34) JbVldf. 21, 1976, S.13.

35) Ebda 21, 1976, S.164 ff.; – H. Ch. WORBS, Die Schichtung... (s. Anm. 4), S.63.

36) HOFFMANN VON FALLERSLEBEN, Findlinge I, 1860, S.378 f. und J. MEIER, Kunstlieder im Volksmunde, Halle 1906, S. LX ff.

37) H. P. KOSACK, Die Lautentabulaturen... (s. Anm. 7), S.49.

38) Euphorion 2, 1895, S.294 ff.

39) A. KOPP, Die Liederhandschrift des Petrus Fabricius, in: Archiv für das Studium der neueren Sprachen und Literatur 117, 1906, S.1 ff. sowie J. BOLTE, Das Liederbuch des Petrus Fabricius, in: Jahrbuch des Vereins für niederdeutsche Sprachforschung 13, 1887, S.55 ff.

40) AfMw. 4, 1922, S.420.

41) E. BLÜMML, Die Schwelinsche Liederhandschrift, in: Zeitschrift für deutsche Philologie 40, 1908, S.404 ff.; s. auch W. O. HÜTTEL, Zur Geschichte des deutschen Volksliedes im 17. Jahrhundert, mschr. phil, Diss. Berlin 1957, S.39 f.

42) A. KOPP, Deutsches Volks- und Studenten-Lied in vorklassischer Zeit, Berlin 1899, S.31.

43) E. BLÜMML, Die Liederhandschrift des Weingartner Benediktiners P. Meingosus Gaelle aus dem Jahre 1777, Wien 1912, S.37 ff.

44) Dazu s. ERK-BÖHME, Nr. 89ob.

45) F. WEBER, Das veränderte Rußland, Hannover NA 1744, S.70.

46) J. MÜLLER-BLATTAU, Es stehen drei Sterne am Himmel. Die Volksliedsammlung des jungen Goethe, Kassel 1955.

47) W. SALMEN, J. F. Reichardt und die europäische Volksmusik, in: Annales Universitates Saraviensis 9, 1960, S.83 ff.

Bálint SÁROSI, Budapest

HISTORICAL DOCUMENTS CONCERNING GIPSY MUSICIANS AND THEIR MUSIC IN HUNGARY

Echoes of the debate about the book published by Franz LISZT in Paris in 1859, entitled *Des Bohemiens et de leur musique en Hongrie* still reverberate in certain places[1]. Gipsy musicians that by that time had gained a widespread reputation, not only in Hungary but also in almost all European countries, had been regarded by LISZT as the exclusive representatives and even creators of Hungarian music. In contrast, Hungarian folk music was shown to the world by Zoltán KODÁLY and Béla BARTÓK in the first half of the century without hardly any reference to Gipsy musicians. Of course, their stand did not mean a kind of counteraction against the statements promulgated in the book by LISZT; it rather corresponded to the general conception of folk music formed in the early years of the century. With the term *folk music*, vocal music was understood at that time, not only in Hungary but also in the public opinion of other nations; instrumental music – especially if performed by professional musicians – was considered as part of peasant musical tradition only with reservation.

In the last few decades, ethnomusicological research into instrumental folk music and folk dance has paid increasing attention to questions relating to Gipsy musicians, whose role as instrumentalists has become ever more important in Hungarian folk music during the past two or three hundred years; in the twentieth century they are almost exclusive interpretators of peasant instrumental tradition in Hungary. In order to understand their present-day activities we have to take into account every lesson taht can be drawn from their past, first of all from their history in this country.

According to our information gathered so far, the history of Gipsy musicians in Hungary began with an item of an account-book written in 1489: by the evidence of this data, a certain amount of money was paid to Gipsy musicians playing on the lute[2]. Some of the sporadic records on their appearance in the sixteenth century also originate from various books of account, from which not even the kind of musical instruments they used can be stated for certain. (Anyway, the term *cytharedi* was applied to them.)[3] We learn from a letter of a Hungarian aristocrat that he listened with admiration to the performance of the *descents of the Pharaohs* in the court of Queen Isabel, who had fled to Vienna, from Hungary, in 1543. On that occasion the Gipsies played the *dulcimer*, to the tune of which they sang at the top of their voices. According to a record of 1584, Gipsy musicians were playing and singing, who belonged to the retinue of the pasha of Buda. In this case, there was also a drawing made of the Turkish Gipsy musicians of Pasha Sinan: two of them had some sort of bow-instruments hanging from their necks, while the third was represented with a plucked string-instrument of the lute family[4]. Further mention of Turkish Gipsy musicians is made in a contemporary letter, according to which two Gipsy musicians making their way from the pasha of Pápa to the beg of Pécs were caught by Hungarian warriors at a border fortress. One of them had a bow-instrument, the other a *dulcimer*, but it is also mentioned by the writer of the letter that the dulcimer-player did not use hammers but plucked the instrument with his fingers (that is, it may have been some kind of psaltery, possibly a qanun)[5]. In another record we can read about ten Gipsy musicians who belonged to the retinue of the Romanian voivoda Michael, raiding Transylvania in 1599; these Gipsies were playing fiddles[6].

The lessons that can be drawn from the data relating to sixteenth-century Gipsy musicians may be summed up as follows:

1. There had been a close correlation between the Turks who moved towards Hungary and conquered part of the country, and the appearance of Gipsy musicians in the Danubian Basin.

2. In the beginning, Gipsy musicians made their appearance mainly in princely courts or aristocratic environments, as rare persons of interest. It seems that at least some of them were active as itinerant musicians in those days.

3. They performed not only instrumentally but – in contrast to subsequent general practice in Hungary – they distinguished themselves as singers as well. The instruments they used were, for the most part, bow-instruments: in addition, they played the *dulcimer* and various plucked instruments of the lute type.

It is worthy to note what little data relating to them originate from the seventeenth century. The reason is that the century did not offer many opportunities for data collection in Hungary. The major part of the country was the scene of battles almost throughout that century. Up to the middle of the century, we find one single reference made in a letter to the activities of Gipsy musicians: in the year 1649, Hungarian warriors of a border fortress seized three Gipsy musicians: a lutist, a lyre-player and an eastern oboe-player from the Turks. It is also mentioned that the Hungarians were very much pleased, especially in the performance of the oboist[7]. Considering the scarcity of data, it is really surprising that a clerical author of a polemic essay of the north-Hungarian city of Sárospatak, made mention of a Hungarian Gipsy musician, called Orgovány, whom he qualified as a famous violinist. From the matter-of-course style of this reference of 1668, we are allowed to conclude that Orgovány may have been a favourite with the fans of dance-music in the elite circles of the city which, as a centre of education, attracted large numbers of scholars and nobles from distant regions of the country[8]. This single data is enough to justify our opinion that at the middle of the seventeenth century Gipsy musicians were already not regarded as some curious phenomena. Later documents that came to light from the turn of the seventeenth-eighteenth centuries provide further evidence of this fact. In the first period of the Kuruts wars of independence fought against the Habsburg dominance, there was a record of the princely court of Imre Thököly, the leader of the war, in which among some twenty-eight court musicians the name of a Gipsy violinist, George ('Cigányhegedűs György') was listed in 1683[9]. In the same year (1683) the author of a picaresque novel, Georg Daniel SPEER, a musician himself, gave reliable information concerning the musical conditions of Hungary in the 1650s in his work *Ungarischer oder Dacianischer Simplicissimus*, in which, speaking of Gipsy musicians, he states that by their natural inclination they are apt to perform music, and that almost every Hungarian noble has a Gipsy fiddler or a lock-smith in his household. *(Sie sind von Natur zur Musik geneiget, wie dann fast ein jeder Ungrischer Edelmann einen Ziegainer hällt so sein Hegedy, Geiger oder Lakarosch [correctly: Lakatosch] oder Schmied darbei...)*[10] At another place he makes mention of two

Gipsy trumpet-players who blow the trumpet with all their might, although when it came to performing German and Polish pieces, their playing was mean *(sich... tapfer Schandlich in Deutschen und Polnischen Stücklein hören lassen)*[11]

It was also in the year 1683, that a pamphlet on Hungarian affairs appeared in Freyburg under the title *Ungarische Wahrheitsgeige...*, which attributed to contemporary Hungarian fashionable music an allegorical meaning in respect to the Hungarian (Kuruts) case. Although no reference was made in this pamphlet to Gipsy musicians, still it is likely that the *Hungarian fiddlers* were, at least partly, Gipsies. According to the pamphletist, the melody played by the fiddlers was accompanied by a bagpiper. Thus the fashionable Hungarian dance music of the age was supplied by bordun accompaniment. The musicians performed in a standing posture, there is no mention made of music scores, but there are suggestions of the improvisational play of the fiddlers[12]. Not much later, in the early eighteenth century, mention was commonly made of Gipsy fiddlers and bagpipe-players, in a Transylvanian memoire[13]. From henceforth we have no evidence of Gipsy fiddler playing together with a bagpiper. In fact, we have no data about Gipsy bagpipe-players in Hungary.

Records written before the eighteenth century suggest that Gipsy musicians had practised their art exclusively in the courts of noblemen. However, from the first half of the eighteenth century we have two documents telling about two Gipsy fiddlers, both belonging to a nobleman: they turned up – in both instances – at a village inn[14]. According to Daniel SPEER, who visited Hungary in the late 1650s, almost every Hungarian nobleman had engaged a Gipsy smith who was also his fiddler. We may suppose, therefore, that already by that time Gipsy musicians began to gain ground in the Hungarian village as well. By playing the fiddle and practising the smith trade, a Gipsy was able to sustain his family even in the poorer villages. In certain parts of the Hungarian-speaking areas – for example, in Transylvania, in the Székely region – Gipsies pursuing the double trade of fiddler and blacksmith were frequently met in the countryside as late as the first half of the twentieth century.

Public interest first turned towards the Gipsy musicians in the last third of the eighteenth century, i.e. at a time when Gipsy ensembles (taken in the modern sense *Gipsy bands, Gipsy orchestras*) began to be formed. By that time the best of the Gipsy musicians performing in the environments of nobles and rich burghers had acquired sufficient skill in playing music, in the contemporary European musical style, to attract the attention of those people who were accustomed to West-European music, or who wished to hear something similar. In point of fact, a viable compromise was brought into existence by these ensembles: a string ensemble of the western type complemented with a *dulcimer* (cimbalom), to which a clarinet was soon added, that performed instrumental music harmonized by and large according to the West-European fashion. On the other hand, however, the members of the ensemble did not read music, thus retaining the possibilities and advantages of their traditional, improvisational style of performance. The new-type ensemble, being traditional as well as modern, attracted the native audience, while for western ears it was understandable, pleasant to listen to, and at the same time suprisingly original.

In the Viennese periodical *Anzeigen aus sämtlich kaiserlich königlichen Erbländern* a series of articles was published about the Gipsies in 1775–76. The anonymous author of the series informs us of an excellent Gipsy violinist called Mihály Barna, who was active around 1737 as the leader of a band including, besides him, a second violinist, a harper and a cellist. However, his companions were not Gipsies. More important than this, in another article of the same periodical, is another report about the first Gipsy band consisting of four members lead by a female Gipsy first violinist, called Panna Czinka, who died in 1772. The ensemble had four members: the first violinist, the accompanying violinist, the contrabass-player, and the cimbalom-player. The contrabass-player, the husband of Panna Czinka, was a Gipsy blacksmith[15].

The first registration of the Gipsies living in Hungary was compiled in the years 1781–82. According to this registration, 43,787 Gipsies lived in Hungary at that time; some 1582 of them were active as musicians[16]. A book of fundamental importance, entitled *Die Zigeuner* was published by H. M. G. GRELLMANN in 1783. By his estimation, some seven to eight hundred thousand Gipsies lived in Europe at that time. Of course, Gipsy musicians were also mentioned in his book. The author knew about the above-mentioned Mihály Barna and an extraordinarily talented Gipsy girl of fourteen (reference to the latter may have been due to belated information about Panna Czinka)[17]. In the wake of SCHULZER he used abrogative words concerning the Gipsy musicians of Romania who tried to excel by their skill in versification[18]; at the same time, he was also censorious of the Gipsy musicians of Hungary: *Freilich sind unter den vielen Musiktreibenden Zigeuner auch viele Stümper*[19]. He considers particularly primitive the performance of Gipsies playing on a vile violin and a contrabass to the peasants: *So schorben sie auf einer geflickten Violine fort, und rumpeln auf einem zerbrochenen Bass herum*[20].

A special chapter was opened by the Gipsy musicians of Galánta towards the end of the eighteenth century. It began in 1776, when a painter and etcher of Nagyszeben, called J. M. STOCK, made a set of etchings of them. The instruments of the Gipsy musicians of Galánta, as represented by the artist, were: violin, cimbalom and contrabass, as usual. The clothes of the musicians show a conspicuous similarity to the soldierly attire of the contemporary Hungarian nobility[21].

In 1784, the *Pressburger Zeitung* mentions in connection with the Gipsy musicians of Galánta that they performed concerts and symphonies from score (!) in the orchestras of the aristocrats: *Die Galanther Zigeuner in Ungarn sind vortrefliche Musikanten und was noch mehr, auch brauchbare Tonkünstler. Sie besetzen öfters herschaftliche Orchester, und spielen nie ohne Noten. Ausser den Tänzen führen sie auch Concerte und Symphonien auf...*[22].

So the field shows a rather wide dispersion at the end of the eighteenth century: while the majority of the Gipsy musicians living among the rural population, in conditions of orally transmitted culture, continued and preserved the traditions of earlier periods, the more accomplished ones had already become acquainted with symphonic music as well. Nevertheless, owing to their innate propensities, even those Gipsies who were able to perform symphonic music – like those of Galánta – played dance-tunes for the most part. A record of 1794 states: *No other musicians are able to set the Verbung tune under the dancers' soles better than the Gipsies of Galánta*[23].

Before the Gipsy musicians attained this level, they had had to assimilate – as they did in the course of the eighteenth century – enormous masses of foreign, West-European musical elements. Precisely for this reason, complaints were heard in various circles of Hungarian patriots, disapproving the manners of the elite companies, at whose balls all kinds of foreign dances were danced, only the Hungarian dances could not find room in their palaces. To keep abreast of dance-music vogues, inundating from the West, was an existential question for those Gipsy musicians who practised their trade at entertainments of the nobility and well-to-do urban people. This is why they had to form ensembles, that is Gipsy bands. True, in the early years of this epoch only very few of them got familiarized with score-reading, but they were able to acquire the foreign dance-tunes by ear, as well as improvising simple harmonies with the accompanying instruments, further to augment their repertoire by adapting foreign (western-type) melodies fit for such harmonization. In this way, they had contributed to the musical reform movement, which took wing unconsciously in the so-called Verbung period of Hungarian music history.

The verbung period embraced the decades around the turn of the century. The current practice of Gipsy bands that enjoy a worldwide reputation even today roots in that period. Consequently, the scope of my present topic may be closed about the ninth decade of the eighteenth century. From 1784 on, various Hungarian dance-music publications began to appear in Vienna, typical of the period but mostly composed by second-rate – partly non Hungarian – dilettanti. Music taken directly from the Gipsy musicians' repertoire had not been published prior to 1803[24].

From earlier times no music, printed or in manuscriptform, had passed down to us, of which we could decisively establish any relationship with the repertoires of Gipsy musicians. Hardly anybody would have though of noting that kind of music which Gipsies performed. That music existed without scores; indeed, its essential features, its more or less improvisational character could not be grappled by means of recording during those times.

We have only one safe basis from which to approach this type of music, and that is as a living tradition. Fortunately, this is abundant enough, and sufficiently stratified, too, to permit historical examinations.

From the late-sixteenth century onwards, there survived such Hungarian dance-music notations, though not too many, which may provide some basis for the chronological arrangement of the living tradition. Besides, we can receive assistance from other means of comparative ethnomusicological methods. To introduce even in broad outlines the procedures, by which such indirect methods can be applied in historical research into the music represented by Gipsy performers would require in itself the scope of a lengthy lecture. Therefore, I have to content myself, on this occasion, with marking – instead of demonstrating – the historical possibilities derived from the living tradition, by presenting two examples, with which I wish to conclude my report.

* * *

GRELLMANN does not seem to have been carried far away from contemporary reality when speaking about two Gipsies only, the one playing a fiddle, the other a contrabass, that constituted an *ensemble*, to entertain rural folks in the eighteenth century. Such musical associations have a long tradition among the Székely Hungarians living in Transylvania. However, Gipsy musicians of the Székely land do not use the bass as a bowed instrument, but as a substitute for the drum. The chords of this bass instrument called *gardon* are sounded by beating it with a stick and by a special kind of pizzicato: in the latter case, the player lifts the thinner side-chord with his fingers and so he lets it make a clank on the finger board. From the combination of the beats and the pizzicatos, there arises a form of accompaniment that is strikingly reminiscent of the big drum sounded by a club and by a wand. Such drums – as is generally known – are used as accompanying instruments to eastern oboe *(zurna)* in the Balkan areas and in the Near-East, primarily by Gipsy musicians. It is via a memoir coming from the land of the Székelys that informs us that around the turn of the seventeenth century, among Transilvanians the sound of the eastern oboe *(Turkisch pipe)* and the drum had been *much liked music*[25]. We have reason enough to suppose that in the duo of a violin and a gardon still survive memories of those times.

The melody we are going to listen to is a dance-tune to an erotic fun-dance performed at wedding feasts *(bride's mother's dance – see note 1)*. This tune represents such a layer of Hungaran folk music which in all appearance originates in the sixteenth-seventeenth centuries, and which bespeaks a close connection with the popular music of the Near East (first of all with the Turkish traditional music), being a member of a tune family that strongly reminds us of the *hidjaz* makam. There occur also vocal melodies in this group, but closer are the ties that link these tunes to the repertoire of Gipsy musicians. (Anyway, similar tune-types are to be found in higher numbers in the repertoire of the Romanian Gipsy musicians, which is quite natural, since their connections with Turkish music lasted much longer.) The style of performance is also characterized by such elements – glissandos, vibratos – as bear further evidence of the Near-Eastern connection of this tune.

Notenbeispiel 1

Our second example is mainly known as the main thema of the *Dances of Marosszék*, an orchestral composition of KODÁLY. In his brief introduction to the score of this work, KODÁLY himself refers to the historical background of this melody. A variant of the tune was noted down around 1680 as the melody of a love-song[26]. This tune of the seventeenth century was soon incorporated into the repertoire of the Hungarian Gipsy musicians, where it continued its career as a dance-tune. KODÁLY also noted his melody from a Gipsy musician in the early years of the twentieth century.

The seventeenth-century love-song, the instrumental variant collected by KODÁLY and another instrumental variant, recorded in 1973 among Székely Hungarians in Transylvania, may be compared in the notes enclosed (notes 2abc).

Notenbeispiel 2.

Listening to the contemporary variant (2c, a very sketchy transcription) we need not enter into datailed analysis to realize how many devices had to be added in order to shape an impressive instrumental piece of the simple vocal tune of the love-song. In mediating, shaping and accumulating the instrumental means au ible in the recording, it is certainly the Gipsy musicians that had the lion's share in the past two or three hundred years. It goes without saying that the Gipsy musicians have preserved, in different proportions, memories of various trends of instrumental fashions of past centuries, in the diverse instrumental genres and in the different parts of the Hungarian language area. In the present example, traces of the Near-Eastern practice are still to be clearly felt.

NOTES

1) Revised edition, Leipzig 1881; German edition, Die Zigeuner und ihre Musik in Ungarn, Leipzig 1861; Revised German edition, Leipzig 1883. The summary of the debate see SAROSI 1978, p. 141.

2) SAROSI 1978, p. 55.

3) SAROSI 1978, p. 56., resp. A. DIVÉKY, Zsigmond lengyel herceg budai számadásai (Sigismund Polish princes account-books of Buda) – 1500–1502–1505, Budapest 1914, p. 34.

4) H. L. CHRONICLE (Frankfurt 1595) yuoted by E. HARASZTI, La musique hongroise, Paris 1933, p. 41. Along with the data from 1543 also SAROSI 1978, p. 39.

5) SAROSI 1978, p. 39.

6) SAROSI 1978, p. 57.

7) SAROSI 1978, p. 58.

8) J. PÓSAHÁZI, Görcsös bot (Knotted Stick), Sárospatak 1668, p. 75. See L. SZABÓ, in the daily Magyar Nemzet, Budapest, 3rd of July 1977.

9) SZABOLCSI 1959 (1928), p. 248.

10) Ungarischer oder Dacianischer Simplicissimus..., Konstanz 1923, p. 330.

11) Ungarischer oder Dacianischer Simplicissimus..., Konstanz 1923, p. 363.

12) The parts of the pamphlet relating to the music see SZABOLCSI 1959 (1928), pp. 224-226.

13) APOR 1972 (1736), p. 38.

14) a. In the inn *they bit my fiddler despicably about the head*. Diary of Czegei Vass, László – June the 2nd 1716. See SAROSI 1978, p. 57. b. The testimony of Marci Hóka, villein-fiddler: *Since we are villeins of the milord and we are obliged to play in his inn, we made music frequently day and night satisfiing the wine-drinkers with dance...* See J. DANI, 1973, p. 1030.

15) SAROSI 1978, pp. 71-72.

16) SCHWARTNER 1809, p. 153.

17) GRELLMANN 1783, p. 76.

18) SCHULZER, Geschichte des transalpinischen Daciens. See GRELLMANN 1783, pp. 117-118.

19) GRELLMANN 1783, p. 76.

20) GRELLMANN 1783, p. 77.

21) MAJOR 1967 (1960), p. 126.

22) MAJOR 1967 (1960), p. 127.

23) S. GYARMATI, Okoskodva tanító magyar nyelvmester (Wisely Teaching Hungarian Language-Master). See MA-
    JOR 1967 (1960) p. 127.

24) Ausgesuchte Ungarische Nationaltänze im Clavierauszug von verschiedenen Zigeunern aus Galantha. Wien aus Sauer's
    K. K. privater Kunsthandlung. See PAPP 1979, p. 151.

25) APOR 1972 (1736), p. 19.

26) From the Vietorisz-codex. See SZABOLCSI 1959 (1928), p. 295.

PUBLICATIONS CITED

P. APOR,	Metamorphosis Transilvaniae (1736). Ed. by G. TÓTH, Budapest 1972.
J. DANI,	Folklór és történelem (Folklore and History), in: Korunk (periodical) XXXII, 1973.
H. M. G. GRELLMANN,	Die Zigeuner, Dessau und Leipzig 1783.
E. MAJOR,	A galantai cigányok (The Gypsies of Galanta), 1960; – ders., Fejezetek a magyar zene történetéből (Chapters from the History of the Hungarian Music), Budapest 1967.
G. PAPP,	Die Quellen der "Verbunkos-Musik", in: Studia Musicologica XXI, 1979.
B. SÁROSI,	Gypsy Music, Budapest 1978.
M. SCHWARTNER,	Statistik des Königreichs Ungarn, 1. Teil, Ofen 1809.
B. SZABOLCSI,	A XVII. század magyar főúri zenéje (The Music of they Hungarian Aristocrats in the 17th Century), 1928; –ders., A magyar zene évszázadai (The Centuries of the Hungarian Music) I, Budapest 1959.

119

Örömanya tánca (bride's mother's dance). Recorded in 1970 in Csíkszentdomokos (Sîndominic, Jud. Harghita, Roumania) from Lajos DUDUJ, Gipsy violinist and his wife (gardon-player) by B. SÁROSI. Location marc of the record in the Institute of Musicology (Budapest): AP 7426/i.

▲ = sounded with the stick
♀ = sounded by clicking one of the strings onto the fingerboard

(once more repeated)

a. Seventeenth century love-song, b. Folk dance tune played on violin. KODÁLY: Folk Music of Hungary, enlarged edition revised by L. VARGYAS, Budapest 1971, p. 138; c. Tune of the dance called *Vármegye* (county). Its original recording has been published on Hungarian Instrumental Folk Music LPX (Hungaroton, Budapest) 18045-47, side 4/4.

Albrecht SCHNEIDER, Hamburg

CHARIVARI: OST-WESTLICHE BEZIEHUNGEN UNTERSUCHT ANHAND
BRAUCHTUMSMÄßIGER AUSDRÜCKE UND SACHVERHALTE.
EIN LINGUISTISCHER BEITRAG ZUR FRÜHGESCHICHTE DER MUSIK.

Martin Vogel zum 60. Geburtstag gewidmet.

I

Über die Arbeit unserer Studiengruppe und ihre Zielsetzungen hat zuletzt Wolfgang SUPPAN in dem Seggauer Kongreßbericht von 1977 Auskunft gegeben[1]; dieser Band und sein die Vorträge von Medulin 1979 zum Abdruck bringender Nachfolger sind jeweils und zu Recht *Historische Volksmusikforschung* betitelt worden,
wiewohl hier und schon bei den vorangegangenen Tagungen naturgemäß die mannigfaltigen Beziehungen zwischen usueller und artifizieller Musik – beide Begriffe
müssen, um nicht bloße "Schubladen" einer simplifizierenden Klassifikation zu
sein, mit CASSIRER als *Funktionsbegriffe* bestimmt werden[2] – zur Sprache kamen. Außerdem haben wir verschiedentlich uns mit der Problematik des Terminus
"Volksmusik" befaßt, was angesichts der historischen und geographischen Tiefe
bzw. Breite unseres Feldes sowie mit Rücksicht auf die diversen Quellengattungen
und Disziplinen, die hier zusammenkommen, kaum verwundern wird. Es haben sich
dann im Laufe der Jahre doch einige Themenschwerpunkte herausgebildet, von denen der *Musik und Rechtsgeschichte* benannte gerade in Medulin lebhaften Zu-
spruch verzeichnen konnte[3].

Mein Thema hat, wie der wohl allseits dem Rügebrauchtum zugeordnete Ausdruck *Charivari* deutlich machen dürfte, durchaus mit diesem Komplex zu tun; indessen dient an dieser Stelle *Charivari* einerseits als Paradigma einer bislang von uns
nur sporadisch untersuchten Quellengattung: der linguistischen nämlich, andererseits soll der dieser Tagung vorgegebene Aspekt der Orient-Okzident-Beziehungen
Berücksichtigung finden. Daß man sich damit auf ein gleichermaßen schon zur
Wissenschaftsgeschichte zählendes[4] und methodisch schwieriges Terrain begibt, ist
mir allerdings sehr bewußt.

Der hier gewählte Ansatz entspricht bei einigen notwendigen Modifikationen dem
von *Wörter und Sachen*, der schon 1909, als die gleichnamige Zeitschrift von Robert
MERINGER, Wilhelm MEYER-LÜBKE und Matthias MURKO – illustre Namen,
über die man nichts zu sagen braucht – gegründet wurde, wirklich ,,interdiszi-
plinär" gewesen ist, insofern man die Ergebnisse der Indogermanistik, der einzelnen
Philologien und die der Frühgeschichte und Volkskunde berücksichtigt hat. Diese
Zeitschrift hatte, wie die Herausgeber dem Eröffnungsband programmatisch voran-
stellten, vor allem sprachvergleichende Untersuchungen mit solchen zur Sachkultur
zu verknüpfen: *Wir glauben, daß in der Vereinigung von Sprachwissenschaft und
Sachwissenschaft die Zukunft der Kulturgeschichte liegt*[5], und daß dieser Ansatz in
der Tat auch für die Musikwissenschaft höchst ergebnisreich zu sein vermag, haben
einige Veröffentlichungen der letzten Jahre unter Beweis zu stellen vermocht[6].

Von älteren Abhandlungen, die näher oder ferner mit musikalischen *Wörtern und
Sachen* befaßt sind, will ich hier nur die von Martin KAHLO zur Hillebille, jenem

insbesondere früher bei den Köhlern des Harzgebirges in Gebrauch befindlichen Holz-Schlagbrettes, erwähnen[7].

Die Hillebille, deren Bezeichnung mit einem weiteren Wort und Sachverhalt der Volksmusik, dem inzwischen industriell vermarkteten *Hillbilly* der amerikanischen Appalachen[8], in merkwürdiger lautlicher Nachbarschaft steht, hat wiederum mit dem Begriff, der Ausgangspunkt unserer Überlegungen sein soll, einige Gemeinsamkeiten: *Hillebille* und *Charivari* sind, ihrer Wortbildung nach, beides keine echten Reduplikationen, sondern – wie KAHLO für *Hillebille* vermutete – ähnlich klingende Silbenfolgen, die durch *Anreimung* gebildet würden[9]. Ob dies so ist, muß zunächst dahinstehen; was hingegen unstreitig beide verbindet, ist die Tatsache nicht vollständig geklärter Etymologien hier wie dort.

II

Charivari bzw. die durch den häufig zu beobachtenden r/l-Wechsel (s.u. 124 und Anm. 31) gebildete Parallelform *Chalivali* begegnet als feststehender Ausdruck für einen Lärmaufzug bekanntlich schon im *Roman de Fauvel* des GERARD DU BUS von 1324, wo es heißt:

Mès onques tel chalivali
Ne fu fait de ribaus de fours
684   *Com l'en fait par les quarrefours*
De la ville par mi les rues.
N'a pas homme dessouz les nues
Qui deviser pas le seüst
688   *Pour nul engin qu'il eüst.*
Cil qui le font par tout se boutent,
Fauvel ne sa gent point ne doutent.
Il sont en bonne garde mis,
692   *N'ont garde de leur anemis.*
De la maniere et de la guise
De ce chalivali devise
Un petitet iceste estoire
696   *Qui ci est faite pour memoire.*
Desguisez sont de grant maniere.

Es geht dann weiter in der Beschreibung des *Chalivali*:[10]

735   *Li uns montret son cul au vent*
Li autre rompet un auvent
L'un cassoit fenestres et huis
L'autre getoit le sel ou puis

Der eine zeigt seinen Hintern im Wind,
Der andere reißt ein Schutzdach ab,
Der eine zerbrach Fenster und Türen.
Der andere warf das Salz in den Brunnen.

Die hier beschriebene Vorgang ist, wie Karl MEULI mit guten Gründen vorgetragen hat, im Ergebnis *nichts Geringeres als Friedloslegung*[11] und somit zweifellos ein

Akt von eminent rechtlicher Bedeutung, der unter der Bezeichnung *Charivari* selbst, hiervon abzuleitender oder aber auch gänzlich anderer Ausdrücke aus vielen Ländern Europas und mindestens sechs Jahrhunderten überliefert ist. Die zahlreichen Belege zur *Katzenmusik*, wie die mit der Ausübung des Rechtsaktes meist verbundenen Lärmaufzüge und Spottgesänge oft genannt wurden, sind schon im vergangenen Jahrhundert gesammelt, gesichtet und interpretiert worden, wobei ein immer noch lesenswertes Büchlein *Über den Ursprung der Katzenmusik*[12] die durchaus zutreffende Feststellung anhand der Quellen trifft, daß Charivaris sehr häufig im Zusammenhang mit dem Schluß einer zweiten Ehe, d.h. bei der Wiederverheiratung eines Witwers oder einer Witwe, durchgeführt worden sind. Dies war auch in meiner engeren Heimat, dem linksrheinischen Eifelgebiet, bis vor kurzem der Fall (s. hierzu unten, 139), gleiches gilt für Gebiete Frankreichs und der Schweiz mindestens bis ins 19. Jahrhundert[13], das französische Baskenland hatte diese Einrichtung noch zu Beginn der zwanziger Jahre[14]. Die Zahl und Folge der Quellenbelege sowie die inhaltliche und funktionale Identität der hier relevanten volksgerichtlichen Brauchtumshandlungen impliziert, daß es sich um eine fest tradierte Einrichtung und insoweit um ein wohl kontinuierliches Geschehen handelt[14a], wenngleich es lokale Varianten und sprachlich viele Abweichungen vom Terminus *Charivari* gibt. Solche sind z.B. *Carivarium, Chalvaricum, Charavaritum, Charavallium*, aber auch *Capramaritum*[15]. Für die *Katzenmusik* als volksgerichtliche Institution und Handlung gibt es sodann im Spanischen die Worte *Cencerrada* (Kastilien)[15a] und – den Zusammenhang zu direkt musikalischen Ausdrücken herstellend – *cantaleta* in der Bedeutung von *Chasco, zumba; canción o música con que se burlaban de una persona*[16]; Belege finden sich seit 1571, bei CERVANTES und LOPE DE VEGA sowie in der Folgezeit über die Literatur verstreut. Im Kastilischen bedeutet *cantaleta* gleichfalls *ruido y confusion de voces é instrumentos con que se burlaban de alguna persona* und steht als Synonym für *zumba*, span. Viehglocke; summen, brummen, im Ohr sausen[17]. Die Verbindung zum Musikalischen ergibt sich zwanglos über *cantar*, span. singen, rühmen, preisen bzw. als Nomen in der Bedeutung 'Lied'. Der aus vielen Sprachen belegte Wechsel von r/l *(cantaleta/cantar)* ist durch den sachlich verwandten Ausdruck *cantalear* = durch Schnalzen Vögel herbeilocken, deutlich bezeugt[18], auch sind weitere Parallelen beizubringen.

III

Der sprichwörtliche *Katzenjammer*, der nicht in allen Ländern pejorative Bedeutung hatte, sondern durchaus auch etwa den gerade verheirateten Paaren als Ansporn in der ersten Ehenacht zugeeignet wurde[19], hat allerdings so gut wie nichts mit der Katze, vielmehr – wie Martin VOGEL in einer breit angelegten Untersuchung des gesamten einschlägigen Wortfeldes wahrscheinlich machen konnte[20] –mit Saumtieren und näherhin mit dem Esel zu tun.

Vergegenwärtigt man sich den kulturgeschichtlich und ethnologisch bestens bekannten Zusammenhang von Saumtier und Tierschlauch[21], so verwundert es kaum, wenn dieser seinen sprachlichen Niederschlag in einer Vielzahl funktional geprägter Fachbegriffe, insbesondere Gefäßbezeichnungen befunden hat; diese wiederum sind, worauf unten noch einzugehen ist, mit solchen von Musikinstrumenten nicht selten identisch.

Um bei unserem Wortfeld auf den Konsonanten bzw. Radikalen k - t - r (sowie metathetischen Bildungen auf k - r - t) zu bleiben, seien hier nur die Beispiele span. *cántara* Krug, Kanne; *cántaro*, Henkelkrug[22]), kat. *cántir*, Krug[23]) erwähnt, in deren Nähe wir dann *cantor*, Sänger und *canturia*, Singsang sowie eine solche Fülle weiterer auf dem gleichen Triliterismus beruhender Ausdrücke finden, daß die Erklärung "Zufall" schon aus statistischen Erwägungen nicht in Betracht kommt[24]). Sie kann zudem wegen der offensichtlichen und nachzuweisenden SACHbezüge kein Gewicht haben.

Zu dem hier relevanten Wortfeld gehören u.a. die griechische *Kithara* und die zahlreichen von ihr abgeleiteten Bezeichnungen bis zu nub. *Kissar*[25]), der lat. *Cantor* und – als assimilierte Form – schon der hebr. *kinnor*[26]), dessen Namen phönikischer Herkunft zu sein scheint und wiederum mit der κινύρα benannten 10-saitigen Kithara, die von JOSEPHUS erwähnt wird[27]), in Verbindung gebracht wird. Schließlich erwähnt die griechische Mythologie in verschiedenen Zusammenhängen den legendären König Kinyras als Stammvater eines aphroditisch bestimmten Kultes, zu dem von jeher die Musik gehörte[28]); das Haupttheiligtum des Kultes, Paphos, lag an der Südwestküste dieser Insel (Zypern), die Reste sind in der Nähe des Dorfes Kouklia noch zu sehen. Es handelt sich, was mit Bezug auf eben Gesagtes von Belang ist, um eine phönikische Siedlung aus dem 13. vorchristlichen Jahrhundert, in der ein Heiligtum der Aphrodite Paphia bestand[29]). Der archäologische Befund bestätigt die Berichte der Mythologie und die hier erläuterten Sprachzeugnisse und Etymologien vollauf, was ich wegen des insonderheit bei Museumsbeamten zu beobachtenden horror linguae – man kann nun einmal Sprachrelikte nicht vermessen und in Vitrinen stellen – allein hervorzuben habe. Gleichwohl wird man auf diese Quellengattung keinesfalls verzichten können, wenn und soweit man überhaupt die Frühgeschichte der Musik zu erforschen beabsichtigt. Und da ich einmal beim Methodischen bin, will ich dem meist von Laien geäußerten Einwand, hier würden quasi nach einem bloßen Analogieverfahren Begriffe lautlicher Affinität zusammengeführt[30]), nur soviel entgegenhalten: es geht einmal keineswegs vorrangig um die "Wörter", sondern weit mehr um die "Sachen", deren funktionale Erklärung allerdings oft aus jenen herzuleiten ist, zweitens ist der hier explizierte Ansatz längst in der Orientalistik als *vergleichend-semasiologische Methode* entwickelt und nicht zuletzt anhand musikalischer Termini wie neupers. *zir* (bzw. *zil*, beide Formen kommen vor und belegen den häufigen r/l-Radikalwechsel) = höchster Ton in der Musik; höchste Saite (*tār, sim*) eines Instruments, exemplifiziert und bewährt worden[31]).

Kennt man aber die morphonologischen Regelmäßigkeiten und vor allem die enorme Stabilität der Triliterismen[32]), ist es nicht einmal sehr gewagt, den Namen der finnischen Kantele, den NIEMINEN von * *kantlis*, ableiten wollte[33]), mit gr. κανθηλιος lat. *cantherius, Saumtier* in Verbindung zu bringen[34]); es ist der Sach-, nicht der bloße Wortzusammenhang, der dies zuläßt.

Hierfür ein schlichtes Beispiel:

Es gibt in der gesamten Alten Welt Instrumentenbezeichnungen, die auf den Radikalen T - b - l (bzw. der Metathesis T - l - b) beruhen; die ziemlich ansehnliche Wortgruppe vereinigt verschiedene Klangwerkzeuge, nämlich Membranophone und

Aerophone. Zu nennen sind die in Nordafrika bis in den Sudan anzutreffende Trommel *Tubal*, deren Namensidentität mit dem in Gen. 4, 19-22 als Ahnherr aller Schmiede aufgeführten *Tubal-kain* ebensowenig zu übersehen ist, wie der Umstand, daß Jubal der Vater.all jener gewesen, die *kinnor* und *ugab* spielen[35]), die orientalische Kesselpauke *Tubaila* und die auf arab. *tabl* zurückzuführenden europ. Formen: span. *atabal*, ital. *ataballo*, wobei nach Feststellungen von Wilhelm GIESE es häufig bei arab. Lehnwörtern begegnet, daß diese mit fremden Prä- und Suffixen versehen sind[36]).

Nicht minder bekannt ist der Radikalwechsel von r/l sowie m/b; ersterer findet sich bis nach Mitteleuropa z.B. bei dem Wort *gammel*, im Alemannischen für "Kitzel, Mutwille, sinnlicher Übermut, lärmende Freude" in Gebrauch, im Schweizerdeutschen dann in der Form *gammle* in der Bedeutung: "mutwilliges Treiben der beiden Geschlechter" mit der Parallelform *gammer* = männliches Gelüsten, also sinngleich. Den Parallelismus *gammel / gammer* kennt sodann auch das Luxemburgische, wo wiederum die Bedeutung "Lust, Reiz, Scherz" anzutreffen ist, während das Elsässische *gämmle* = "Bespringen der Kuh durch den Stier" hat[37]). Auch hier ist die Beziehung zum Saumtier zumindest mittelbar herzustellen, insofern die arab. Bezeichnung *ğamal* (neuass. *gammalu*) nicht nur das Lastkamel, sondern darüber hinaus jedes Lasten tragende Tier meint, was in vielen Fällen Esel und Maultier sind[38]). Im Lothringerdeutsch gibt es schließlich die Form *gameller* für "Lust, Reiz". Der *Gammler* zur nun schon historischen "Flower-power"-Epoche war eben jener, der sich zuvörderst dem "Lustgewinn" und den Reizen seiner Kommunardinnen, dann auch der Musik widmen konnte[39]).

Zu arab. *tabil* für zweifellige Trommeln gibt es nun die pers. Form *tabir* = Trommel, wozu unzweifelhaft altfranz. *Tabor* und prov. *atabor* zu stellen ist[40]). Der Stamm T - b - l liegt nicht minder auf Aerophonen, so auf der mit Kalebasse und Bordunpfeife ausgerüsteten Doppelschalmei *tubri, tumeri* der indischen Schlangenbeschwörer[41]), auf dem in Khorasan gebräuchlichen Rohrblattinstrument *Tabirāh*[42]), zu erwähnen ist die Bezeichnung altengl. *Tabor-pipe* = Schwegel, wörtlich Trommelpfeife[43]), dann die bordunlose Sackpfeife *Tulum*, die an der türkischen Schwarzmeerküste und bei den Pontos-Griechen noch gespielt wird. Das Faktum der Namensidentität von Schlag- und Blasinstrumenten wird zunächst verwundern, ist aber, wie Eva Perkuhn an verschiedenen Begriffen wie arab. *Naqqāra* = kleine, kupferne Kesselpauken, paarweise gespielt, *Mizmār* = Oberbegriff aller hölzernen Aerophone usw. gezeigt hat, letztlich Ergebnis eines von europäisch-abendländischen Gepflogenheiten abweichenden Denkens[44]); während wir in der Sprache die Prädikation, d.h. die Zuordnung einer Bezeichnung zu einem Gegebenen, in der Weise vornehmen, daß möglichst jedem Objekt ein Sprachzeichen zugeordnet wird, das insoweit "Eigennamen"-Charakter erhält[45]), operieren – ohne daß man gleich krasse Gegensätze nach Art und Qualität des "Pensée sauvage" bemühen muß – andere Ethnien und Kulturen mit Klassifikationen, bei denen sachlich Zusammengehöriges mit gleichen oder vom gleichen Stamm abgeleiteten Bezeichnungen versehen wird. Dies hat nachteilig für den Wissenschaftler zur Folge, daß z.B. Instrumentenbezeichnungen für sich allein genommen nicht immer eindeutige Zuordnungen eines ganz bestimmten Instruments erlauben; jeder kennt die Doppelbedeutung von prov. *Tambourin* = zweifellige, kleine Trommel, und *Tambourin* = Saitenistrument. Die Europäer behalfen sich durch Zusätze wie *Tambourin à cordes, Tambourin du Béarn* usw., während im Orient und Teilen Asiens *Tanbur* die Sammelbezeichnung für Langhalslauten geblieben ist oder der noch allgemeinere Ausdruck *tambur* überhaupt nur für Saiteninstrumente steht[46].

Es kommt dann darauf an, den sachlichen Grund für die Bezeichnung ausfindig und plausibel zu machen, warum beispielsweise oben erwähnte Sackpfeife *tulum* heißt. Geht man vom Material aus, dem Tierschlauch, so wird die Erklärung einfach: *tolom* ist der Tierschlauch zum Buttern, wie ihn Nomaden und Halbnomaden bis heute benutzen[47]. Die Gefäßbezeichnung türk. *tulum* = Schlauch/Sack für Öl und Butter liegt zugleich auf dem Dudelsack[48] und auf all den Instrumenten, die entweder mit Fell bespannt wie die Schlaginstrumente, oder an Höhlung und Korpusvolumen einem großen Gefäß vergleichbar sind; weiterhin werden Gefäß- und Röhrenbezeichnungen insgesamt zu beachten sein. Sard. *tumbà* (bzw. *tumbú*) als Bezeichnung der Bordunpfeife der Launeddas dürfte deshalb zu der hier behandelten Wortgruppe gehören, ebenso süddt. *tobel* = Rinne, Röhre[49].

Diese Gruppe abschließend, darf ich noch auf zwei provençalische Ausdrücke verweisen, die mit den Instrumentenbezeichnungen *tambur, tabor* offensichtlich in Verbindung stehen: *Tabalh* = Glockenschwengel und *Taburla* = Aufregung, Unruhe[50]; dies macht einerseits deutlich, wie breit ein solches Wortfeld sein kann – und es ist hier bei weitem nicht erschöpfend behandelt, sondern nur in wenigen Beispielen erläutert –, andererseits wird der innere sachliche Zusammenhang doch erkennbar, der sich aus den bloßen Wörtern nicht rekonstruieren läßt; stellt man aber etwa osm. *tulum* = gegerbtes Fell von Tieren; Lederschlauch (s.-uigur. *tolom*) mit osm. *tulumba* = Pauke, Feuerspritze und osm. *tulumbaz* = Paukenschläger in eine Reihe[51], wird der funktionale Charakter der Benennungen ohne weiteres klar.

Ein weiteres Beispiel aus dem Bereich ''Tierschlauch und Instrumentenbezeichnung'' ist folgendes:

Im Oberitalienischen bedeutet *baga* soviel wie ''Schlauch, dicker Bauch'', im Lombardischen speziell Weinschlauch[52]; nicht zufällig ist im Grödnerischen *baga* das Wort für *zampogna* und steht in Cremona das Diminutiv *bageto* für Dudelsack[53], so daß wiederum der Parallelismus von Schlauchbezeichnung und Musikinstrumentenname deutlich sichtbar wird. Interessant ist nun, daß HUBSCHMID, der wohl beste Kenner der gesamten Alpendialekte sowie der angrenzenden Sprachregionen, jenes *baga* = Schlauch, aus dem Türkischen herleitet[54], womit wir erneut auf Kleinasien und den Vorderen Orient verwiesen sind. Die Tatsache selbst, daß es in Europa eine Vielzahl von Ausdrücken orientalischen Ursprungs (und Sachzusammenhangs) gibt, dürfte seit LOKOTSCH von niemand mehr bezweifelt werden[55]. Gerade bei den Instrumentenbezeichnungen wird dies deutlich und ist der vielzitierte ''arabische Einfluß'' nirgends so gut nachzuweisen wie hier[56]. Man soll und kann aber bei quellenkritischer Prüfung natürlich nicht einem ''Panarabismus'' verfallen, zumal der linguistische Befund doch zu erkennen gibt, daß Gemeinsamkeiten im Wortbestand zwischen Griechisch und Hebräisch quantitativ und partiell wohl auch genetisch signifikant erscheinen, nicht hingegen solche zwischen Griechisch und Arabisch[57].

Die Wurzel *carn* in lat. *carnyx* oder der walis. *pibcorn* ist gemeinsemitischen Ursprungs, klar von hebr. *queren*, Horn, abzuleiten[58] und schon in altirischen

Quellen belegt, wo sich merkwürdigerweise dann sogar das arab. Wort *al buq* für Horn wiederfindet[59].

Gleichwohl sei nach LOKOTSCH das arabische Wort *būk* von lat. *buccina* abzuleiten, so daß hier jedenfalls keine sprachhistorische Einbahnstraße insoweit bestünde[60].

Zu der gleichen Wortfamilie gehört dann natürlich die baskische *Alboquea*, altspan. *Albogue*, die beide wieder auf arab *al boq* zurückgehen[61], außerdem frz. *bouquin* und *cornet à bouquin* in der Bedeutung von *Lärmhorn des Charivari*[62]. Womit wir zum Ausgangspunkt unserer Betrachtung erst einmal zurückgekehrt sind.

IV

Indessen möchte ich die hier mehrfach berührten Beziehungen von Saumtier, Tierschlauch und Instrumentenbezeichnung, wie sie von Martin VOGEL insonderheit am Beispiel von *gaita*, galiz. "Sackpfeife" und gr. γάιδαρος, Esel bewährt werden konnten[63], weiterverfolgen: daß es dabei um einerseits sehr komplexe und andererseits ob der z.T. schwierigen Nachweise nicht jedem einleuchtende Sachverhalte geht, ist vorauszuschicken.

Die Wortgruppe, um die es hier geht, ist türkisch *Kopuz* und seine zahlreichen Ableitungen und Parallelformen; betrachtet man die Quellen, so ergibt sich nur soviel, daß *Kopuz* für eine ganze Reihe verschiedener Instrumente steht[64], die immerhin gemeinsam haben, daß sie durchweg von als 'Barden' anzusprechenden professionellen Musikern, Epensängern wie den sog. *baksi* (bzw. *baqshi*), andernorts *'Asheq* oder *jirchi*, auch *sha'ir* genannt, gespielt wurden. Die ethnographische und historische Literatur zu diesen mittelasiatischen Traditionen ist beträchtlich und zeigt den fest institutionalisierten 'Barden' mit seinem Instrument (bzw. regional verschiedenen Instrumenten) in einer Kultur, deren strukturelle Gleichförmigkeit – zu erinnern ist beispielsweise an das sog. 'Obok'-System der Sozialgliederung[65] – trotz lokaler und ethnischer Differenzierungen so augenfällig ist, daß man früher die gesamten hier interessierenden, meist nomadisierenden Ethnien glaubte unterm Rubrum *Reitervölker* oder auch *Hirtenkrieger* subsumieren zu dürfen[66].

Die bisweilen stereotype Wendung von den *Hirtenvölkern* und *Reiternomaden* ist aus heutiger Sicht zugleich eine Simplifizierung der tatsächlichen Verhältnisse und doch ein Reflex eben dieser: denn die in der gesamten kulturhistorisch orientierten Ethnologie (nicht nur der "Wiener Schule") eingebürgerte Wendung vom zentralasiatischen *Nomadenkomplex* verdankt sich in der Tat einem an vielen Orten jedenfalls früher zu beobachtenden Gefüge einander hoch korellierter Kulturzüge (nach dem Terminus *Cultural traits* der anglo-amerik. Anthropologie)[67]. Das hat schon EBERHARD bei seiner Betrachtung der chinesischen *Randvölker* eindeutig klargestellt; was er von den Wu-huan, einer Teilgruppe der Tung-hu aus der Nachbarschaft der berühmten Hsiung-nu berichtet, hat zahlreiche Parallelen: *Sie sind gute Reiter und gute Schützen. Sie sind Nomaden und leben von der Jagd. Ihre Häuser sind Zelte... Sie trinken Kumys, tragen Wollkleider. (...) Die Männer machen Bögen, Pfeile, Trensen und Sättel. Sie verarbeiten Eisen... Tote beweint man, aber beim Begräbnis findet Gesang und Tanz statt. Man opfert dem Toten einen Hund und ein Reitpferd.*[68]

Diese Zustände sollen die Zeit noch vor der Han-Dynastie spiegeln, und solcher Berichte sind in den chinesischen Quellen nicht wenige: diese selbst haben das Stereotyp der *Reiternomaden* geprägt, deren Paradigma dann die Hsiung – nu (von vielen mit den "Hunnen" gleichgesetzt[69]), gewesen sind, die nördlich der Provinzen Shansi und Shensi ansässig waren bzw. dort nomadisierten, indem sie Kamele und Maultiere züchteten, deren Milch vergoren und zu dem Getränk *kumys* verarbeitet wird, von dessen Qualität dann auch viele chinesische Quellen[70] und später die Reisenden Wilhelm von RUBRUCK und Marco POLO berichteten. Worauf es hier ankommt, ist die Tatsache, daß eben diese Getränke wiederum nur in Ledersäcken aufbewahrt und gegoren wurden, wobei nach Quellen z.B. bei den Kirgisen der Gärsack aus Pferdehaut gemacht worden sein soll und diejenigen Ethnien, bei denen *Kumys* im Gebrauch war, die Notwendigkeit der Hautsackgärung immer betont haben: nur diese vermochte erste Güte zu gewährleisten[71].

Pferderennen, Pferdezucht, Pferdemilch und dann auch die *Pferdegeige* gehörten offenkundig zusammen; es wird berichtet, daß zum Genuß von *Kumys* gesungen wurde und dieser in solchen Strömen floß, daß kaum ein noch Nüchterner anzutreffen war[72]. Gleiches gilt für die Beerdigungen mit der merkwürdigen Totenfolge von Frau, Pferd und Diener[73].

Die außerordentliche Bedeutung des Pferdes, dann auch anderer geeigneter Reit- und Tragtiere in diesen Kulturen ist bekannt[74]; sie ergibt sich einleuchtend aus den zu bewätigenden Transportaufgaben, mehr noch aus der Ernährung, denn ohne Milch und Milchprodukte wäre das Überleben in den zentralasiatischen Trockengebieten unmöglich[75].

Die Milchwirtschaft ist zugleich ein hervorragendes Unterscheidungsmerkmal zwischen der chinesischen Kultur und derjenigen der westlichen, nordwestlichen und südwestlichen *Randvölker*, denn es gilt bis in die Neuzeit *that Chinese do not use milk at all*[76].

Das in chinesischen Quellen oft vorkommende Wort *Lo* ist, wie EBERHARD zu beweisen vermochte, die Sammelbezeichnung für vergorene Milchgetränke, die von den im Norden und Nordwesten ansässigen Mongolen und Türkvölkern zu den Chinesen kamen und sich nur langsam einbürgerten[77]. Zu den kulturanthropologisch bemerkenswerten Tatsachen zählen im Bereich der Nomaden dann noch die Pferdeopfer, das rituelle Essen von Pferdefleisch – beides hängt mit schamanistischen Traditionen zusammen[78] –, die Pferderennen anläßlich der Begräbnisfeiern[79], außerdem ist zu erwähnen, daß es allein in der frühchinesischen Kultur zwei namentlich bekannte *Pferdestädte* gegeben hat, von denen Ma-i in Shansi und Ma-Ch'eng in Kan-su gelegen haben soll[80]. Dies alles belegt die außergewöhnliche Stellung des Pferdes in den zentralasiatischen und angrenzenden Kulturen, was sich schließlich in der Instrumententechnik und -terminologie niedergeschlagen hat: gut bekannt ist die mongolische *Morienhur*, wörtlich die *Pferdekopfgeige*[81].

Eine andere, typologisch zudem "verwandte" und funktional zu ganz ähnlichen Zwecken benutzte *Pferdegeige* ist dann das *quobuz* der Khirgisen und Uiguren; das Wort selbst ist – so Paul PELLIOT – sehr alt und auch in der mongol. Form *quyur*, χu'ur, χūr bekannt; der Wechsel mongol. r = türk. z sei normal[82].

Das *kobys* bzw. *quobuz* der Kirgisen ist eine zweisaitige Geige, die gewöhnlich als Begleitinstrument vom Baksa, dem berufsmäßigen Sänger, gespielt wird. Kobus hat einen schalenförmigen, aus einem Stück geschnitzten Körper, über den zwei Roß-haarsaiten gezogen sind; aus gleichem Material ist die Bogensehne[83]. Insoweit ist die Ähnlichkeit mit der mongol. Morienhur, bei der Boden und Decke aus Fell bestehen, ergologisch bzw. typologisch nicht hochsignifikant, wohl aber funktional: die Verwendung des Instruments, das Repertoire und dann auch die Zuordnung der *Morienhur* bzw. des *kobys* zum Nomadismus sind auffällig, auch wenn vielfach wandernde Musiker/Sänger die Spieler sind oder waren. Diese ''Barden'' leben in der Regel nicht nur von der Musikausübung, sondern kommen vor allem bei den Kirgisen aus den Nomadenclans[84]; insgesamt erinnern die Verhältnisse hinsichtlich Vortragsweise, Thematik und Poetik – worauf Ernst EMSHEIMER zu Recht aufmerksam gemacht hat – sehr stark an die homerische Epoche. Erst in der neueren Zeit wandelt sich das Bild durch rasche Veränderung der soziokulturellen Rahmenbedingungen[85], dürfte aber immer noch für eine ''Weltgeschichte des Bardentums'' – die dringend zu wünschen ist – viele Aufschlüsse liefern[86]. Die als Spieler des *kobys* bei den Kazak-Kirgisen hauptsächlich hervortretenden Bakshi (andere Schreibweise je nach Transliteration: *baqçi*, *baksi* usw.) waren meist professionelle Sänger, die nicht selten neben dem Vortrag von Epen, Gedichten usw. auch schamanistische Praktiken zur Krankenheilung beherrschten, bei der das Instrument durchaus eine Rolle spielt[87].

Der Name *kobys* bzw. *quobuz* oder *kopuz* und die durch r/z-Wechsel (vgl. Anm. 82) bekannten Parallelformen bezeichnen in der Grundbedeutung Höhlungen, insonderheit Gefäße wie čag. *kobur* = Gefäß[88]. Zu beachten ist dann, daß in manchen Türk-Dialekten *kopuz* sowohl das Instrument, besser gesagt: die zweisaitige Geige mit Schalenkorpus, wie auch die Wassermelone meint[89], während im Turfan-Dialekt *Čōmūč* für den aus langhalsigen Kürbissen hergestellten Schöpflöffel und die gleichermaßen gefertigten Wasserflaschen steht[90]. Man findet dann sor. *kobyrγaj* = Rohrpfeife und oir. tel. *komyrγaj* = hohle Staude einträchtig beieinander[91] und schließlich auch die Form комыз ≙ комыс synonym zu *kobuz* in der Bedeutung von Musikinstrumente oder sogar Musik allgemein[92].

Die Namensgleichheit von *komys* = Musik und *Kumyß* = vergorene Stutenmilch erscheint bei genauerer Betrachtung keineswegs bloß zufällig; einmal ist unstreitig, daß die zur Herstellung des *Kumyß* benötigte Milch in Gefäße, besonders dann in Ledereimer gemolken wird[93], was seinen sprachlichen Niederschlag in uig. *koγus*, Leder, Fell, mTü. *Koγuš* = Leder, krč. *kubas* = dickes Leder gefunden haben dürfte[94]. Hierzu sind die semasiologisch benachbarten Formen mTü. *koγus* = Wasserröhre, čag. 'koγus' = Rinne (vgl. RÄSÄNEN 1969, S.275) und die sinn- und sachverwandten Wörter turkm. *qobuz* = Schale, *čōmūč* (s.o.) = Wasserflasche (bzw. Schöpflöffel) sowie *koba* = Eimer, Gefäß zu stellen[95]. Zweitens ist zu beachten, daß im Persischen *qamiz*, Tasse, Pokal sowie *qamus*, ''Brunnen, der voll mit Wasser ist'' in enger lautlicher Verbindung zu *qamus*, ''scharf galoppierendes Pferd'' stehen[96]. Drittens fügt sich die Verschleifform at. *kowuz* = *sediment in wine* (= CLAUSON 1972, S. 589) in den hier thematischen Zusammenhang leicht ein. Der aus der Kopfhaut eines Pferdes gemachte Brunneneimer (Otü. *kauγa*, osm. *kova*; vgl. RÄSÄNEN 1969, S. 273) als Paradigma des Gefäßes und die Gefäßbezeichnung *kobuz* für zunächst ein bestimmtes Instrument, dann für verschiedene[97] zeigen, daß die Instrumententerminologie wahrscheinlich in der Weise funktional geprägt war, daß die Benennung häufig nach dem Material bzw. nach demjenigen Lebensbereich erfolgte, der für die Konstruktion des Instruments maßgeblich: Muster und Material gebend war[98]. Das ist am Beispiel *gaita gallega* alias *Gaita de folles, instrumento formado por un saco de coiro cheio de ar e por dois tubos*[99] und seiner Ableitung von gr. γαιδαρος deutlich zu zeigen, nicht minder bei türk. *tolom*, Schlauch und *tulum*, Sackpfeife; wie eng die semantischen Beziehungen eines solchen Wortfeldes sind, ergibt sich durch Berücksichtigung solcher sinn- und sachverwandten Wörter wie türk. *tombalak*, rundlich, dick und prov. *tambala*, Pauke bzw. den Parallelformen türk. *tombul*, dicklich, rund und prov. *tambor*, Pauke[100]. Von diesen abgeleitet sind dann die nur noch eine Eigenschaft, hier das "Bauchige" spiegelnden Bezeichnungen wie etwa osm. тумбур, Saiteninstrument nach Mandolinenart[101], d.h. aus den Bezeichnungen geht hervor, daß diese insbesondere für die Gattung, nicht immer individuell für ein besonderes Instrument stehen. So leuchtet auch ein, wenn sich die selbst schon auf mehrere konkrete Typen beziehende Instrumentenbezeichnung *gaita (gaita zamorana* und *gaita gallega)* im Ausstrahlungsbereich der spanischen Kultur, in Lateinamerika nämlich, als volksmusikalische Gattungsbezeichnung wiederfindet[102]; es handelt sich demnach nicht mehr um "Prädikation" mit der individuellen Benennung eines jeglichen Sachverhalts, sondern die das Gleichartige zusammenfügende Gattungsbezeichnung, die für das gemeinsame Prinzip oder materialhafte Übereinstimmungen steht, tritt in den Vordergrund: die Einzeltatsachen werden durch individualisierende Zusätze gekennzeichnet (z.B. *Tanbur dutar* = zweisaitiger Tanbur; комыз ВАРТАНЪ = die Maultrommel, vgl. RADLOFF, Wörterbuch... Bd. II, S.670).

Eben dieser Sachverhalt ist an Sammelbezeichnungen wie *Tabal* – man vergleiche nur die Auflistung bei SACHS, Reallexikon, S.372 a/b und S.373 a (z.B. *Tábule*, *Tabur*, Taburak, S.374b: *Tambula*, spätlat. Pauke; S.375 a/b: *Tambura, Tanbura*; *Tanbal* usw.) – und *Gaita* leicht zu demonstrieren: hier ist einmal an die vielen Typen zu erinnern, die mit dem in den slawischen Sprachen eingebürgerten Namen *Gajda* belegt sind[103], dann an den bemerkenswerten Umstand, daß in Spanien sehr wahrscheinlich nicht nur die Sackpfeife *gaita* benannt wurde, sondern ebenso die Drehleier[104]. Der Grund für diesen Parallelismus dürfte ein rein sachlicher sein, nämlich die beiden Instrumenten eigene Bordun-Mehrstimmigkeit. Diese Erklärung findet ein gleichfalls aus der Natur der Sache folgendes Seitenstück in span. *Zampona*, Sackpfeife und *zanfona*, Drehleier[105]. Die musikalische Ähnlichkeit der Instrumente fördert die nahezu übereinstimmende Bezeichnung: man kann dies leicht an der Instrumentenbezeichnung *Symphonia*, die zugleich für ein musikalisches Prinzip: das des geordneten Zusammenklangs, steht, nachweisen[106]. Schließlich kommt es zur Identität von Instrumentenbezeichnung und Musikbegriff: pers., arab., türk. *Mûsîqâl = Mûsîqâr* ist der Name der Panflöte und nach Sachs von gr. μουσική abzuleiten[107]; RADLOFF erwähnt in seinem Wörterbuch der Türkdialekte мыскам флейта als Bezeichnung dieses Instruments, PICKEN berichtet, daß im türkischen Kulturgebiet der Name *miziki* auf einer Reihe verschiedener Instrumente liegt, z.B. auf der Schnabelflöte *Düdük* und auf *Kazoos*[108]. Unser *Kobuz = Komyz* bezeichnet umgekehrt nicht nur verschiedene Saiteninstrumente und Aerophone, sondern (s.o. 129f. und Anm. 92) die Musik überhaupt.

Aus all dem wird klar, daß erhebliche Unterschiede zwischen solchen direkten und – genetisch gesehen – wahrscheinlich auch ur-sprünglichen Benennungen und den Verfahren der modernen Instrumentenkunde bestehen, die Instrumente nach verschiedenen Kriterien klassifiziert und systematisiert, oder aber hofft, durch typologische Ordnung von ausgewählten Merkmalen der Instrumente zugleich *ihr historisches Leben zeitlich und geographisch zu bestimmen*[109].

Solches Bemühen mag für die Materialgliederung hilfreich und für einen ordnenden Überblick nützlich sein, soweit die 'Typen' als For men (in der Instrumentenkunde waren typologische Arbeiten noch immer morphologisch orientiert und sehen vornehmlich nach *dem Vorhandensein oder Nichtvorhandensein gewisser Merkmale*, ELSCHEK/STOCKMANN 1969, S.21) in Betracht kommen; nur steht der morphologisch-typologische Ansatz unglücklicherweise dem der Ethnomusikologie, der die Phänomene *von innen* zu begreifen und ihren eigenen Prinzipien zu folgen sucht[110], nicht selten fast diametral gegenüber und versagt leider häufig auch hinsichtlich der Aufgabe, die aus Schrift- und Bildquellen bekannten Instrumente des europäischen Mittelalters und der vorderorientalischen Kulturen mit ihren Bezeichnungen zur Deckung zu bringen. Diese nämlich vereinigen sachlich, aber keineswegs typologisch *verwandte* Instrumente[111]: betrachtet man beispielsweise Instrumentennamen des gemeinsamen Stammes z – m – r wie *zamr, zammara*, dann wird deutlich, daß diese sämtlich von der Grundbedeutung z-m-r, singen, abgeleitet sind, wobei die von diesem Stamm herrührende Bezeichnung *mizmar* allgemein für hölzerne Blasintrumente mit Grifflöchern steht, außerdem aber für die Stimme und den unbegleiteten Gesang[112]. Erst durch Zusätze zum Begriff *Zummara*, der verschiedene Schalmeien und sogar die Sackpfeife meint, verengt sich der Begriffsinhalt auf den besonderen Typus der engparallelen Klarinetten.

Das Wortfeld auf T – b – l bzw. metathetisch T – l – b schließlich vereint so verschiedenartige Instrumente, daß die übliche Klassifikation, die sich primär auf das klangerzeugende Material stützt, versagen muß. Zu *Tabal* und *Tambur* kommt nicht zuletzt die *tromba marina*, die nichts mit der christlichen Seefahrt, aber – ihrem musikalischen Prinzip nach, dem der Obertonreihe – einiges mit der Trompete zu tun hat und deren Etymologie jedenfalls Ausfluß des *Sachhaltigen* (mit Adorno zu reden) zu sein hat, will sie über bloße Mutmaßungen hinauskommen[113].

Begreift man Musikhistorie als integralen Bestandteil der Kulturgeschichtsschreibung, ist die Zuordnung von *Wörter und Sachen* zu leisten, so mühsam dies immer sein mag.

V

Nicht selten findet man an Stelle einer etymologisch den Sachbezug herstellenden Erklärung den Vermerk, ein bestimmter Instrumentenname oder eine andere Bezeichnung wie etwa unser *Charivari* sei *lautmalenden Charakters*. Man wird auch diese Möglichkeit in Betracht ziehen müssen, sollte sich aber niemals von vornherein hiermit begnügen, weil linguistische Analyse immerhin vor Augen führt, daß "zufällig" erscheinende Anreimungen und Assonanzen von Wörtern nicht durchweg planlos sein müssen[114]. So ist die englische Bezeichnung der Drehleier: *hurdy-gurdy*, zwar für sich betrachtet wohl lautmalend, dennoch wahrscheinlich von der viel älteren Form *hirdy-girdy* = *uproar, disorderly noise, confusion* abzuleiten, dessen Synonym das seit 1528 belegte *Topsyturvy, being in upset, upside down, disorder, con-*

fusion ist[115]). In einer Quelle von ca. 1500 heißt es bereits (Colkelbie Sow I, S.184, nach J. A. H. Murray, Vol. VI, 1901, S.299):

> *Wi sic a din and a dirdy*
> *a garray* * and hirdy-girdy*

*garray = commotion, disturbance, uproar (Murray IV. 1901, S.62)

Zu *Hirdy-girdy* und *Topsy-turvy* gibt es weitere Parallelen wie etwa das nahezu gleichbedeutende *Helter-skelter*, engl. = Durcheinander[116]), Hals über Kopf usw. oder das im Deutschen bekannte *Kunter-bunt(er)*, wiederum in der Bedeutung von Durcheinander. Soweit die Etymologie solcher Ausdrücke zu leisten ist, kann nicht immer angenommen werden, es handle sich um eine bedeutungsfreie Aneinanderreihung von willkürlich gewählten Silben; zwar gilt der SAUSSURE'sche Grundsatz, nach dem die Zuordnung von Zeichen und Bezeichnetem willkürlich erfolgt *(le signe linguistique est arbitraire)*[117]), aber ist die "Prädikation" (s.o.) einmal erfolgt, bezeichnet das sprachliche Zeichen in der Regel etwas, d.h. es hat zumeist einen konkreten Objektbezug, der mehr oder minder stabil besteht.

Bei unklarer Etymologie folgt dann nicht eben selten der Verweis, gerade bei solchen Ausdrücken mit einer Reduplikation oder Assonanz innerhalb von Komposita handele es sich um onomatopoetische Bildungen; diese Interpretation wurde beispielsweise für *Hurdy-gurdy*, engl. Drehleier gegeben: ihr Name sei *a riming combination suggested by the sound of the instrument*[118]). Ob dies zutrifft, oder aber die Ableitung von *hirdy-girdy*, disorderly noise in Betracht kommt, bleibe einstweilen dahingestellt; bei *helter-skelter* ist zumindest der zweite Wortteil mit ahdt. *skëltan*, schmähen, beschimpfen in Verbindung zu bringen[119]), und zu *kunter-bunt(er)* ist eine sachbezogene Ableitung durchaus möglich, zumindest als Hypothese[120]).

Weitere vermeintlich bloß onomatopoetische Ausdrücke sind lat. *sibilare*, pfeifen, zischen und auch unser deutsches Wort *Gurgel*; ich erwähne diese beiden Beispiele zwecks Demonstration der zweifellos überraschenden räumlichen Zusammenhänge und um Indizien über die Zeitstellung zu gewinnen: dt. *Gurgel* ist offenkundig zu den geographisch, aber eben nicht sachlich entfernten Begriffen wie türk. γurγur, Krach, Radau zu stellen, das in Turkestan ebenso aufgezeichnet wurde wie γarγara, gurgeln[121]); hierzu gehört ferner tart. γarqua, dumpf tönen. Es ist nun bekannt, daß schon HIPPOKRATES für den Zapfen im Munde den Ausdruck γαργαρεων verwendet, was wahrscheinlich wiederum von hebr. *gargerot*, Gurgel, Hals abzuleiten ist, womit γαργαρεων zu den nicht wenigen semitischen Fremdworten im Griechischen gehört[122]).

Bei *sibilare*, das seit PLAUTUS (250 – 184 B. C.) belegt ist, fällt auf, daß die Ableitung aus einer indogermanischen Wurzel mit Hilfe der methodologisch gesehen höchst anfechtbaren *Sternchensprache*[123]) keinesfalls überzeugen kann; *sibilare* soll aus einer sog. *Schallwurzel *sui* stammen, die auch in gr. σιζω, zischen greifbar sei[124]). Dem steht aber entgegen, daß es sich bei *sibilare* und *Sibilus*, Zischen, schon um Archaismen handeln soll, die von der Form *sibilu* abzuleiten seien[125]); diese hat jedenfalls bereits die bewußt als Triliterismus von uns angesprochene Konsosantenfolge 's-b-l', die dann unbeschadet der in weiten Grenzen variierenden Lautung konstant in einer schier unglaublichen Fülle von sinn- und sachverwandten Ausdrücken beibehalten wird: nicht nur lat. *sibilare*, sondern das bestimmte Wortfeld mit der Grundbedeutung *pfeifen, zischen, murmeln* lebt – worauf Walther von WARTBURG ausdrücklich verweist – *in der ganzen Romania weiter*[126]. Dabei bilden sich zwei parallele Linien, die einmal von *sibilare* und zweitens von der wohl oskischen Form *sifilare*[127] ausgehen und phonetisch so deutlich abgesetzte Wörter wie afrz. *sibler*, apr. *siblar*, Agn. *subler*, Provins id. *chubler* bis zu Grimisuat *Choblata* inhaltlich zusammenschließen[128]. Selbstredend gehört auch die rätoromanische Instrumentenbezeichnung *Schüblarot* = Pfeife (SACHS, Reallexikon, S.339 b) hierher. Von der Parallelform *sifilare* sind frz. *siffler, produire un son aigu soit avec les lèvres, soit en sofflant dans un sifflet* (FEW XI, S.556), mfrz. *chiffler*, afrz. noch *sifler*[129] abzuleiten; hier findet man die Instrumentenbezeichnungen afrz. *siflet, siflot* = Pfeife, frz. *sifflet* = *petit instrument avec lequel on siffle* (FEW XI, S.567), während afrz. *sifoine* bzw. *sefoine, cifonie* zweifelsfrei mit der Drehleierbezeichnung *sifonia* = *symphonia* bedeutungsgleich ist[130]. Die Bezeichnung *Schüblarot* für Pfeife, der Name *schüblot de marmel* für eine Gefäßpfeife der Schweiz und die hier gleichfalls beheimateten Termini *schomber* bzw. *schumber* für zweifellige Zylindertrommeln[131] belegen, daß die konkrete Lautung relativ weit divergieren kann, ohne daß der Stamm sich ändert (vgl. *sibilare* im FEW XI, 1964, S.564 ff.); dieser ist folglich außerordentlich stabil, oder – wie die morphologisch orientierte Kulturgeschichte und Ethnographie sagen würden – konstant[132]. In der Tat imponiert vor allem der als Triliterismus zu identifizierende 'Stamm' durch seine Invarianz, so daß hieraus folgend das auf Chronologie zielende Argument, man habe es mit Bezeichnungen hohen Alters zu tun, nicht unberechtigt erscheint und durch die Quellen selbst gestützt wird (dies im Unterschied zur nur morphologisch begründeten Datierung, die Konjektur bleibt: es gibt keine Quelle, in der **har-* zu finden ist, aus dem *harmonia* dann irgendwie *sich entwickelt* hat!). *schomber* und *schumber* sind unzweideutig zum Wort *sumber*, Korb, Hohlmaß und – sachlich damit verbunden – Trommel zu stellen; hierzu gleichfalls das Verb *sumbere* = trommeln[133].

Es mag einigermaßen gewagt erscheinen, die Parallelen für dieses ganze Wortfeld, zu dem natürlich auch mhd. *sumer* = Korb, Getreidemaß, Trommel gehört[134], im Akkadischen und speziell im Assyrischen zu suchen; dafür, daß sie gerade dort greifbar erscheinen, sprechen allerdings folgende Belege: zu den Hohlmaßen und Gefäßbezeichnungen gehören von der Sache her die Ausdrücke für das Tragen, Transportieren sowie für die Träger und die Lasttiere. Zu *sumber, Sumer, schomber* dürften zu beachten sein akkad. *zabalum* = tragen, überbringen und assyr. *zabalu* = *to carry, to transport, to deliver goods*[135]. Zugleich bedeutet dieses Wort aber auch: die Pacht in Naturalien entrichten, vor allem in Feldfrüchten, für die der Ausdruck *ziblu* vom gleichen Stamm steht. Merkwürdigerweise gab es nun in der Schweiz den Ausdruck *sumer* für die Getreideabgabe als Brückenzoll und *ersumbern* für das Eintreiben der Zinsen[136].

Der Träger hieß im Akkadischen *Zabbilu(m)*, ebenso der Korb < aram. *zabilla*; assyr. *zabillu* = *basket, carrier*[137]. Durch Wechsel von b und m, für den es gerade in indogermanischen wie in semitischen Sprachen eine Fülle von Belegen gibt[138], wurde aus 'z-b-l' (das z ist ein *Zay*, daneben können Formen mit *Sın* [= s] und *Sad* [= s] vorkommen!) 'z-m-l' und konkret das Wort *zamila* = ar. Lasttier (vom Verb *zamala*, tragen), auf das sp. *acémila* = Saum-, Lasttier und sp. *azemilero* = Maultiertreiber; weiter gehören hierzu: pg. *azemola*, kat. *asembla* = Lasttier, während aus ar. *zammāl* = Treiber pg. *azemel*, Maultiertreiber, auch Lager/Zeltstadt wurde[139].

Durch einen weiteren und gleichfalls häufigen Wechsel von l/r ergibt sich tk. *semer*, Sattel, it. *somaro*, Saumtier, rum. *samar*, Pack- oder Saumsattel[140].

Mit letztgenanntem *samar* ist nun allerdings der Lautbestand eines anderen hier relevanten Wortfeldes erreicht, nämlich akkad. *zamāru(m)*, Lied, Gesangstück, als Werb *zamāru(m)*, auch *samāru*, singen, besingen, sem. außerdem: die Leier spielen[141]. Daß es auf den Stamm und die ihn bildenden Konsonanten und nicht auf die Vokale primär ankommt, zeigen wieder Parallelen wie assyr. *zummuru = to sing with or without instrumental accompaniment* und die Form assyr. *šuzmuru = to have singers*[142]. Die Ausbreitung des Wortfeldes nach Europa spätestens über die Araber wird durch kat. *sambra*, pg. *zambra* = nächtliches Fest der Mauren, Freudengeschrei[143], aber nicht minder durch alban. *Zumare* als Bezeichnung einer engparallelen Klarinette[144] bezeugt, die zudem in orientalischer Manier – d.h. mit Nasenatmung und ohne Absetzen des Instruments[145] – gespielt wird und den auch von *zurna*-Spielern her geläufigen nasal-scharfen Klang hat. Das Wort *Samara* für ein Blasinstrument findet sich sogar schon im Altrussischen[145a]. Es stellt sich angesichts dieses Befundes sehr bald die Frage, ob die beiden hier nur in Beispielen erläuterten Wortfelder inhaltlich sowie genetisch zusammengehören; dies ist mit beachtenswerten Argumenten und Belegen von Martin VOGEL bejaht worden, und zwar wiederum unter Bezugnahme auf die durchgängig zu beobachtende Sachgemeinschaft von Saumtier und Tierschlauch[146], die bis zum Ausdruck *sumer* für Sackpfeife gut zu demonstrieren ist.

Aufmerksamkeit verdient jedenfalls der Umstand, daß sich die außerordentlich frühe Verbreitung von Haustierbezeichnungen in Europa linguistisch nachweisen läßt[147] und hierbei unter anderem die Identität nicht weniger galloromanischer Wörter mit solchen des kaukasisch-kleinasiatischen Raumes ins Auge fällt[148]. Beachtet man die Tatsache, daß diese Übereinstimmungen dann insonderheit bei *Schläuchen und Fässern*[149], den Hohlmaßen und den Tragtieren aufzuweisen waren, erstaunen vorgenannte Verknüpfungen sehr viel weniger: man wird ihnen nachgehen müssen. Den abgenutzten Einwand, dies sei Sache der Linguisten und nicht der Musikologen, wird allein der an nichts als an seine Sicherheit denkende sog. "Wissenschaftsbeamte" (der sein Fach "verwaltet" und weniger befördert) vorbringen; beim Ansatz *Wörter und Sachen* hingegen ist die das *Sachhaltige* erst ermittelnde Einzeldisziplin selbst gefordert.

Dem kulturhistorisch-ethnographisch interessierten Musikwissenschaftler wird auffallen, daß akkad. *zumbu* (auch *zubbum*) < assyr. *zumbu*, Fliege[150] eine direkte Parallele in span. *zumba*, Viehglocke hat, die schon erwähnt wurde; die sachliche Übereinstimmung ergibt sich umstandslos über das Verb span. *zumbar*, summen, schwirren, brummen, das ganz sicher ein orientalisches Lehnwort ist. *Zumbar* wiederum gehört zu dem großen Stamm z-m-r, der eine Fülle von Musikausdrücken vereinigt wie akkad. *zammāru* = Sänger und assyr. *zumāru* in der Bedeutung von *refrain or burden of a song*[151]. Im Arabischen ist dann *zimara* der Ausdruck für das Spielen der Sackpfeife, die selbst mit dem Namen *zummara* belegt ist[152].

Für die Hypothese, daß beide Wortfelder ursprünglich zusammengehörten, spricht dann auch span. *zamarra*, Pelz, Pelzjacke, fig. auch *Tölpel*, ebenso *zamarro*, Pelzjacke bzw. *Tölpel*[153]. Pelz als Tierhaut und -schlauch (wie bei der Sackpfeife *zum-*

mara) hat den Namen, der zugleich auf dem Instrument, das Pelz notwendig braucht, und auf dem Saumtier (s.o. bei *somaro*, *samar*) liegt, das ihn liefert. Dieser Zusammenhang ist ein funktionaler und kaum ein zufälliger.

Bleibt noch nachzutragen, daß unter diesem Aspekt dann die Bezeichnung *Zambomba* für die spanische Reibetrommel vom "Rommelpott"-Typus[154] schon wegen ihres schnarrenden und brummenden Geräusches zu *Zumbu* in den oben gegebenen Bedeutungen zu stellen ist; außerdem ist klar, daß die *Zambomba* schon ihrer Form und wegen der Benutzung der Haut, die über den Topf gezogen wird, zugleich eine Gefäßbezeichnung ist[155]. In Spanien nun wurde die *Zambomba* zusammen mit dem *Pandero* – ein Tamburin, dessen Name zu *Pandura*, also erneut einer Bezeichnung des persisch-arabischen Raumes[156], zu stellen ist! – im jahreszeitlichen Lärmbrauchtum und auch beim *Charivari* eingesetzt[157]. Und damit kehren wir endgültig zum Hauptwort unserer Betrachtung zurück.

VI

Es wird den Leser nach den zahlreichen hier zum Orient geknüpften Beziehungen nicht sonderlich überraschen, wenn *Charivari* gleichfalls als orientalisches Lehnwort in den europäischen Sprachen nachgewiesen werden soll; es ist hierbei bewußt zunächst nur von einem "orientalischen" Lehnwort insofern die Rede, als verschiedene – aber keineswegs beliebige – Ableitungen getätigt wurden und möglich erscheinen: Henry und Renée KAHANE, denen wohl niemand mangelnde Vertrautheit mit linguistischer Theorie und Praxis vorwerfen wird, gaben als Grundbedeutung von *Charivari* – das sie von hebr. *hebra/habura* = Vereinigung, insbesondere vom Zusammenschluß aller Juden ableiten wollen – *noise*, also Geräusch bzw. Lärm an[158]. Von hebr. *hebra/habura* sei pg. *caraba/carava* = *company*, *gathering*, *gang* als Überlebsel greifbar, das wiederum arabischer Vermittlung: ar. *quaraba* = Blutsverwandtschaft, zu danken sei. Tatsache ist aber, daß noch im Spanien des 14. Jahrhunderts – in den jüdischen Gemeinden – der Ausdruck *habura* für das Leichenbegängnis und die mit ihm verbundenen Zerstreuungen in Gebrauch war[159], während dann erst um 1500 das spanische Wort *caraba* für *Fest, Zerstreuung* begegnet[160].

Auf dem Stamm h – b – l, auf den wir noch zurückkommen werden (s. unten S. 143), sowie dessen durch Radikalwechsel r/l erfolgter Erweiterung, liegen eine Fülle musikalisch wichtiger Ausdrücke; hebr. *ḥabaru/ḥebru* hingegen dürfte mit seiner Grundbedeutung "Verbindung" von assyr. *ibru*, Freund, und *ebūru*, Vereinigung, herzuleiten sein; ar. *hablun*, Seil, Band und weitere direkt sachverwandte Begriffe gehören gleichfalls hierher[161]. Für hebr. *ḥabura* < span. *carva* spricht dann auch eine in Zaragoza 1396 abgefaßte Quelle, in deren lateinischem Text *cabarim* statt der hebr. Form *haverim* bzw. *haberim* steht[162]; die von H. und R. KAHANE gegebene Ableitung des *Charivari* und seiner im wesentlichen durch Metathesen und Assimilation[163] gebildeten Parallelformen von einem hebräischen Stammwort des judeo-spanischen Kulturraums ist also keineswegs unwahrscheinlich.

Man muß allerdings bedenken, daß die ersten Belege schon des Begriffs *Charivari* älter – den überlieferten Quellen nach – sind als eben genanntes *haverim/cabarim*, denn in Avignon wird das *Charivari* schon 1337 und in Melun 1365 belegt[164]; auch

ist der Brauch selbst sicher sehr viel älter und durch Belege schon der Antike nachzuweisen.

Von großem Interesse ist sodann die Tatsache, daß schon in einer alttschechischen
Quelle gleichfalls aus dem Jahre 1396 sich ein als Tanzlied von NEJEDLY ange-
sprochenes Stück mit dem Titel: *Czaldy-waldy* findet, das sich jener sogar mit Dudelsack gespielt und also mit Bordun unterlegt vorstellte[165]. Nachfolgend dieser Beleg
im Original und in der Transkription von NEJEDLY:

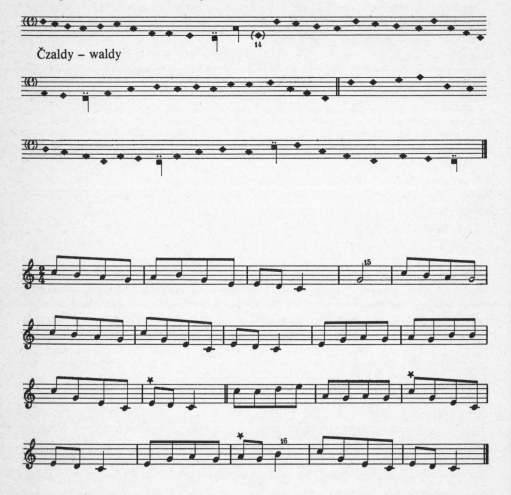

NEJEDLY war der Meinung, der Ausdruck *Czaldy-waldy* sei lautmalerisch und
daher über den Imitationscharakter hinaus ähnlich bedeutungsfrei wie Abzählreime
von Kindern (vgl. NEJEDLY 2/1954 S.306).

In der ČSSR erschienen dann aber zwei kleine Beiträge von Albert PEK zum Problem, der *Czaldy-waldy* mit linguistisch zutreffenden Gründen aus dem Türkischen
als Lehnwörter ableitet, was zumindest bei *čaldy = čalghy*, türk. Spiel, plausibel erscheint, das von dem Infinitiv *čalmak* = spielen, auch: ein Instrument spielen, her-

zuleiten sei[166]). Im Türkischen gebe es Wendungen wie *Düdük čalmak* = Flöte spielen, wobei das Verb *calmak* allgemein das Instrumentenspiel bezeichne und die Form *salmak* = türk. springen, von der wiederum die Bezeichnung für Tanz[167]) komme. Die Form *čaldy-waldy* indessen sei als eine der im Tschechischen nicht seltenen, wohl als Lehnbestand aus dem Türkischen zu interpretierenden sog. Minationen, der M-Reduplikation, aufzufassen und müsse eigentlich *caldy-maldy* statt *caldy-waldy* lauten.

So wird denn noch zu klären sein, ob das Wort *waldy* der Quelle von 1396 eine eigene Bedeutung hat oder nur Reimzusatz war; grundsätzlich aber ist bei vielen Ausdrücken, die als Voll- oder Halbreduplikation wie *Charivari* und *Hillebille* konstruiert sind, an östliche Beziehungen zu denken: wir haben bereits γurγur = türk. Krach, Radau und seine phonetisch wie semantisch verwandten Formen erwähnt (s.o. S. 132), zu denen auch noch Belege aus Arabien sowie der Sanskritterminus *Ghargara* für "Glocke" zu stellen sind[168]).

Eine echte Halbreduplikation findet sich unter Verwendung von *cáry-máry* in einer böhmischen Zauberformel, etwa in der Intonation:[169])

čá - ry - má - ry fuk!

(von: *čáry* = Zaubereien
máry = Totenbahre)

Die Formel erscheint ähnlich in DVOŘAKs *Rus(s)alka*

ču - ry - .mu - ry fuk!

Daß Reduplikationsformen mit magischem Gehalt versehen bzw. so aufgefaßt werden, ist ein durch Belege leicht erweislicher Sachverhalt, der im übrigen eine gleichzeitige funktionale Etymologie nicht ausschließt: gerade dies ist an *Charivari* demonstrabel.

VII

Es ist zu erinnern, was an Brauchtumsformen und Rechtshandlungen dem *Charivari* zugehört bzw. als akzidentell oder sonst untypisch erscheint: zentral sind die rügegerichtlichen Funktionen des *Charivari* (MEULI 1953 S.231 ff.), die durch öffentliches Belärmen des oder der Delinquenten, außerdem durch Belagerung des Hauses, körperliche Züchtigung, Sachbeschädigung bis zur eingangs erwähnten Friedloslegung erfolgen; die Beziehungen von Lärm und Musik zum Strafrecht und zu den sittenrichterlichen Handlungen, die auf Wiederherstellung und Einhaltung von Gruppennormen gerichtet sind, dokumentieren sich als besonders eng, wie KOCHER anhand vieler Quellen unserem Kreis gezeigt hat[170]). Der Lärmaufzug anläßlich der gesellschaftlich mißbilligten *Zweiten Ehe* ist eine der wichtigsten Erscheinungsformen des *Charivari*, das auch bei den sog. *ehelichen Verfehlungen* in gleicher Weise aufgeführt werden konnte. Die Tradition ist durch das gesamte Mittelalter und bis zur

Neuzeit (vgl. Lit. in Anm. 11–15) lückenlos zu verfolgen; darüber hinaus hat Paul SAINTYVES (Pseudonym für Nourri) in einer kenntnisreichen Studie auf vergleichender Basis schon vor fünfzig Jahren den Versuch unternommen, das hier relevante Rügebrauchtum über Europa hinaus und bis in den Alten Orient und nach Indien zu verfolgen[171]. Er wies dabei u.a. auf den sog. *Eselsritt* hin, zu dem im Rahmen eines Charivari die des außerehelichen Verkehrs überführten Liebhaber insonderheit im Frankreich des 14. – 16. Jahrhunderts gezwungen wurden; es ist wohl bekannt, daß man die Unglücklichen nackt und unter dem Gejohle und dem Lärm der Einwohner rückwärts sitzend auf dem Esel reiten oder sie im *Triumphzug* über den Marktplatz führen ließ, um sie so dem öffentlichen Spott preiszugeben[172]. Dieser schimpfliche *Eselsritt* wird nun schon von PLUTARCH für die kleinasiatischen Kumäer berichtet, wo die untreue Gattin zum besagten *Eselsritt* genötigt und dann mit dem sprechenden Titel: ὀνοββτις d.h. die Frau, die den Esel besteigt, versehen wurde[173].

Das Wort hängt sehr wahrscheinlich mit dem bei XENOPHON (eq. rat. V, 8) belegten ὀνοβατέω = *Asinam admitto*, h.e. *Facio ut asinus equam ineat*, eng zusammen, was die wahre Bedeutung des Ausdrucks in helleres Licht rückt. Man nahm denn auch den Esel keineswegs nur, um die Betroffenen zu verspotten – hierzu genügte das öffentliche Vorführen in entkleidetem Zustand, die Verhöhnung durch Lärm usw. –, sondern deshalb, weil der Esel dem gesamten Altertum und noch unserem gemeinhin für „christlich-abendländisch'' apostrophierten Europa als das mit Abstand geilste und potenteste Tier galt[174]. Mit dem erst spät verachteten Esel ist vielfach kultische und medizinische Sodomie getrieben worden; nicht zu vergessen die profane Variante des nach den Quellen von Römerinnen damals sehr geschätzten Vergnügens[175]. Der *Eselsritt*, wie er dann als Bestandteil des mittelalterlichen *Charivari* erscheint, dürfte in der Antike sensu stricto verstanden worden sein; selbst das Vordringen des Christentums bedeutete kein Ende dieser Praktiken, denn es gelang der Kirche und den zu Hilfe gerufenen Staatsorganen weder, das eigentliche *Charivari* trotz einer Unzahl von Verboten und Strafen zu unterbinden, noch konnten die berühmten *Eselsmessen* verhindert werden, deren Lieder – teilweise erhalten – im Urteil Werner DANCKERTs *von äußerster Unanständigkeit* erscheinen: *Die vom Volk mitgesungene Eselsprosa, eine volkstümliche Parodie der Officia sanctorum, verherrlichte den zeugungsmächtigen Sir Aine als asinus pulcher et fortissimus*[176]. DANCKERT (1978, Bd IV: S.432 f.) zitiert sodann ein Lied des 16. Jahrhunderts, das in die Sparte der sog. *Frau Wirtin* – Verse – derbe Späße aus der Sexualsphäre, immer noch im Umlauf – gehört und in dem der Esel eine schwer mißzuverstehende Rolle spielt.

Der kirchliche *Palmesel* war der mühsame Versuch, das brünstige Tier zu *entschärfen* und dessen phallische Symbolik zu eliminieren, was kaum gelang. Hingegen blieben die *Eselsmesse* und auch die kirchlichen *Eselsfeste* an einigen Orten in Gebrauch, letztere gar bis ins 17. Jahrhundert; sie waren jedenfalls nicht als Scherz, sondern als genuiner Bestandteil des Kultus veranstaltet[177].

Den Ritt auf dem Esel gab es dann noch im englischen *Skimmington ride*, der seit dem 16. Jahrhundert belegt ist und wohl immer dort veranstaltet wurde, wo ein Paar außereheliche Beziehungen unterhielt. Man ließ hier jedoch nicht die Beteiligten selbst in einer Art Prozession vorführen, sondern ahmte diese in Kleidung und Gestik möglichst genau nach, wobei der Mann rücklings auf dem Esel und auch auf dem Pferd saß, dessen Schweif in der Hand haltend. Zur musikalischen Untermalung sind Sackpfeife und Schalmei, Trommel und natürlich alle Lärmgeräte wie Bratpfannen, Töpfe, Tierhörner und dergleichen herangezogen worden; der *Skimmington ride* als Rügebrauchtum und Volksjustiz ist noch 1831 geübt und von Thomas HARDY in einer seiner *Wessex novels* auch eingehend für die gleiche Zeit beschrieben worden[178].

Die Quellen zeigen dabei eine bemerkenswerte strukturelle Gleichförmigkeit der Motive und Handlungen, obwohl hier die Bezeichnung: *Skimmington*, die man auch dem von seiner Frau gehörnten Ehemann angedeihen ließ, nicht recht klar ist[179].

Skimmington steht einmal für den Mann oder die Frau, die im *Charivari*-Umzug den Liebhaber oder die Geliebte darstellt, dann für die Prozession selbst, die den oder die Ehebrecher verspottet und auch für das gesamte hierunter begriffene Rügebrauchtum, synonym zu *Charivari*[180]. Der Esel taucht dann noch einmal in der niederländischen Katzenmusik und bei der aus meiner engeren Heimat belegten *Eselshochzeit* auf: im nord- und mittellimburgischen Raum wird dem Ehebrecher oder sonst gegen die dörfliche Moral Verstoßenden *der Esel angetrieben*, was in der jüngsten Vergangenheit nur noch in der Form geschah, daß dem Übeltäter neben die Haustür mit Farbe und Ruß ein möglichst großer Esel mit hochgehobenem Schwanz gemalt wurde – heimlich natürlich und im Schutze der Dunkelheit. Sobald das Gemälde vollendet war, setzte die *Katzenmusik* (ndl. *ketelmuziek*) mit dem größtmöglichen Lärm ein[181]. Früher sollen alle Teilnehmer solcher Strafaktionen auf Eseln geritten sein, auch ist die Umfahrt des Delinquenten auf einem *Schandwagen* mit Lärmbegleitung belegt[182].

Die Ausdrücke für dieses Brauchtum sind neben *ezeldrijven* und *ezelaandrijven* in den flämischen Landesteilen Belgiens und in den Niederlanden *varen*, *rammeln*, *toeten* (= tuten), *schominkelen* bzw. *scherminkeln/schraminkeln*, *de beest jagen* und dann *enem et Dier jagen*[183].

Dat Dier jagen heißt oder besser: hieß der Brauch auch in der Eifel, besonders an der Ahr[184]; in der Sache selbst ist aber hier wiederum das *Charivari* anläßlich ehelicher Vergehen und ähnlicher ''Delikte'' gemeint, also der typische Lärmaufzug, der je nach Regionaldialekt *Schalwaari*, *scharrewari*, *scharebari* oder ähnlich bezeichnet wurde und sich dann nicht allein auf das Rügebrauchtum, sondern zumindest seit Beginn des 19. Jahrhunderts zugleich auf folgende Anlässe erstreckt hat: Wiederverheiratung des Witwers oder der Witfrau[185] – dies entspricht also exakt dem Zentrum des französischen mittelalterlichen *Charivari* (vgl. PHILLIPS 1849, passim) – und Heirat eines Ortsfremden, der nicht gewillt war, der Burschenschaft des Dorfes quasi als Lösegeld für die Heirat einer Dorfschönen Speis' und Trank zu gewähren. Der Lärmaufzug als öffentliche Mißbilligung erfolgte dann prompt und wurde – so der ''Eindringling'' sich weigerte, das Lösegeld in Form von Naturalien oder bar zu entrichten – notfalls sechs Wochen lang fortgesetzt; schlimmstenfalls zelebrierten die Burschen des Dorfes eine sog. *Eselsmesse*, in der die Hochzeit bis zum Ja-Wort des Paares – hier ein lautes *I-A* (wie bei der franz. *Eselsmesse*, vgl. hierzu M. VOGEL 1973 S.305 ff.) – parodiert und der Bräutigam insoweit geschmäht wurde[186]. Diese *Eselshochzeiten* aus der Eifel sind leider erst relativ spät belegt, was aber mit Rücksicht auf die Zeugnisse aus dem benachbarten Frankreich sicher nicht heißt, daß es sich bei diesem Brauchtum erst um eine ganz rezente Erscheinung handelt. Auch ist zu bedenken, daß diese offenkundige Spotthochzeit ein nach den Quellen mit größtem Ernst gehandhabtes Pendant in dem sog. *Eselsbegräbnis* hat, das man im Mittelalter denjenigen antat, denen man eine christliche Beerdigung glaubte verweigern zu müssen[187].

Die als *Charivari* deklarierten oder mit diesem typologisch zusammenhängenden Lärmaufzüge dürften ursprünglich kaum spaßhaft gemeint gewesen sein, was schon Karl MEULI zu Recht auch für das *Tierjagen* festgestellt hat[188]. Die innerhalb dieses Brauchtums vorgetragenen Angriffe richten sich nämlich einmal gegen die Moral der Opfer, die als schamlos – wenn eine Frau etwa als *putain* beschimpft wurde[189] – oder kreditunwürdig, politisch untragbar[190] oder sonst gesellschaftlich unerwünscht hingestellt werden. Nicht selten aber ging der Lärmaufzug mit Tätlichkeiten gegen die angefeindete Person und mit Plünderung bzw. Zerstörung von deren Eigentum einher[191] oder wurde zumindest noch in der neueren Zeit beim *Tier jagen* im Eifelgebiet sachbeschädigender Schabernack in der Form miteinbezogen, daß dem Delinquenten die Haustür vermauert, die Räder vom Gespann abmontiert oder ein Haufen Mist auf das Dach geladen wurde.

Erst im Zuge der allgemeinen "Verharmlosung" früher einmal rechtserheblichen Brauchtums ist dann wohl – wie am Beispiel der bei uns noch vor 25 Jahren begangenen *Eselshochzeit* zu zeigen – aus ernsthafter Rüge und Volksjustiz bloßer Spott geworden, der aber im Gegensatz zur früheren Tradition für die Betroffenen ohne große Folgen bleibt. Eine dieser – mit Vorsicht gesprochen – "Reliktformen" des alten *Charivari*, der sog. *Hillig*, bei dem am Hochzeitsabend dem jungen Paar durch Schleifen einer alten Sense auf einem mittels einer Kette gedrehten Wagenrad ein "Ständchen" gebracht wurde, konnten meine damalige Kollegin Eva PERKUHN und ich noch Anfang 1975 in der Eifel registrieren[192]. Gerade dieses auch mit dem Ausdruck *Schleifen* belegte Lärmen wurde früher im gleichen Gebiet bei der Witwenheirat vorgenommen[193], so daß die Hypothese der fortschreitenden "Verharmlosung" insoweit nachweislich zutrifft.

VIII

Es soll dabei nicht verkannt werden, daß in anderen Regionen ein Lärmaufzug zur Hochzeitsnacht des neuvermählten Paares der Normalfall und nicht die depravierte Fassung eines Rügebrauchtums gewesen ist; dies wird beispielsweise für das Bündner Oberland belegt, wo die Burschen dem Paar sogar zur Ehrung eine Katzenmusik aufführen und dafür mit einer *vin de cavals* benannten Weinspende bedacht werden[194], wie bekanntlich in der Schweiz das *Charivari* nicht selten mit dem Namen *far cavals* belegt ist[195]. Dies ist ein sehr sprechender Ausdruck: *far cavals* bedeutet also "Pferdespielen", näherhin dann die Benutzung von Equidenmasken, wobei die Kirche mehrfach das Tragen von Pferdemasken untersagen mußte, während umgekehrt sich der Reformator Jan HUS in seinem *Tractatus de precatione Dei* (I, S. 302) darüber vehement beschwerte, daß man einen mit verächtlichen Kleidern zum "Bischof" gemachten Kleriker verkehrt – also mit dem Gesicht zum Schwanz des Tieres – auf einen Esel setzte und ihn so zur Messe in die Kirche führte, wo er laut und mit unflätigen Worten die Liturgie parodierte: *spectatores autem rident atque haec omnia religiosa et iusta esse putant*[196].

Der letzte Satz sollte zu denken geben: die Teilnehmer haben ebensowenig wie die der franz. *Eselsmessen* (s.o.) Verspottung getrieben, sondern diese Form der Liturgie für die durchaus richtige gehalten; eine polnische Quelle des 15. Jahrhunderts aus dem Kloster Trzemeszno droht die Strafe der Sakramentsverweigerung demjenigen an, der sich mit einer Pferdemaske bedecke und als "Stute" *(per equam po kobylice sz kobylicza)* umherlaufe[197].

Der Ausdruck *kobyl*, poln. Stute (russ. кобыла) ist insofern sehr interessant, als sich einmal in Zentralasien ein ganzer Stamm, der zu den Chalchas gehört, "Stuten" nennt *(koybals)*[198], zweitens sind von diesem Wort wiederum Instrumentenbezeichnungen abzuleiten wie etwa der unserer bekannten Langflöte *Kaval*, bulg. кабал, aber ebenso serbokroat. *Kobilac*, großer Steg < russ. кобылка [199] und im Baskischen dann das Wort *kobla* für Strophe, Lied, Spottvers[200]. Bask. *Kobla* bedeutet nun zugleich auch Joch, Holz, das Tiere im Nacken verbindet, dann Tragbalken und Dachsparre (LÖPELMANN 1968, I, S.708), was keineswegs ungewöhnlich ist und in gr. κoβαλos = Lastträger eine direkte Parallele hat; dieser dürfte auf eine alte Bezeichnung für das Tragtier par excellence, den Esel, zurückzuführen sein, wobei der Stamm k-b-l jedenfalls eine Reihe weiterer einschlägiger Begriffe bietet[201].

Die Spottsänger des baskischen *Charivari* tragen die Bezeichnung *coblacariak*, was von *Koblakari*, bask. Volkssänger, Troubadour herzuleiten ist[202] und sicher auf *kobla*, Lied/Joch zurückgeht.

Ob bei den baskischen *Charivari* Equidenmasken im Spiel waren, entzieht sich meiner Kenntnis; solche sind jedoch im Vorfrühlingsbrauchtum bestimmter Länder und insonderheit innerhalb des Karnevals häufig gewesen, so bei den Slowenen, wo schon die Termini wie *gambela* ≙ *kamela*(!) und *pustna kobila* (Faschings-Pferdchen) höchst bemerkenswert sind[203]. Außerdem im französischen und belgischen Raum, wo das *Cheval-Jupon*, auch *chevalet* genannt, gut belegt ist[204]. Schließlich sind die Equidenmasken des englischen Morris zu erwähnen, vor allem das sog. *hobby-horse*, das mit einem präparierten Pferdeschädel ausgestattet sein konnte[205].

Die rumänische Variante des *Hobby-horse* trägt explizit eine Equidenbezeichnung: rum. *Calusari* geht auf rum. *calus*, kleines Pferd zurück; der Aufzug der *Calusari* erinnert in manchen Zügen an englische Morris-Spiele[206]. Inwieweit dann etwa *Charivari*, Schwerttanz, Morris, Schembartlaufen in den verschiedensten Varianten, die sämtlich untereinander formale "Ähnlichkeiten" und bisweilen auch im Detail überraschende Übereinstimmungen zeigen, historisch und/oder genetisch zusammenhängen, ist kaum definitiv zu klären, wohl aber können Vergleiche – wie sie etwa ALFORD, GALLOP, WOLFRAM und auch DÖRRER angestellt haben[207] – strukturale und funktionale Homologien zeigen[208]. Darüber hinaus hat Arnold van GENNEP, ein hervorragender Vertreter des Strukturalismus in der Volkskunde und Ethnographie[209], zunächst an französischen Erscheinungsformen des *Cheval-Jupon* die zahlreichen Benennungen und regionalen Ausprägungen vergleichend untersucht sowie auf die parallelen Belege des 15. bis 19. Jahrhunderts in Portugal, Spanien, aber auch in Ost- und Südeuropa verwiesen[210]; Equidenmasken müssen einmal sehr verbreitet gewesen sein[211], wobei es um Pferde und Esel[212] gleichermaßen ging: wenn etwa im Bezirk Maine-et-Loire eine *Bourrique* bezeugt ist (van GENNEP I, 3, 1947 S.906), so kann wohl nur der Esel: span. *burro* gemeint gewesen sein.

Daß es sich wiederum nicht um bloß spaßige Verkleidungen gehandelt haben kann, geht aus der Verwendung eines noch dazu *Kamel* benannten, von zwei Jungen gespielten *Schimmels*, im steirischen Nikolausbrauchtum hervor[213]), wie überhaupt der Esel nicht nur als das Reittier des hl. Nikolaus[214]), sondern – über Matth. 21, 2-7 – als das Reittier des Messias schlechthin galt; die im Zuge kirchlich gewünschter "Verharmlosung" (s.o. 140) in vielen Orten Europas gepflegten *Palmeselprozessionen* waren dann nur noch ein schwacher Abglanz früherer ritueller Verehrung[215]).

Immerhin fand sich noch jüngst im Kloster Gradište (bei Bar, Montenegro) ein Fresko mit dem *hl. Esel*[216]), so daß die z.B. in Volkserzählungen tradierten Hinweise, auf gewissen Wegkreuzen usw. sei ein Esel abgebildet gewesen[217]), durchaus zutreffende Berichte sein können: *haec omne religiosa et iusta esse* (s.o. 140) ist kein Einzelfall.

Diese Quellen und Belege finden hier deshalb Erwähnung, weil erstens deutlich gemacht werden soll, welche Weiterungen kulturhistorischer und religionswissenschaftlicher Thematik anfallen, wenn man die Zeugnisse nicht isoliert betrachtet, zweitens ergibt sich hieraus, daß die Etymologie brauchtumsbezogener Ausdrücke wie etwa *Charivari* kaum von linguistischer Seite allein geleistet werden kann, drittens scheint im konkreten Fall der Schlüssel zum Bedeutungsgehalt von *Charivari* im soeben berührten Gebiet, dem der Equidenmasken und -bezeichnungen zu liegen. Zu *Far Cavals* = *Charivari*, rätorom. Pferdespielen, sind Ausdrücke zu stellen, die einerseits schon vom bloßen Lautbestand her eng an das berühmte *Chalivali* des Fauvelromans (Anm. 10) erinnern und sich andererseits als sinn- und sachverwandt erweisen: zu nennen sind rätorom. *Chavalla/Cavalla* = "Stute, Mähre" sowie das hiervon abgeleitete *Chavallaria* in der Bedeutung von "Reiterei"[218]), ebenso im Patois das Verb *cavaler*, bespringen, decken, hopsen[219]) und rätorom. *chavallins* = kleines Pferd[220]).

Von *Chalivali* und *Chalivary* (Du CANGE 1883/87 S.290) bis zu *Chavallaria* ist lautlich unter Berücksichtigung einer Metathesis (Du CANGE bietet u.a. die Form *Chavarium*) keine erhebliche Differenz. Hinzu kommt, daß sachliche Erwägungen diese Ableitung stützen, denn beim *Charivari* spielt ein Aspekt eine vorrangige Rolle, der dem gesamten Brauchtum mit Equidenmasken eigen gewesen zu sein scheint: es geht hier wie dort wahrscheinlich ursprünglich um kultische Funktionen, die mit der voranschreitenden Christianisierung zunächst beibehalten, später gegen den offiziellen Ritus der Kirche als Spott und zugleich als Auflehnung (vgl. KRETZENBACHER 1965 S.61 ff.; VOGEL 1973 S.262-319) veranstaltet wurden. Die Teilnehmer glaubten im Innersten eben noch daran, daß *haec omne religiosa et iusta esse*.

Zu *Charivari* als Ausdruck des m.E. unmißverständlichen *Pferdespielens* gehören einmal rätorom. *cavaler* in der bezeichnenden Doppelbedeutung von a) tanzen, hopsen und b) bespringen, decken, brünstig sich gebärden; im Patois bedeutet *kavaléro* dann auch *un animal qui ne cesse de sauter sur un autre* (wie Anm. 219). Daß die Teilnehmer des *Far Cavals* dem frisch vermählten Paar die *Katzenmusik* gewöhnlich am Hochzeitsabend zur Ermunterung darbringen, verwundert keineswegs; in der Eifel fand das *Charivari* oft genau dann statt, wenn das Paar im Brautgemach verschwand[221]). Im Badischen erfolgte der *Scharewares* exakt eine Stunde nach dem Zubettgehen des bis dahin streng "keusch" gehaltenen Paares[222]). Die *Katzenmusik* wurde insgesamt als *Dämonenabwehr bzw. Fruchtbarkeitszauber* gedeutet[223]), weshalb man zur

Hochzeitsnacht die bösen Geister durch Lärmen abgehalten und die Empfänglichkeit umgekehrt durch Schall verstärkt habe.

Diese Motivation mag in einer Reihe von Fällen zutreffen, jedenfalls erklärt sie auch, warum die oben erwähnte *Zweite Hochzeit* – die bei älteren Paaren wahrscheinlich kinderlos bleiben mußte – gesellschaftlich mißbilligt und durch *Katzenmusik* verunglimpft wurde. Das Genfer Landvolk soll früher zur Fastnachtszeit allen Ehe- und Kinderlosen eine *Katzenmusik* dargebracht haben[224], um insoweit deren Unfruchtbarkeit für die Gesellschaft zu rügen.

Eine merkwürdige Parallele zum *Charivari* bietet in verschiedener Hinsicht das sog. *Haberfeldtreiben*: einmal geht es hierbei wiederum um Rügebrauchtum bis zur offenen Gewaltanwendung[225] und Ächtung, dann spielen Verkleidung und *Höllenlärm* nach den Quellen in etwa die gleiche Rolle wie beim Charivari. In einem bayerischen Bericht aus dem Jahre 1766 heißt es, daß die Teilnehmer *einen unverträglichen Lärmmen mit untereinander gemischten jauchzen, schreyen, Bryllen, mit thür Glckhn, Pritschenschlagen auf die Preter, Blasen auf Kühe horn, schuessen aus feur gewöhren... machen*[226].

Beim *Charivari* und beim *Tierjagen* war es üblich, dem *Sünder* seine Verfehlungen vor dem Lärm und den sonstigen Rügeakten vorzutragen; auch dieser Zug kehrt beim *Haberfeldtreiben* wieder, wo man den Delinquenten vor der Verlesung des Sündenregisters durch den sog. *Haberfeldmeister* in ein Hemd zwang, das an die Stelle eines Bocksfells getreten sein soll: nach KLUGE/MITZKA ginge es demnach überhaupt nicht um ein *Haferfeldtreiben*, sondern darum, den schon sprichwörtlichen *Sündenbock* gewaltsam in ein Ziegenfellkleid zu zwingen *(Haberfell)*[227].

Daß *Haber* nicht unbedingt zum Hafergetreide gehören muß, erweist sodann der Ausdruck *Habergeiß*, der weder mit Hafer, noch mit der Ziege allzuviel zu tun hat, denn der Name *Habergeiß* bezeichnet sehr viele und verschiedene, z.T. phantastische Tiergestalten[228], außerdem einen großen Brummkreisel[229]. Auffällig ist aber, daß in Slowenien die brauchtümliche Maske der *Habergeiß* sich kaum von der Equidenmaske mit dem sprechenden Namen *gambela* unterscheidet[230]. Und daß Haber nicht mit mhd. *Hafer* ineinszusetzen ist, bezeugen Ausdrücke wie *haberjœl* = Stück der Rüstung und *haber-malch*, mhd. Bocksbart[231]. Schließlich findet sich im Deutschen *Haberei* = Steckenpferd[232] und im Englischen *Haberdasher* in der Bedeutung von ''Krimskrämer'', ein Wort, dessen Herkunft völlig ungeklärt ist[233], gleiches gilt für andere Ausdrücke mit *Haber* wie z.B. *haberǧeðun* (auch: *habirǧeðoun, habrigon, habirdion* usw.), me. *a coat or jacket of mail or scale armor*[234]. *Haber* steht demnach wie schon in *Haberfell* (s.o.) für ein Bekleidungsstück aus Tierhaut bzw. das Tier selbst; es ist nun bekannt, daß eine Vielzahl von Ausdrücken auf h-b-r zum semantischen Feld von *Saumtier und Tierschlauch* bzw. sachlich abgeleiteten Ausdrücken gehören[235]. Wie solche Wortbildung vor sich geht, ist sehr schlüssig an pers. *härbuz* = Melone zu studieren, das aus *här*, Esel und *buz*, Ziege gebildet ist[236] und bezeichnenderweise wiederum mit unserer Instrumentenbezeichnung *kopuz/quhur* eng zusammenhängt, die ja zugleich in manchen Türk-Dialekten die Wassermelone meint[237].

An dem aspiriert zu sprechenden ḥ des *härbuz* ist zu erkennen, daß es zu dem hier interessierenden Stamm h-b-r gehört, zu dem mit Wahrscheinlichkeit auch der *haberdasher* und die *Habergeiß* gehören. Es fällt nämlich auf, daß es in allen diesen

Ausdrücken lautliche Veränderungen der Vokale in Fülle gibt[238]), diese für die Identität des Sinngehalts insoweit unerheblich sind, während die in der Regel trikonsonantische Struktur durchweg beibehalten ist.

Allerdings muß beachtet werden, daß es in nahezu allen hier behandelten Sprachen regelmäßig und vielfach zu beobachtende Wechsel von m/b einerseits und r/l andererseits gibt (s.o. 123), weshalb bei der Erkundung eines sinn- und sachzusammenhängenden Wortfeldes jeweils die durch solchen Konsonantenwechsel möglichen Varianten zu berücksichtigen sind[239]).

Zum Instrumententerminus *Habergeiß* sind deshalb Ausdrücke wie schwdt. *Hobela* für Oboe und *hobunle* = ein Instrument spielen, blasen, Lärm machen[240]) heranzuziehen, nicht minder *Fotzhobel*: diese Bezeichnung fand sich im Alpenraum sowohl für die Pansflöte[241]) wie für die Mundharmonika[242]) und die Maultrommel[243]). Im Schweizerdeutschen gibt es sogar einen Ausdruck *Hobel blasen*[244]), der jedoch mit Musik direkt nichts zu tun hat; vielmehr sind mit *Hobel* eine Reihe von Ausdrücken des Sexualbereichs verbunden wie etwa *Hobelhengst* = Frauenheld, auch Zuhälter[245]).

Die Erklärung ist folgende: auf h-b-r/h-m-r liegen eine Fülle von Ausdrücken für den Esel (arab *himar*, hebr. *hamor*), das brünstigste aller Tiere (s.o. 138), das man gleichwohl oft für "dumm" hielt: die Redewendung vom *dummen Esel* ist in vielen Sprachen zu finden und dann auf tölpelhafte Personen übertragen worden wie z.B. schwdt. *Hober* = dummer Mensch, der in Wahrheit pfiffig ist[246]).

Auf diesen Stamm h-b-r/h-m-r bzw. h-b-l gehen dann auch die aus dem Alten Orient bekannten und in zweifelhaftem Ansehen stehenden *Habiru*[247]) zurück, außerdem dürfte der Name der *Hebräer*, den H. und R. KAHANE zur Ableitung von *Charivari* heranzogen, hier zuzurechnen sein[248]), so daß der Hinweis auf *hebra/habura* von KAHANE durchaus die Richtung zutreffend bezeichnet, in der alle diese Ausdrücke etymologisch aufzuklären sind. Es handelt sich in der Mehrzahl der Fälle um Equidenbezeichnungen, die schon deshalb so prävalent waren, weil vorgenannte ethnische Gruppen in fast jeder Beziehung des täglichen Lebens auf *Saumtiere und Tierschläuche* (Lebensunterhalt, Transport, Verkehr usw.) angewiesen waren und es andere bis heute immer noch sind[249]).

ALBRIGHTS berühmtes Diktum, die biblischen Patriarchen und insonderheit Abraham seien als *donkey caravaneers* zu Reichtum gekommen[250]), trifft diesen sozioökonomischen Hintergrund prägnant.

Unser *Charivari* dürfte zumindest mit Wahrscheinlichkeit von Equidenbezeichnungen herzuleiten sein, wobei rätorom. *Chavallari* = Reiterei schon in merkwürdiger lautlicher Nachbarschaft zu provençal. *chavalarina* = *faire Charivari* steht[251]), die auch in lat. *caballarius* = Pferdewächter noch deutlich spürbar ist[252]). So wäre denn die oben geschilderte Gleichung *far cavals* = *Charivari* auf ihren Grund geführt und der merkwürdige Brauch des *Charivari et la promenade sur l'âne* – die immer zusammen genannt werden[253]) – wohl verständlicher geworden. Und eines dürfte klar sein: gleichviel, ob man der Ableitung des *Charivari* nach KAHANE von *Hebra/habura* (s.o.) oder der unsrigen folgen will – der Weg führt so oder so in den Vorderen Orient, denn lat. *caballus* geht selbst auf Wortstämme zurück, die vor allem im Hebräischen gut bezeugt sind[254]).

Methodische Nachschrift:

Schon aus bloßen Platzgründen konnten hier viele Wortfelder nur in Beispielen vor-geführt werden; Belege, die hier vorgetragene Ableitungen ergänzen und stützen, sind wesentlich mehr vorhanden. Der Hauptgrund, warum eine ganze Reihe von Brauchtumsbezeichnungen und Instrumentennamen auf meist trikonsonantische Radikalstämme[255] bezogen und von diesen aus gedeutet werden, ist ein einfacher: sie lassen sich so sachlich überzeugend, d.h. im kulturhistorischen Kontext, inter-pretieren, außerdem kommt hinzu, daß eine Ableitung aus den indogermanischen Sprachen oft nur mittels zwanghafter "Wurzel"-Konstruktion à la *canere, cantor* aus idg. * *kan-* erfolgt[256], die fiktiv ist und keiner Nachprüfung standhält. Es kann doch schon prima vista nicht übersehen werden, daß Instrumentennamen wie *kobza* oder gar *kobos* keine tschechischen Wörter, sondern bis Mittelasien gebräuchliche Termini sind[257], die sich auch funktional (s.o. 129) einfach erklären lassen. Wer da glaubt, in der Erkundung der Frühgeschichte musikalischer Grundbegriffe – und zu diesen gehören sicher die Instrumentennamen wir *Kanon* = *qanūn*[258] – Zuflucht bei der Indogermanistik und nur bei dieser suchen zu müssen, um *nicht im Allein-gang abseitiger Spekulation zu verfallen*[259], hat sich der wichtigsten Quellen und Sprachen für die Musik von vornherein begeben.

Ein Problem bleibt noch zu erwähnen: in den hier einschlägigen Wortfeldern begegnen bei eindeutig sinn- und sachverwandten Ausdrücken beinahe regelmäßig Radikalwechsel von m/b und r/l; daß solche in gewissen Sprachen und auch in der *parole* häufig sind, ist der Linguistik wohl bekannt, in Ansätzen aber erst, warum diese Wechsel im besonderen und der *Sound Change* im allgemeinen eintritt[260].

ANMERKUNGEN

1) Musikethnologische Sammelbände 2, Graz 1978, S.7 ff.

2) E. CASSIRER, Substanzbegriff und Funktionsbegriff, Berlin 1910; die Typusbegriffe *Kunstmusik* und *Volksmusik* müssen streng genommen mit gewichteten Merkmalen, also einer vereinfachten Metrisierung nach der Methode von C. G. HEMPEL und P. OPPENHEIM (Der Typusbegriff im Lichte der neuen Logik, Leyden 1936, passim) gebildet werden.

3) Vgl. die Beiträge von D. STOCKMANN, G. KOCHER und A. MAUERHOFER in: Musikethnologische Sammelbände 5, Graz 1981; – außerdem D. STOCKMANN, Die Erforschung vokaler und instrumentaler Praktiken im mittelalterlichen Rechtsleben, in: Deutsches Jahrbuch der Musikwissenschaft 18 (1973 – 1977), 1978, S.115-134 mit weiteren Nachweisen.

4) Die Orient-Okzident-Beziehungen haben in der Musikwissenschaft wie in anderen Disziplinen ein umfangreiches Schrifttum gezeitigt, vgl. etwa R. LACH, Der Einfluß des Orients auf die Musik des Abendlandes, in: Österreichische Monatsschrift für den Orient 40, 1914, S.327-332; – ders., Orientalistik und Vergleichende Musikwissenschaft, in: Wiener Zeitschrift für die Kunde des Morgenlands 29, 1916, S.463-501; – C. SACHS, The Orient and Western Music, in: A. E. CHRISTY (Hrsg.), The Asian Legacy and American life, New York 1945, S.56-69; H. HICKMANN, Die Rolle des vorderen Orients in der abendländischen Musikgeschichte, in: Cahiers d'histoire égyptienne 9, 1957, S.19-37; – M. SCHNEIDER, Wurzeln und Anfänge der abendländischen Mehrstimmigkeit, in: Kgr.–Ber. IGMw New York 1961, Bd.I, Kassel usw. 1961, S.161-178; – ders., "Nochmals asiatische Parallelen zur Berbermusik", in: Ethnologica II, Köln 1960, S.433-438; – ders., Geschichte der Mehrstimmigkeit, Teil III, Tutzing 1969, S.18 ff.; – C. RIHTMAN, Orientalische Elemente in der traditionellen Musik Bosniens und der Herzegowina, in: Beiträge zur Kenntnis Südosteüropas und des Nahen Orients II, 1967, S.96-105; – W. BACHMANN, Die Anfänge des Streichinstrumentenspiels, Leipzig 1966, S.34 ff.; – M. BRÖCKER, Die Drehleier. Ihr Bau und ihre Geschichte, Bd. I, Bonn 2/1977, S.25 ff. – E. PERKUHN, Die Theorien zum arabischen Einfluß auf die europäische Musik des Mittelalters, Walldorf 1976.

5) Wörter und Sachen 1, 1909, Vorwort der Herausgeber.

6) Vgl. M. VOGEL, Onos Lyras, Bd.1/2, Düsseldorf 1973; – M. BRÖCKER, Die Drehleier, Bd.I, 2/1977, S.25 ff.; – dies., in: Studia instrumentorum musicae popularis V, Stockholm 1977, S.91 ff.; – E. PERKUHN, wie Anm. 4, S.133-213, bes. 146 ff., 157 ff., 172 ff., 193 ff.; – dies., Beispiele arabisch-spanischer Glossographie in instrumentenkundlicher Sicht, in: Studia instrumentorum musicae popularis IV, Stockholm 1976, S.94 ff.; – M. VOGEL, Chiron, der Kentaur mit der Kithara, Bd.I/II, Bonn 1978, passim; – H. RINDLISBACHER, Dudelsäcke – Sackpfeifen – Böcke – Bööggen – Pauken, in: Schweizerisches Archiv für Volkskunde 73, 1977, S.20-41; – M. GAVAZZI, Die Namen der altslavischen Musikinstrumente, in: Volksmusik Südosteuropas, München 1966 (Südosteuropa-Schriften 7) S.34-49.

7) M. KAHLO, Die Hillebille, in: Wörter und Sachen 11, 1928, S.14-28; – vgl. auch E. STOCKMANN, Volksmusikinstrumente und Arbeit, in: Arbeit und Volksleben. Bericht über den Deutschen Volkskunde-Kongreß Marburg 1965, Göttingen 1967, S.334.

8) Hierzu A. GREEN, Hillbilly Music: source and symbol, in: Journal of American Folklore 78, 1965, S.204 f. – Nach den seit 1900 einsetzenden Schriftquellen ist die Hauptbedeutung von 'Hillbilly': *a free and untrammelled white citizen of Alabama, who lives in the hills,* d.h. der typische weiße "Hinterwäldler", ungebildet, rauflustig und trinkfreudig; –vgl. A. GREEN 1965, S.204/223 mit weiteren Nachweisen.

9) M. KAHLO, Die Hillebille, in: Wörter und Sachen 11, 1928, S.26.

10) Le Roman de Fauvel, ed. A. LANGFÖRS, Paris 1914, S.164 f., 167; – vgl. O. DRIESEN, Der Ursprung des Harlekin, Berlin 1904, S.105 f.

11) K. MEULI, Charivari, in: Festschrift Franz Dornseiff zum 65. Geburtstag, Leipzig 1953, S.231 ff. mit weiterer Literatur.

12) G. PHILLIPS, Über den Ursprung der Katzenmusik, Freiburg i.Br. 1849, vgl. dort S.3 ff., 51 ff. zum Problem der "zweiten Ehe".

13) L. JUNOD, Le Charivari au pays de Vaud dans le premier tiers du XIXe siècle, in: Schweizerisches Archiv für Volkskunde 47, 1951, S.114-129; 121 ff.

14) G. HÉRELLE, Les Charivaris nocturnes dans le Pays basque français, in: Revue international des Etudes Basques 15, 1924, S. 507-514; vgl. S.511.

14a) Vgl. Die Zusammenstellung von Literatur und Belegen bei R. PINON, Qu'est-ce qu'un charivari? In: Kontakte und Grenzen. Festschrift für Gerhard Heilfurth zum 60. Geburtstag, Göttingen 1969, S.393-405.

15) Vgl. Ch. Du CANGE, Glossarium mediae et infimae Latinitatis, Teil II, Niort 1883/1887, S.284, 287, 290 s.v. *Charivarium, Chalvaricum, Charivaria* und G. PHILLIPS, Über den Ursprung der Katzenmusik, 1849, S.64 f.

15a) V. ALFORD, Rough music or charivari, in: Folklore 70, 1959, S.508.

16) Diccionario histórico de la Lengua Española II, Madrid 1936, S.624.

17) Gran Diccionario de la lengua Castellana, ed. A. de PAGÉS, Teil II, Barcelona o. J., S.106.

18) L. TOLHAUSEN, Neues Spanisch-deutsches Wörterbuch, Leipzig 10/1928, S.133.

19) Vgl. Handwörterbuch des deutschen Aberglaubens IV, 1931/32, S.1128 f.

20) M. VOGEL, Chiron, der Kentaur mit der Kithara I/II, Bonn 1978.

21) Vgl. M. VOGEL, Onos Lyras, Bd. I, Düsseldorf 1973, Kap. I, bes. S.65 ff.; – P. G. MERNER, Das Nomadentum im nordwestlichen Afrika, Math.-nat. Diss. Berlin 1937, S.23; – L. STEIN, Die Šammar-Ğerba, Berlin 1967, S.38 f.; – zu der ganzen Problematik auch C. G. FEILBERG, La Tente noire, København 1944 und J. HENNINGER, Zum frühsemitischen Nomadentum, in: Studia ethnographica 3, Budapest 1969, S.33-68, bes. 44 ff. mit weiterer Literatur.

22) Th. SCHOEN/T. NOELI, Spanisch-Deutsches Taschenwörterbuch (Langenscheidt), Neuausgabe v. H. WILLERS, Berlin/München/Zürich 1965, S.113.

23) Diccionari Català – Valencia – Balear, Teil II, Palma de Mallorca 1935, S.837: *cànter/càntir,* Gefäß, auch Hohlmaß; kastillisch *càntaro.* Provençalisch-französisch *cantarela = bouteille de verre vince,* vgl. S. J. HONORAT, Dictionnaire Provençal-française, Teil I, Repr. Paris 1971, S.402.

24) Vgl. das umfangreiche Wörterverzeichnis bei M. VOGEL, Chiron II, 1978, S.725 ff.; da es hier aber immer um s a c h verwandte Ausdrücke geht, darf der Ansatz nicht mit dem der sogenannten "Lexikostatistics" (vgl. hierzu S. C. GUD-SCHINSKY, in: Word 12, 1956, S.175-210) verwechselt werden.

25) Vgl. G. PLUMLEY, El Tanbur: the Sudanese lyre or the Nubian kissar, Cambridge 1976, S.3 ff.

26) Hierzu S. FINESINGER, Musical Instruments in the Old Testament, in: Hebrew Union College Annual 3, 1926, S.26 ff.; – Cl. POLIN, Music of the ancient Near East, New York 1954, S.67 f.

27) Ios. ant. Iud. 7, 12, 3; – M. VOGEL, Chiron I, 1978, S.176; ansonsten ist κινυρα synonym zu *kinnor,* vgl. SACHS, Reallexikon, S.212 b und Wörterbuch der klassischen arabischen Sprache, Bd.I, Wiesbaden 1970, S.379 f.: arabisch *kiannāratun,* akkadisch *kinnārum,* hebräisch *kinnōr,* aramäisch *kennārā;* griechisch κινύρα.

28) Vgl. R. von RANKE-GRAVES, Griechische Mythologie, Bd.I, Hamburg 1955, S.58 f.; 189; Bd.II, S.270. Daß *Kinyras* zugleich als *König Phoinix von Byblos* (vgl. a.a.O. I, S.58) genannt wird, bestätigt nur die engen Beziehungen zu Phönikien, die auch musikalisch sehr bedeutend waren, vgl. M. VOGEL, Chiron II, 1978, S.643 ff. und Abb. dort.

29) Vgl. F. G. MAIER, Zur Stadtgeschichte von Alt-Paphos, in: Historia Bd.3, 1954/55, S.121 ff. mit weiterer Literatur und K. NICOLAU, in: Archeology 21, 1968, S.48.

30) Vgl. J. H. Van der MEER, in: Galpin Society Journal 30, 1977, S.160, der zwecks Diskreditierung der etymologischen Ergebnisse die "Frage" stellt, warum man zu burdo-bordun (vgl. hierzu M. VOGEL, Musica falsa und falso bordone, in: Festschrift Walter Wiora, Kassel 1967, S.170 ff. und ders., Onos Lyras, Bd.I, 1973, S.343 ff.) nicht auch englisch *brothel* = Bordell zuordne. – Die Frage ist nicht so abwegig wie die Kritik Van der MEERs, denn die Etymologie von *brothel*, Bordell (eigentlich: Prostituierte) ist nicht zufriedenstellend geklärt, zumal sich nicht alle aus der mittelenglischen Literatur zugänglichen Belege auf eine "Urform" mittelenglisch *brothel* zurückführen lassen (so etwa *bordel, bordale, bordille, bordhwel*) und zu Van der MEERs Unglück auch noch die Formen *borden, burden* greifbar sind, die kaum zufällig ihre Parallelen in mittelenglisch *burdŏun, Mule, hinny* von lateinisch *burdo*, griechisch βουϱδώ*ν*, Maultier, auch Esel) haben dürften; – vgl. hierzu New English Dictionary on historical principles, ed. by J. A. H. MURRAY, Vol. I, London 1884, S.1025 und 1131 und Middle English Dictionary, ed. by H. KURATH/Sh. M. KUHN, Vol. I, Ann Arbor/London 1956, S.1052.

31) W. EILERS, Die vergleichend-semasiologische Methode in der Orientalistik, in: Akademie der Wissenschaften und der Literatur Mainz. Geistes- und Sozialwissenschaftliche Klasse, Jg. 1973, 10. Abhandlung, Wiesbaden 1973, bes. S.55 ff.

32) Hierzu K. H. SCHMIDT, Typologie und Morphonologie, in: Zeitschrift für Vergleichende Sprachforschung 91, 1977, S.1-10 und zu den Triliterismen Joseph H. GREENBERG, The Patterning of Root Morphemes in Semitic, in: Word 6, 1950, S.161 ff.

33) E. NIEMINEN, Finnisch Kantele und die damit verbundenen Namen baltischer Musikinstrumente, in: Studia Fennica 10, 1963, S.1-43.

34) Vgl. M. VOGEL, Chiron II, 1978 S.500 ff. – Diese Zuordnung findet eine Stütze von philologischer Seite schon bei R. STROEMBERG, Griechische Wortstudien (Göteborge Kgl. Vetenskaps... Handlingar, Folge 6, Serie A, Bd.II, No. 2), Göteborg 1944, S.94, der griechisch *κανϑύλη*, Geschwulst, von griechisch *κανϑω ν, κανϑήλιος*, Esel, ableitete. Die Etymologie von griechisch *κανϑύλη* war ansonsten unsicher (vgl. H. FRISK, Griechisches etymologisches Wörterbuch, Bd.I, Heidelberg 1960, S.778), ist aber durch die Bezugnahme auf *κανϑήλιος* eindeutig (s. auch bei VOGEL, Chiron II, S.358).

35) Vgl. M. VOGEL, Onos Lyras, Bd.I, 1973, S.11 f. und passim.

36) W. GIESE, Zur Problematik arabisch-hispanischer Worbeziehungen, in: Festschrift W. v. Wartburg II, Tübingen 1968, S.432.

37) Belege bei SCHMELLER, Bayerisches Wörterbuch, München 1869, S.910 und in Schweizer Idiotikon II, 1885, S.298; – ausführlich hierzu C. Th. GOSSEN, neufranzösisch *gamin*, in: Etymologica. W. v. Wartburg zum 70. Geburtstag, Tübingen 1958, S.306 ff.

38) Vgl. M. VOGEL, Onos Lyras, Bd.I, 1973, S.399 f. – Bei den Šammar-Ǧerba des Irak, einem Nomadenstamm, heißt das männliche Kamel wie auch bei anderen arabisch sprechenden Stämmen *ǧemel*, wobei hiermit nur das männliche, also brünstige Tier, gemeint ist, nicht das weibliche Reitkamel, das im arabischen Raum *dalul* heißt, das männliche oft *hurr*; – vgl. L. STEIN, Die Šammar-Ǧerba, Berlin 1967, S.49.

39) Hierzu J. MEADOFF/M. ROSENBERG, The Hippies, San Francisco 1967; – B. H. WOLFE, The Hippies, New York 1968; – D. BAACKE, Jugend und Subkultur, München 1972, S.71 ff.

40) K. LOKOTSCH, Etymologisches Wörterbuch der europäischen Wörter orientalischen Ursprungs, Heidelberg 1927, S. 156, Nr. 1971: arabisch *tabl*, hierzu italienisch *ataballo*, spanisch *atabal*, portugiesisch *atabale*, mittelfranzösisch *attabal*, katalanisch *tabal* = Pauke; – E. LEVY, Provençalisches Supplement-Wörterbuch, Bd.8, Leipzig 1924, S.41: *tambala, tambor, tamborel* = Pauke, auch kleine Pauke (Trommel); 2: *tabor* = Trommel und *taborejar* = die Trommel schlagen; – im Okzitanischen gibt es sodann die Formen *tambour* ≙ *tabau, tabard*, Trommel, vgl. L. PIAT, Dictionnaire français-occitanien, Aix-en-Provence 1970, S.893.

41) C. SACHS, Reallexikon, S.400 b; sanskrit *tiktirī*, hindustani *tūnḅī*.

42) P. M. SYKES, Notes on musical instruments of Khorasan, in: Man, Vol. 9, 1909, S.162.

43) Vgl. F. GALPIN, Old English Instruments of music, 4th rev. ed. by Th. DART, London 1965, S.111 f. und Chap. XIII, S.175 ff., wo *Timbrel* = Tambourin and altenglisch *Tymbyr* (1440) = *a lytyl tabore* genannt sind. Mittelalterliche Abb. by F. HARRISON/J. RIMMER, European musical instruments, London 1964, Abb. 54, 56, 62. Zu dem Phänomen *Pipe and tabor* vgl. W. SALMEN, Zur Verbreitung von Einhandflöte und Trommel im europäischen Mittelalter, in: Jahrbuch des Österreichischen Volksliedwerkes 6, 1957, S.154-161 und ders., Der fahrende Musiker im europäischen Mittelalter, Kassel 1960, S.193 ff.

44) E. PERKUHN, Die Theorien zum arabischen Einfluß auf die europäische Musik des Mittelalters, 1976, S.138 ff., 167 ff., 174 ff., 214 ff. und dies., in: Musicologica Slovaca 7, 1978, S.27 ff. – Unser gemeinsamer Aufsatz "Sprachwissenschaftliche Methoden in ethnomusikologischen Untersuchungen" (Musicologica Slovaca 7, 1978, Festschrift J. Kresanek, S.21-33), der sich nur mit diachroner Linguistik befaßt, ist in dem von mir verfaßten 1. Teil durch eine Unzahl zum Teil sinnentstellender Druckfehler beeinträchtigt.

45) Vgl. H. J. VERMEER, Allgemeine Sprachwissenschaft, Freiburg i.Br. 1972, S.21 ff.

46) Vgl. M. RÄSÄNEN, Versuch eines etymologischen Wörterbuchs der Türksprachen, Helsinki 1969, S.459; – K. STEUERWALD, Türkisch-deutsches Wörterbuch, Wiesbaden 1972, S.894; es steht nach RÄSÄNEN osmanisch *tambur*, Gitarre synonym zu <persisch *tanbur* und aramäisch *tanbura*; vgl. auch L. E. R. PICKEN, Folk musical instruments of Turkey, London 1975.

47) Vgl. K. FERDINAND, Nomadism in Afghanistan, in: L. FÖLDES (Hrsg.), Viehwirtschaft und Hirtenkultur, Budapest 1969, S.157 und A. v. Le COQ, Sprichwörter und Lieder aus der Gegend von Turfan, Leipzig/Berlin 1910, S.88: *Tūlúm* = Sack aus Leder.

48) HEUSER-SEVKET, Türkisch-deutsches Wörterbuch, Wiesbaden 5/1962, S.650: *tulum* = Schlauch/Sack für Öl und Butter; Dudelsack. – Zur Spieltechnik des *tulum* vgl. Chr. AHRENS, in: Baessler-Archiv N.F. 23, 1975, S.24 f.

49) G. FARA, Su uno instrumento musicale sardo, in: Rivista musicale Italiana 20, 1913, S.72; *tumbare*, von der FARA *tumbà* ableitet, gehört sicher zu der hier behandelten Wortgruppe, vgl. M. VOGEL, Onos Lyras, Bd.I, 1973, S.415. – J. HUBSCHMID, Sprachgeographie und Substratforschung, in: Festschrift W. v. Wartburg II, 1968, S.7, glaubt hingegen an eine nicht näher belegte *spätromanische Ableitung aus* *tovu* <*lateinisch tubus*.

50) E. LEVY, Provençalisches Supplement-Wörterbuch, Bd. 8, 1924, S.1 und 4. – Klärungsbedürftig dann auch Ausdrücke wie lateinisch *tumor*, Aufwallung, Unruhe.

51) M. RÄSÄNEN, Versuch eines etymologischen Wörterbuchs..., 1969, S.498; auch als Lehnwort im Russischen, vgl. A. G. PREOBRAZHENSKY, Etimologičeskij slowar Russkogo Jazyka, Erg.-Bd.I, Moskau 1949, S.16.

52) W. MEYER-LÜBKE, Romanisches etymologisches Wörterbuch, Heidelberg 3/1935, Nr. 880: norditalienisch *baga*, auch "dicker Bauch"; – F. DIEZ, Etymologisches Wörterbuch der romanischen Sprachen, Bonn 1887, S.35: lombardisch *baga* = Weinschlauch; – vgl. auch J. HUBSCHMID, Thesaurus Praeromanicus I, Bern 1963, S.81: *bacca*, vorromanisch für Gefäß.

53) J. HUBSCHMID, Schläuche und FÄSSER, Bern 1955, S.91.

54) Ebda, S.97. – Vgl. hierzu M. RÄSÄNEN, Versuch..., 1969, S.54: *baɣar* = Bauch, osmanisch *badja* = Holzgefäß < persisch *badyu* = Weingefäß; – STEUERWALD, Türkisch-deutsches Wörterbuch, S.82: *bağci* = Winzer; –HEUSER-SEVKET, S.54: s.v. *bağ*. Diese wenigen Parallelformen zeigen die Streuung, der im einzelnen natürlich nachgegangen werden muß, z.B. türkisch *bāghvān, gardien des vignes*, vgl. BIANCHI/KIEFFER, Dictionnaire Turc-Français, ed. T. X. BIANCHI et J. D. KIEFFER, Tome 1/2, Paris 1801, S.313.

55) Vgl. K. LOKOTSCH, wie Anm. 40; außerdem N. LAHOVARY, La Diffusion des langues anciennes du proche-Orient, Bern 1957, passim und S.LEVIN, The Indo-European and Semitic languages, Albany 1971, bes. S.702 ff.

56) E. PERKUHN, Die Theorien zum arabischen Einfluß..., 1976, S.133-213.

57) Vgl. S. LEVIN, The Indo-European and Semitic languages, S.702 ff., 713.

58) Vgl. FINESINGER, wie Anm. 26, S.63; – A. HOLDER, Altceltischer Sprachschatz I, Berlin 1893, Sp. 794, s.v. *Carno*, Horn.

59) Belege bei A. SCHNEIDER, Möglichkeiten der paläoorganologischen Forschung, in: Studia instrumentorum musicae popularis IV, 1976, S.93.

60) K. LOKOTSCH, Etymologisches Wörterbuch, 1972, S.28.

61) E. PERKUHN, Die Theorien zum arabischen Einfluß, S.198 ff. mit weiterer Literatur.

62) O. DRIESEN, Der Ursprung des Harlekin, Berlin 1904, S.122 f.

63) M. VOGEL, Onos Lyras, Bd. I, 1972, S.338; – vgl. PERKUHN, Theorien zum arabischen Einfluß..., 1976, S.209 ff.

64) G. CLAUSON, Etymological Dictionary of pre-thirteenth century Turkish, Oxford 1972, S.588 f.; – vgl. G. DOERFER, Türkische und mongolische Elemente im Neupersischen, Wiesbaden 1963-75, Bd.I, S.314; III, S.1546.

65) Vgl. E. BACON, Obok. A Study of social structure in Eurasia, New York 1958, bes. S.39 ff.

66) Hierzu L. VAJDA, Untersuchungen zur Geschichte der Hirtenkulturen, Wiesbaden 1968 und ders., Zur Frage der Völkerwanderungen, in: Paideuma 19/20, 1973/74, S.5-53; – vgl. auch A. SCHNEIDER, Hirtenkulturen als Forschungsproblem der Ethnologie und Musikethnologie, in: Interetnické vzťahy vo folklóre Karpatskej oblasti, Bratislava 1980, S.261 ff.

67) So M. HERMANNS, Die Nomaden von Tibet, Wien 1949; – vgl. F. KUSSMAUL, Frühe Nomadenkulturen in Innerasien, in: Tribus 2/3, 1952/53, S.305-360; – zum ganzen Problem L. VAJDA, Untersuchungen..., 1968, S.26 ff. – Das hier spürbar werdende methodologische Problem ist das der ethnologischen T y p e n b i l d u n g und das Verhältnis von Phänomen- und Konzeptebene, worauf schon W. MÜHLMANN, Methode der Völkerkunde, Stuttgart 1938 eingeht.

68) W. EBERHARD, Kultur und Siedlung der Randvölker Chinas, Leiden 1942 (T'oung Pao, Suppl. I zu Bd. 37) S.37 u.ö.; – ähnlich bei F. KUSSMAUL, Zur Frühgeschichte des innerasiatischen Reiternomadentums, mschr. phil. Diss., Tübingen 1953, S.79, 46 ff., 74 ff., 203 ff.

69) Hierzu immer noch   Н. П. Толль, скифы и гунны, Прага 1928. und W. EBERHARD, Kultur und Siedlung..., 55 f., 383 u.ö.

70) W. EBERHARD, Kultur und Siedlung..., S.37, 47, 49 ff. und ders., Lokalkulturen im alten China, Leiden 1942 (T'oung Pao, Suppl. II zu Bd. 37) S.48 f. sowie ders., Cin'de Kimiz ve yoğurdun Yapilmasi, in: Ülkü 93, Ankara 1940, S.207 ff.

71) A. MAURIZIO, Geschichte der gegorenen Getränke, Berlin 1933, S.78 ff.

72) F. KUSSMAUL, Zur Frühgeschichte des innerasiatischen Reiternomadentums..., 1953, S.53; – W. EBERHARD, Kultur und Siedlung..., 1942, S.47, 52.

73) F. KUSSMAUL, Zur Frühgeschichte..., 1953, S.54.

74) Hierzu (nur Auswahl) P. C. YETTS, in: Eurasia Septentrionalis Antiqua 9, 1934, S.231-255; – E. ERKES, in: T'oung Pao 36, 1940, S.26-36; – W. EBERHARD, Nachrichten über Pferderassen und Pferdezucht in Zentralasien nach chinesischen Quellen, in: Ülkü 87, 1940, repr. in: EBERHARD, China und seine westlichen Nachbarn, Darmstadt 1978, S.143-157; – F. KUSSMAUL, in: Tribus 2/3, 1952/53, S.347 ff.; – VAJDA, Untersuchungen..., 1968, passim.

75) F. KUSSMAUL, Zur Frühgeschichte..., S.118 f., 236 f. Dabei ist klar, daß in Zentralasien – soweit möglich – immer auch ein gewisser Bodenanbau vorkam; – hierzu u.a. L. KRADER, Ecology of Central Asian Pastoralism, in: Southwestern Journal of Anthropology 11, 1955, S.301 ff.

76) M. T. VOLKONSKY, Milk Products of Mongolia, in: The Chinese Economic Monthly, Vol. 3, 1926, S.540.

77) W. EBERHARD, Lokalkulturen..., 1942, S.218; – ders. in: Ülkü 93, 1940, S.207 f.

78) M. ELIADE, Schamanismus und archaische Ekstasetechnik, Zürich/Stuttgart o.J., S.185 ff.

79) W. EBERHARD, China und seine westlichen Nachbarn, 1978, S.135 f.

80) W. EBERHARD, Lokalkulturen im alten China, 1942, S.15.

81) J. L. JENKINS, The Morienhur: a Mongolian fiddle, in: Man 60, 1960, S.129; – zu diesem Instrument ergologisch, typologisch und spieltechnisch E. EMSHEIMER, The Music of the Mongols, Stockholm 1943, S.82 ff.

82) P. PELLIOT, Le 空篌 K'ong-heou et le quobuz, in: Naito hakushi kanreki shukuga Shinagaku, Kyoto 1926 (Festschrift N. Torajiro) S.210. – Ein Parallelfall für den r/z-Wechsel bei K. MENGES, Glossar zu den volkskundlichen Texten aus Ost-Türkestan II, in: Abhandlungen der Akademie der Wissenschaften und Literatur Mainz. Geistes-und Sozialwissenschaftliche Klasse 1954, 14. Abhandlung, S.779.

83) A. BYHAN, Mittelasien, in: G. BUSCHAN, Illustrierte Völkerkunde, Bd. II, Stuttgart 2/1922, S.356 ff., Abb. 241.

84) E. EMSHEIMER, Singing Contests in Central Asia, in: E. EMSHEIMER, Studia ethnomusicologica eurasiatica, Stockholm 1964, S.86 ff.

85) Vgl. St. BLUM, The Concept of ᶜAsheq in Northern Khorasan, in: Asian Music IV, 1972, S.27 ff.; – K. REINHARD, Bemerkungen zu den Asik, den Volkssängern der Türkei, in: Asian Music VI, 1975, S.189 ff.; – ders., Die gegenwärtige Praxis des Epengesanges in der Türkei, in: Grazer und Münchner balkanologische Studien, München 1967, S.83-96; – ders., Zur Musikpflege türkischer Nomaden, in: Zeitschrift für Ethnologie 100, 1975, S.115 ff.; – M. und P. CENTLIVRES/M. SLOBIN, A Muslim Shaman of Afghan Turkestan, in: Ethnology 10, 1971, S.447 ff.

86) Über den Stand der Forschung vgl. P. N. BORATOV, in: Philologica Turkica Fundamenta II, 1965, S.1-147, bes. 128 ff. und V. SCHIRMUNSKIJ, Epic Songs and Singers in Central Asia, in: N. CHADWICK/V. ZHIRMUNSKÍJ, Oral Epics of Central Asia, Cambridge 1969, S.269-348.

87) Vgl. J. CASTAGNÉ, Magie et exorcisme chez les Kazak-Kirghizes et autres peuples Turks orientaux, in: Revue des études Islamiques 4, 1930, S.65 ff.

88) M. RÄSÄNEN, Versuch eines etymologischen Wörterbuchs der Türksprachen, Helsinki 1969, S.274; – K. LO-KOTSCH, wie Anm. 40, Nr. 1223: кобура = Lederfutteral, von türkisch Ķubut = Röhre; – zu dem r/z-Wechsel auch CLAUSON, Etymological Dictionary pre 13th-century Turkish, 1972, S.588: kopuz = kubur und W. RADLOFF, Versuch eines Wörterbuchs der Türk-Dialekte III, S.1527: Тумбаз ⩗ Тумбар

89) W. RADLOFF, Versuch eines Wörterbuchs der Türk-Dialekte II, St. Petersburg 1899, S.654 s.v. копуз

90) A. v. Le COQ, Sprichwörter und Lieder aus der Gegend von Turfan, Leipzig/Berlin 1910, S.90.

91) M. RÄSÄNEN, Versuch eines etymologischen Wörterbuchs..., 1969, S.273; K. MENGES, The Oriental elements in the vocabulary of the oldest Russian Epos. The Igor' tale, New York 1951 (Word, Monograph 1, Suppl. to Vol. 7) S.31.

92) W. RADLOFF, Versuch eines Wörterbuchs... II, 1899, S.670; – weitere Belege für kobus = komus = quowus bei E. M. v. HORNBOSTEL, Notizen über kirgisische Musikinstrumente und Melodien, in: R. KARUTZ, Unter Kirgisen und Turkmenen, Leipzig 1911, S.204/205, 210.

93) H. POLHAUSEN, Das Wanderhirtentum und seine Vorstufen, Braunschweig 1954, S.115; nach W. RADLOFF, Aus Sibieren, Leipzig 1899.

94) M. RÄSÄNEN, Versuch eines etymologischen Wörterbuchs..., 1969, S.275.

95) K. H. MENGES, Glossar zu den volkskundlichen Texten aus Ost-Türkestan II, 1954, S.778; – A. v. Le COQ, Sprichwörter und Lieder..., 1910, S.90; – W. RADLOFF, Versuch eines Wörterbuchs... II, 1899, S.664.

96) F. STEINGASS, Persian-English Dictionary, London 2/1930, S.989.

97) G. CLAUSON, Etymological Dictionary, S.588 f.; – man behalf sich schließlich durch Zusätze, Beispiele bei RADLOFF, Versuch eines Wörterbuchs... II, 1899, S.670. – Das Wort *komus* (selbe Lautung wie *kumys*) war dann auch für die Querflöte aus Rohr mit vier Löchern und für die Maultrommel sowohl in der Lautung *quowus* wie *kobus* gebräuchlich; – vgl. A. BYHAN, in: G. BUSCHAN, Illustr. Völkerkunde II, 2/1922, S.356 und W. RADLOFF, Versuch eines Wörterbuchs... II, 1899, S.661/662/670. – Die linguistische Basis hiefür sind die Gefäßbezeichnungen, auch solche für *Röhre, Rinne, Rohrpfeife*, vgl. RÄSÄNEN 1969, S.275 unter sor. *kobyrɣaj* = Rohrpfeife, mit Parallelen. Daß die Maultrommel den gleichen Namen hat, wird mit dem hier zwingend erforderlichen Einsatz der Mundhöhle als Resonanzraum (* *kobul* = hohl, leer) zusammenhängen.

98) Den Beweis hiefür hat an breitem Material Martin VOGEL in seinen beiden Büchern Onos Lyras, Bd. I/II, Düsseldorf 1973 und Chiron, der Kentaur mit der Kithara, Bd. I/II, Bonn 1978 angetreten, auf die hier nur verwiesen werden kann, insofern sich dort zahlreiche Parallelbelege zu den hier angegangenen Wörtern und Sachen finden; daß die Methode auch linguistisch tragfähig ist, ergibt sich unter Beachtung der stabilen Triliterismen (hierzu J. GREENBERG, in: Word 6, 1950, S.161 ff.).

99) Vgl. S. Nuez CABALLERO, Instrumentos musicales populares des Islas Canarias, in: Festschrift F. Ortiz, T. II, La Habana 1956, S.1149 mit weiterer Literatur.

100) K. STEUERWALD, Türkisch-Deutsches Wörterbuch, 1972, S.944.

101) W. RADLOFF, Versuch eines Wörterbuchs... III, 1900-05, S.1327

102) J. C. LAYA, La Gaita, in: Boletin del Instituto de Folklore 2, Caracas 1957, S.227-254.

103) Tradicijska Narodna Glazbala Jugoslavije, ed. J. BEZIC et al., Zagreb 1975, S.66 ff.; – A. LININ, Gajde, in: RAD XV-og Kongrese Saveza Udru-ženja Folklorista Jugoslavije, Sarajevo 1968, S.347 ff.; – V. ATANASOV, Gaida, in: The Brussels Museum of Musical Instruments Bulletin VI, 1976, S.37 ff.; – ders., Systematika na Bulgarskite narodny muzykalni instrumenti, Sofia 1977, S.141 ff.; – L. KUNZ, Die Volksmusikinstrumente der Tschechoslowakei, Teil 1, Leipzig 1974 (Handbuch der europäischen Volksmusikinstrumente Serie I, Bd. 2).

104) Vgl. M. BRÖCKER, Die Drehleier, Bd. 1, Bonn 2/1977, S.213 ff. und schon G. CIROT, "Gaita" et "Rhaita", in: Mélanges... Lopes-Cenival, Lisbonne/Paris 1945, S.41-52.

105) G. CIROT, Zanfona et zampogna, in: Bulletin hispanique 43, 1941, S.152-161 und die Diskussion von R. RICARD und J. LABOURT, "Symphonia, zampona, zanfona", in: Bulletin hispanique 51, 1949, S.160-163.

106) Vgl. M. BRÖCKER, Die Drehleier, Bd. I, S.192 ff. mit weiteren Nachweisen.

107) C. SACHS, Reallexikon, S.265 b; – dort auch *mûsîqay* = arabisch Orgel. Daß μουσική = Musik selbst aus Vorderasien stammen dürfte, hat M. VOGEL, Onos Lyras, Bd.I, S.338 ff. wahrscheinlich machen können.

108) L. E. R. PICKEN, Folk musical instruments of Turkey, London 1975, S.369 f., 165 und auch 199: *spike box lutes sounded by bowing* (in der Klassifikation von PICKEN 321.312.7): *mizirka* ≈ related to muszyka; – sowie W. RADLOFF, Wörterbuch... IV, 1905 – 11, S.2145.

109) O. ELSCHEK/E. STOCKMANN, Zur Typologie der Volksmusikinstrumente, in: Studia instrumentorum musicae popularis I, Stockholm 1969, S.18; – vgl. hierzu PICKEN, Folk musical instruments of Turkey, 1975, S.558 ff.

110) Hierzu schon K. P. WACHSMANN, An Approach to African music, in: Uganda Journal 6, 1939, S.148-163 und ders., Musicology in Uganda, in: Journal of the Royal Anthropological Institute 83, 1953, S.50 ff. sowie jetzt paradigmatisch H. ZEMP, 'Are'Are Classification of musical types and instruments, in: Ethnomusicology 22, 1978, S.37-67, bes. 51 ff.

111) Daß Typologie auf morphologischer Basis zu einer aus der Biologie entlehnten und im Bereich der Kulturgüter nicht immer zuverlässigen Genetik tendiert, habe ich in meinem Buch "Musikwissenschaft und Kulturkreislehre", Bonn 1976, bes. S.77 ff. und 226 ff., dargelegt.

112) Vgl. M. VOGEL, Onos Lyras, Bd. I, S.340 ff. und E. PERKUHN, Die Theorien zum arabischen Einfluß…, 1976, S. 195 f. sowie dies., in: Musicologica Slovaca 7, 1978, S.32 f.

113) Vgl. M. VOGEL, Zur Etymologie von Tromba marina, in: Kgr.-Ber. der IGMw Copenhagen 1972, ebda 1975, S.696-701 und ders., Chiron, der Kentaur mit der Kithara, Bd. II, Bonn 1978, S.522 ff.

114) Vgl. etwa D. L. BOLINGER, Rime, Assonance, and Morpheme analysis, in: Word 6, 1950, S.117-136.

115) J. A. H. MURRAY, A New English Dictionary on historical principles, Vol. VI, 1901, S.299 und 464; – FUNK & WAGNALLs "Standard" Dictionary of English language, New York/London 1949, S.1162 und 2536.

116) Etymologie von *helter-skelter* ist ungeklärt, insonderheit das Wort *helter* (Murray, New English Dictionary V, S.211), seit 1593 belegt; – *skelter* = englisch to dash along, hurry wird von mittelenglisch *skelt* = to hasten abgeleitet, ist aber (MURRAY Vol. IX, 1919, S.132) *of obscure origin*. – Eine weitere Parallele zu *helter-skelter* und *hirdy-girdy* ist das seit 1509 öfter belegte *hurly-burly* englisch uproar, bustle, commotion; – vgl. J. S. FARMER/W. E. HENLEY, Slang and its analogues, Vol. III, Reprint New York 1965, S.384/85, wo auch noch *Hurry-curry* (Bedeutung ähnlich wie *hurly-burly*; hurry hat aber mit Musik zu tun, z.B. Wirbel, schnelle Passage) und *hurry-durry*, englisch rough, impatient of control begegnen.

117) F. de SAUSSURE, Grundfragen der allgemeinen Sprachwissenschaft, Berlin 2/1967, S.79 = Cours de linguistique générale, 1916, dt. Ausg.

118) J. A. H. MURRAY, New English Dictionary VI, S.464; zur Etymologie auch F. GALPIN, Old English instruments of music, rev. ed. 1965, S.79.

119) F. KLUGE/W. MITZKA, Etymologisches Wörterbuch der deutschen Sprache, Berlin 20/1967, S.642: mittelhochdeutsch *schelten* usw.; – von anord. *skjalla* = schallen (?).

120) Vgl. M. VOGEL, Chiron II, 1978, S.326 ff.

121) K. H. MENGES, Glossar zu den volkskundlichen Texten aus Ost-Türkestan II, in: Abhandlungen der Akademie der Wissenschaften und Literatur Mainz. Geistes- und sozialwissenschaftliche Klasse 1954, 14. Abhandlung, S.720/21.

122) H. LEWY, Die semitischen Fremdwörter im Griechischen, Berlin 1895, Repr. 1970, S.68. – LEWY (S.161-168) führt auch viele griechische Instrumentennamen auf meist hebräische Ausdrücke zurück.

123) Der bloße Ausdruck "Wurzel" zeigt den biologistischen Charakter der Indogermanistik; so sollen dann aus den "Wurzeln" *kan-* = singen, klingen und *har-* die Musikbegriffe lateinisch *canere* und griechisch *harmonia* sich "entwickelt" (!) haben, d.h. der Ansatz beruht auf einer – freilich implizit bleibenden – Entelechie, von der auch die sog. "Stammbaum"-Theorie der Indogermanistik lebt; zur Kritik vgl. etwa N. TRUBETZKOY, Gedanken über das Indogermanenproblem, in: Acta linguistica 1, 1939, S.81-89; – W. DRESSLER, Methodische Vorfragen bei der Bestimmung der "Urheimat", in: Die Sprache 11, 1965, S.25-60 und E. BENVENISTE, La classification des langues, in: ders., Problèmes de linguistique générale I, o.O. 1966, S.99-118; – vgl. K. STRUNK, in: Zeitschrift für Vergleichende Sprachforschung 91, 1977, S.11 ff. und unten, 145.

124) A. WALDE, Lateinisches etymologisches Wörterbuch, 3. Auflage bearbeitet von J. B. HOFMANN, Heidelberg 1948, S.531.

125) K. E. GEORGES, Lateinisch-deutsches Handwörterbuch, Bd.II, Basel 9/1951, S.2647 s.v. *sibilus*.

126) W. v. WARTBURG, *sibilare*, pfeifen, zischen, in: FEW, Bd. 11, Heidelberg 1964, S.569.

127) E. GAMILLSCHEG, Etymologisches Wörterbuch der französischen Sprache, Heidelberg 2/1966, S.808.

128) Französisch Etymologisches Wörterbuch (FEW) 11, 1964, S.564 ff.

129) Vgl. TOBLER/LOMMATZSCH, Altfranzösisches Wörterbuch, Bd. 9, Wiesbaden 1973, S.642 f.

130) Hierzu M. BRÖCKER, Die Drehleier, Bd. I, 2/1977, S.192 ff., bes. 203 f.

131) B. BACHMANN-GEISER, Die Volksmusikinstrumente der Schweiz, Leipzig 1981 (Handbuch der europäischen Volksmusikinstrumente, Serie I, Bd. 4) S.42 und 77 f.

132) Hierzu A. SCHNEIDER, Musikwissenschaft und Kulturkreislehre, Bonn 1976, S.22-41, 226-236 und ders., in: Musikethnologische Sammelbände 2, 1978, S.147 ff.

133) Schweizer Idiotikon VII, 1913, S.987/88.

134) Hierzu mit weiteren Nachweisen M. VOGEL, Der sumer von triere bei Friedrich von Hausen, in: Musikforschung 22, 1969, S.149-161 und ders., Onos Lyras, Bd. I, Düsseldorf 1973, S.158 ff.; 343.

135) W. v. SODEN, Akkadisches Handwörterbuch, Bd. III, Wiesbaden 1974/81, 1500 und J. GELB et al, Assyrian Dictionary 21, Chicago/Glückstadt 1961, S.1 ff.

136) Vgl. M. VOGEL, Onos Lyras I, 1973, S.160 und II, 1973, S.573 mit weiteren Nachweisen.

137) Akkadisches Handwörterbuch III, 1981, S.1501; – Assyrian Dictionary 21, 1961, S.1/2, dort auch *Zabala* = boats, wagons and animals as carriers.

138) Belege in Fülle bei M. VOGEL, Onos Lyras I, 1973, S.153; II, S.569; – H. ZIMMERN, Vergleichende Grammatik der semitischen Sprachen, Berlin 1898, S.30; – vgl. H. BAUER/P. LEANDER, Grammatik des Biblisch-Aramäischen, Halle 1927, S.25 ff.

139) K. LOKOTSCH, Etymologisches Wörterbuch der europäischen Wörter orientalischen Ursprungs, Heidelberg 1927, S. 171, Nr. 2190.

140) K. LOKOTSCH, Etymologisches Wörterbuch..., 1927, S.150, Nr. 1883.

141) Akkadisches Handwörterbuch III, 1981, S.1508 mit weiteren Nachweisen.

142) Assyrian Dictionary 21, 1961, S.35/36.

143) K. LOKOTSCH, Etymologisches Wörterbuch..., 1927, S.171, Nr. 2191; – hierzu mit weiteren Belegen E. PERKUHN, Die Theorien zum arabischen Einfluß..., 1976, S.200 f. und dies., in: Musicologica Slovaca 7, 1978, S.32 f.

144) E. STOCKMANN, Klarinettentypen in Albanien, in: Journal of the IFMC 12, 1960, S.18 f.

145) Eine noch zu überprüfende Erklärung hierfür bot Ph. THORNTON, The Voice of the Atlas: in search of Music in Marocco, London 1936, S.76: er meinte, der *Rai'tah*- (Oboe, auch Bezeichnung für die Sackpfeife) Spieler hätte "two small holes pierced through his neck behind the ear. Through these he breathes while playing incessantly".

145a) L. NIEDERLE, Život starých slovanu III, Praha 1925, 2, S.721; auf diese Quelle machte mich freundlicherweise Prof. V. KARBUSICKY aufmerksam, dem ich noch andere Hinweise zum Thema verdanke (s. unten Anm. 165/196).

146) Vgl. M. VOGEL, Onos Lyras I, 1973, S.153 ff., 340 ff.

147) Vgl. J. HUBSCHMID, Haustiernamen und Lockrufe als Zeugen vorhistorischer Sprach- und Kulturbewegungen, in: Vox Romanica 14, 1954, S.184-203; dort (190) auch portugiesisch *chibarro* = junger kastrierter Bock; süditalienisch *ćavárru* gehören möglicherweise zu unserem Wortfeld.

148) J. HUBSCHMID, Thesaurus Praeromanicus, Bern 1963, S.90.

155

149) J. HUBSCHMID, Schläuchte und Fässer. Wort- und sachgeschichtliche Untersuchungen mit besonderer Berücksichtigung des romanisches Sprachgutes (und) der türkisch-europäischen und türkisch-kaukasisch-persischen Lehnbeziehungen, Bern 1955; vgl. oben 123 Wieder mit Bezug auf unser Wortfeld wäre hier z.B. zu beachten schweizerdeutsch *Aichi chibli* = Stoßbutterfaß (vgl. B. RITTLER, in Schweizerisches Archiv für Volkskunde 52, 1956, S.72) und auch rätoromanisch *šábla*, vgl. O. LURATI, Terminologia e usi pastorizi di val Bedretto, Basilea 1968, S.173.

150) Akkadisches Handwörterbuch III, 1981, S.1535; – Assyrian Dictionary 21, 1961, S.154.

151) Ebda, spanisch *zamorana* = Leier des Leiermannes; – vgl. L. TOLHAUSEN, wie Anm. 18, S.755.

152) E. W. LANE, An Arabic-English Lexicon I, London 1863, S.1250.

153) M. MOLINER, Diccionario de uso del Espanol II, Madrid 1967, S.1571; – auch: Hirtentasche aus Fell; – eine andere Bezeichnung für "Tölpel" ist spanisch *zambombo*, zugleich eine Instrumentenbezeichnung, vgl. Anm. 155.

154) Zur Typologie und Terminologie L. KRETZENBACHER, Südosteuropäische Primitivinstrumente vom "Rummelpott"-Typ in vergleichend-musik-volkskundlicher Forschung, in: W. WÜNSCH, (Hrsg.), Volksmusik Südosteuropas, München 1966 (Südosteuropa-Schriften 7) S.50-97, besonders 85 f. und Abb. 9.

155) A. de PAGÈS (Ed.), Gran Diccionario de la Lengua Castellana V, S.840: *zambomba* = vejiga de cerdo inflada como un globe; – s. auch Diccionario historico de la lengua Espanola II, 1936, S.290 s.v. *bomba* = spanisch Pumpenbrunnen, Spritze.

156) Vgl. M. VOGEL, Chiron, der Kentaur mit der Kithara II, 1978, S.531 f. Der Name *Pandur(a)* ist – wie schon SACHS, Reallexikon, S.375 b zutreffend erkannte – die Metathesis zu *Tanbur*; auch unter *Pandura* werden typologisch die verschiedensten Instrumente gefaßt, sogar Aerophone!

157) M. SCHNEIDER, Zambomba und Pandero. Ein Beitrag zu den spanischen Karnevalsbräuchen, in: Spanische Forschungen der Görresgesellschaft, Reihe I, Bd. 9, Münster 1954, S.15. Die Spieler der *zambomba* traten (vgl. M. SCHNEIDER, 1954, S.15ff.) häufig in H u n d e f e l l e gekleidet auf, was möglicherweise als Erklärung für die Doppelbedeutung von *zamarro* = Tölpel/Felljacke; *zambombo* = Fellflasche/Tölpel, einen Hinweis erlaubt.

158) R. und H. KAHANE, Charivari, in: Jewish Quarterly Review 52, 1961/62, S.290 ff.

159) R. und H. KAHANE, in: Jewish Quarterly Review 52, 1961/62, S.291.

160) Diccionario historico de la lengua Espanola II, 1936, S.695.

161) H. MÖLLER, Vergleichendes indogermanisch-semitisches Wörterbuch, Göttingen 1911, S.13 f.

162) R. und H. KAHANE, in: Jewish Quarterly Review 52, 1961/62, S.291 ff.

163) Metathesis und Asimilation sind im semitischen Sprachraum sehr häufig, vgl. BAUER/LEANDER, Grammatik des Biblisch-Aramäischen, Halle 1927, S.32 ff., 55 f. und C. BROCKELMANN, Arabische Grammatik, Leipzig 1948.

164) Belege bei G. PHILLIPS, Ursprung der Katzenmusik, 1849, S.4 ff.

165) Z. NEJEDLÝ, Dejiny Husitskeho Zpevu, Praha (1904) 2/1954, S.300 ff. – Diesen und den folgenden Beleg verdanke ich Herrn Prof. V. KARBUSICKY (Hamburg), der mir freundlicherweise auch bei Übersetzungen behilflich war. Das Beispiel ist z.T. auch in W. SALMEN, Der fahrende Musiker..., 1960, S.191.

166) A. PEK, Czaldy-waldy, in: Hudebni rozhledy IX, 1956, Nr. 19, S.822 und X, 1957, Nr. 14/15, S.644. *Čalmak* hat eine ganze Reihe verschiedener Bedeutungen, vgl. auch K. LOKOTSCH, Etymologisches Wörterbuch 1927, Nr. 388; – K. STEUERWALD, Türkisch-deutsches Wörterbuch, 1972, S.166 s.v. *çalmak*.

167) K. STEUERWALD, Deutsch-türkisches Wörterbuch, 1974, S.529 s.v. *çalkanmak*.

168) H. MÖLLER, Vergleichendes indogermanisch-semitisches Wörterbuch, 1911, S.101 f. unter g-r-g-r und C. SACHS, Reallexikon, S.157 a.

169) Freundliche Mitteilung von V. KARBUSICKY, der auf diese Formen in seiner "Musikalischen Semantik" (1985.) gesondert eingehen wird.

170) G. KOCHER, Musik und rechtliche Volkskunde, in: Musikethnologische Sammelbände 5, Graz 1981, S.63 ff., 169 f.

171) P. SAINTYVES, Le Charivari de l'adultère et les courses à corps nus, in: L'ethnographie N.S. 31, 1935, S.7-36, bes. 31 ff.

172) Zahlreiche Belege bei A. van GENNEP, Manuel de Folklore Français contemporain I, Paris 1946, 2, S.614 ff.

173) Aetia Graeca 2, Leipzig 1889 (Plutarchi Moralia, ed. G. N. BERNADAKIS, Teil II) S.331; – vgl. H. STEPHAN, Thesaurus Graecae Linguae VI, Repr. Graz 1954, S.2024.

174) Vgl. M. VOGEL, Onos Lyras I, 1973, S.183 ff., 201 ff., 303 ff.

175) Vgl. M. VOGEL, Chiron, der Kentaur mit der Kithara I, 1978, S.127 ff.

176) Vgl. W. DANCKERT, Symbol, Metapher, Allegorie im Lied der Völker, Bd. 4, Bonn 1978, S.1431 f.

177) Belege in Fülle zu diesem ganzen Komplex bei M. VOGEL, Onos Lyras, Bd. I, 1973, S.305-319.

178) Vgl. u.a. J. STOW(E), A survay of the city of London... (1598) in der Fassung: J. STOW, A survey of the cities of London and Westminster... brought down from 1633 to the present time by J. STRYPE, Vol. II, London 1720, S.258; – S. BUTLER, Hudibras, Part II, London 2/1739, S.585 ff.; – Th. HARDY, The Life and death of the Mayor of Casterbridge, London 1920 (Th. HARDY, Works in Prose and verse, Vol. V) S.298, 300, 320 ff.

179) J. A. H. MURRAY, English Dictionary on historical principles IX, 1, 1919, S.143 und FARMER/HENLEY, Slang and its analogues III, Repr. New York 1965, S.226.

180) FUNK & WAGNALLs "Standard" Dictionary English language, 1949, S.2288.

181) P. J. MEERTENS, Die Katzenmusik in den Niederlanden, in: Die Nachbarn 3, 1962, S.132 ff.

182) Rheinisches Wörterbuch II, Bonn 1928, S.296; – MEERTENS 1962, S.133.

183) Woordenboek der Nederlandsche Taal, ed. J. A. N. KNUTTEL, Teil III, s'Gravenhage/Leyden 1908, S.2005: *Charivari = ketelmuziek*; Teil XIV, 1936, S.285 ff. s.v. *scharminkel* und *Scharminkelen* (Sp. 984: *schraminkeln = scharminkeln*, also wieder metathetisch). Die Etymologie ist denkbar unklar, denn die Ableitung *scharminkel* von lateinisch *simia = Affe* ist lautlich unmöglich; dies geht nur bei dem gleichfalls niederländischen Ausdruck *de simme jagen* (vgl. R. FONCKE, De simme jagen, in: Tijdschrift voor nederlandsche taal- en letterkunde 37, 1918, S.2 ff.), der soviel wie *das Tier* (hier: den "Affen") *jagen* bedeutet. Weitere Belege von P. J. MEERTENS, in: Die Nachbarn 3, 1962, S.133 f.

184) E. WEYDEN, Das Ahrtal, Bonn 1839, S.218; – J. H. SCHMITZ, Sitten und Sagen, Lieder, Sprüchwörter und Räthsel des Eifeler Volkes, Bd. I, Trier 1856, S.63; – A. WREDE, Eifeler Volkskunde, Bonn 3/1960, S.227 ff.; – R. WOLFRAM, Schwerttanz und Männerbund, Kassel 1936, S.252 f.

185) J. MÜLLER, Schaalwari – Scharewari, in: Zeitschrift des Vereins für rheinische und westfälische Volkskunde 2, 1905, S.156 f.

186) Vgl. A. WREDE, Eifeler Volkskunde, Bonn 3/1960, S.227 ff.

187) Vgl. N. KYLL, Charivari und Eselshochzeit, in: Mitteilungen zur trierischen Landesgeschichte und Volkskunde 3, 1958, S.115 f. und Literatur dort; – auch die beim Schwerttanz Getöteten durften nicht in geweihter Erde bestattet werden, vgl. R. WOLFRAM, 1936, S.32 f. und A. WREDE, 3/1960, S.230.

188) K. MEULI, in: Festschrift F. Dornseiff, Leipzig 1953, S.233 ff.

189) Vgl. L. JUNOD, Le Charivari au pays de Vaud..., in: Schweizerisches Archiv für Volkskunde 47, 1951, S.119 mit noch anderen Belegen.

190) P. J. MEERTENS, in: Die Nachbarn 3, 1962, S.128 erwähnt, daß *Charivari* gegen Streikbrecher und politische Gegner eingesetzt wurde; hierzu teilt mir V. KARBUSICKY mit, daß man so in Böhmen im 19. Jahrhundert mit unbeliebten Politikern verfahren sei im Zusammenhang schon mit den Vorgängen von 1848 (Na úsvitě nové doby, Praha 1898).

191) P. J. MEERTENS, in: Die Nachbarn 3, 1962, S.130 ff.; – L. JUNOD, in: Schweizerisches Archiv für Volkskunde 47, 1951, S.119 ff.

192) Informationsfahrt nach Neichen, Kreis Daun, 7. 2. 1975; die Dorfburschen versicherten uns glaubhaft, daß der *Hillig (= Hillich-schleifen)* immer noch bei jeder Hochzeit am Polterabend auf dem Rad *geschliffen* wird, bis das Paar eine Ablösesumme zahlt.

193) J. MÜLLER, in: Zeitschrift des Vereines für rheinische und westfälische Volkskunde 2, 1905, S.156 f.

194) J. C. MUOTH, Nachrichten über bündnerische Volksfeste und Bräuche, in: Schweizerisches Archiv für Volkskunde II, 1898, S.140.

195) J. C. MUOTH, ebda; – E. HOFFMANN-KRAYER, in: Schweizerisches Archiv für Volkskunde 8, 1904, S.172; – Chr. PULT, in: Schweizerisches Archiv für Volkskunde 20, 1916, S.265.

196) Nach Č. ZÍBRT, Chozeni s klibnou, in: Český Lid II, 1893, S.369; die Kenntnis dieser gelehrten Arbeit mit zahlreichen Belegen zu Equidenmasken Mittel- und Osteuropas und deren Verbot (d.h. der *besovskou kobylkou*) z.B. durch den russischen Zar 1620 (ZÍBRT 1893, S.360) verdanke ich V. KARBUSICKY; auf den Beleg bei Hus geht weiter ein L. KRETZENBACHER, "Rusa" und "gambela" als Equidenmasken der Slowenen, in: Lares 31, 1965, S.65 ff. – Vgl. auch K. MEULI, in: Handwörterbuch des deutschen Aberglaubens V, 1932/33, S.1823, der vermutete, daß ursprünglich beim *far cavals* Pferdemasken getragen wurden, was in diese Traditionen ohne weiteres sich fügte.

197) Vgl. L. KRETZENBACHER, in: Lares 31, 1965, S.69.

198) L. P. POTAPOV, The Origins and ethnic composition of the Koybals, in: H. N. MICHAEL (Ed.), Studies in Siberian Ethnogenesis, Toronto 1962, S.144-168 (Reprint aus Sovjetskaja Ethnografija 1956, S.35-51); S.160: *kybyla* = mare.

199) SACHS, Reallexikon, S.206 a, 221 a; russisch кобура heißt "Steg" und "Stutenfohlen".

200) M. LÖPELMANN, Etymologisches Wörterbuch der baskischen Sprache I, Berlin 1968, S.708.

201) Vgl. M. VOGEL, Onos Lyras I, 1973, S.401 ff. und ders., Chiron... I, 1978, S.408. – Auch hier sind wieder Gefäßbezeichnungen im Spiel (Onos Lyras I, S.403), zu denen ganz sicher dann baskisch *koboil*, Höhlung, Behälter (LÖPELMANN, 1968, I, S.641) zu stellen ist.

202) G. HÉRELLE, in: Revue des études basques 15, 1924, S.510/512; – M. LÖPELMANN, Etymologisches Wörterbuch der baskischen Sprache I, 1968, S.708.

203) Vgl. L. KRETZENBACHER, in: Lares 31, 1965, S.51 ff., 56. – Die zahlreichen Belege zur *klibna*, die ZÍBRT in *Český lid* brachte, sind verzeichnet bei L. KUNZ, Soupis praci Zibrtova Ceského Lidu, Praha 1960, S.18.

204) GEBHARD/HANIKA, IRO- Volkskunde, München 1963, S.115 f.; – R. MEURANT, Chevaux-Jupon de Wallonie, in: Annuaire de la Commission Royale Belge des Folklore XI, 1957/58, S.97-136; – Van GENNEP, Manuel... I, 1947, 3, S.902 ff.

205) Vgl. R. WOLFRAM, Schwerttanz und Männerbund, 1936, S.97.

206) Vgl. R. VUIA, The Roumanian Hobby-horse, the Calusari, in: Journal of the English Folk Dance and Song Society II, 1935, S.97-107, bes. 97/102.

207) V. ALFORD, Sword dance and drama, London 1962, bes. S.22 ff., 57 ff., 79 ff., 201 ff.; – R. GALLOP, The Origin of the Morris Dance, in: JEFDSS II, 1935, S.122-129; – R. WOLFRAM, ebda, S.34-41 und wie Anm. 184, S.18 ff., 80 ff.; – A. DÖRRER, Tiroler Fasnacht, Wien 1949, S.57, 88 ff., 218 ff. sowie P. DOMOKOS, Der Moriskentanz in Europa- und in der ungarischen Tradition, in: Studia musicologica 10, 1968, S.229 ff. – Auf einige Parallelen haben E. PERKUHN und ich (JbVlf 19, 1974, S.53 ff.) verwiesen.

208) Zum Begriff *Homologie* in der Musikethnologie vgl. A. SCHNEIDER, in: Studia musicologica 20, 1978, S.339 ff., 357 ff.

209) Vgl. H. A. SENN, Arnold van Gennep: Structuralist and apologist for the study of Folklore in France, in: Folklore 85, 1974, S.229-243.

210) A. van GENNEP, Notes comparatives sur le cheval-jupon, Paris 1945 (Cahiers d'ethnographie folklorique 1, Institut Etudes occitanes de l'Université de Toulouse) und ders., Manuel... I, Paris 1947, 3, S.903 ff.

211) Schon seit dem Altertum; vgl. M. VOGEL, Onos Lyras I, 1973, S.216 ff.

212) Vgl. auch Handwörterbuch des deutschen Aberglaubens II, S.1012 ff. und L. KRETZENBACHER, in: Lares 31, 1965, S.57 f., 66 ff.

213) V. von GERAMB, Die Knaffl-Handschrift, Berlin/Leipzig 1928, S.50 f.; – L. KRETZENBACHER, in: Lares 31, 1965, S.61 f.

214) Hierzu K. MEISEN, Nikolauskult und Nikolausbrauch im Abendlande, Düsseldorf 1931, S.442 ff.

215) M. VOGEL, Onos Lyras I, 1973, S.292 ff., 312 f.

216) Vgl. L. KRETZENBACHER, Hagios Christophoros Kynokephalos. Der Heilige mit dem Hundskopf, in: Schweizerisches Archiv für Volkskunde 71, 1975, S.48.

217) M. ZENDER, Sagen und Geschichten aus der Westeifel, Bonn 2/1966, Nr. 440: Bei Scharfbillig steht ein Kreuz, auf dem ist ein Esel abgebildet.

218) Dicziunari Rumantsch Grischun III, Cuoira 1958/63, S.492 f.

219) Glossaire des Patois de la Suisse Romande I, Neuchâtel/Paris 1955, S.157; s. auch S.156 unter *Cavalaire, Cavale.*

220) Dizionari dels Idioms Romauntschs, ed. Z. und E. PALLIOPPI, Samedan 1895, S.151.

221) N. KYLL, Charivari und Eselshochzeit, wie Anm. 187, S.114 f.

222) E. H. MEYER, Badisches Volksleben im 19. Jahrhundert, Straßburg 1900, S.316.

223) Handwörterbuch des deutschen Aberglaubens IV, 1931/32, S.1129.

224) Vgl. Schweizerisches Archiv für Volkskunde 7, 1903, S.161.

225) J. und W. GRIMM, Deutsches Wörterbuch IV, Leipzig 1877, 2, S.82; – K. MEULI, in: Festschrift Dornseiff 1953, S. 239 f., der sehr zutreffend bemerkt, daß beim *Tierjagen* z.B. in Devonshire der Verfemte in der Tat gehetzt und schließlich symbolisch *getötet* wurde; *höchst wahrscheinlich ist, daß das Tierjagen und seine Verwandten die uralte Hetzjagd auf den Geächteten nachbildet* (1953, S.243).

226) Zitiert nach R. WOLFRAM, Schwerttanz..., 1936, S.227. Die Quelle, ein Privatdruck (G. QUERI, Bauernerotik und Bauernfehme in Oberbayern, München 1911, S.74 ff.), war mir leider nicht zugänglich.

227) KLUGE/MITZKA, Etymologisches Wörterbuch der deutschen Sprache, 20/1967, s.v.

228) Handwörterbuch des deutschen Aberglaubens III, 1930/31, S.1291 f.

229) J. und W. GRIMM, Deutsches Wörterbuch IV, 1887, 2, S.82; – SACHS, Reallexikon S.60 a.

230) Vgl. S.WALTER, Habergeiss, Ježevka und Reissteufel, in: Lares 31, 1965, S.107 f.

231) M. LEXER, Mittelhochdeutsches Handwörterbuch I, Leipzig 1872, S.1135.

232) D. SANDERS, Wörterbuch der deutschen Sprache I, Leipzig 1860, S.652.

233) W. SKEAT, An etymological Dictionary of the English language... rev. Ed. Oxford 1956, S.256; – Middle English Dictionary IV, 1965, S.425/26: auch *haburdash* = Kramware usw.

234) Middle English Dictionary IV, 1965, S.426; – MURRAY, wie Anm. 115, V, S.3.

235) Vgl. M. VOGEL, Onos Lyras I, 1973, S.153 f.

236) K. LOKOTSCH, Etymologisches Wörterbuch..., 1927, Nr. 824: persisch *härbuz* = türkisch *karpu*, rumänisch *carpuz*, polnisch *garbuz, harbuz* = Melone.

237) Vgl. Anm. 89 und G. DOERFER, Türkische und mongolische Elemente im Neupersischen I, Wiesbaden 1963, S.443 ff.

238) So etwa gleichzeitig *habir-, habur-* und *harberdasher, haberdine* = *haburden*; vgl. Middle English Dictionary IV, 1965, S.425 f.

239) Zu mittelenglisch *haberdasher* = ambulanter Kramhändler fügt sich bei Beachtung eines häufig belegten m/b-Wechsels das süd-arabische *hamyar* = ambulanter Handel, der auf dem Rücken des Esels abgewickelt wurde, vgl. M. VOGEL, Chiron II, 1978, S.463.

240) Schweizer Idiotikon II, 1885, S.948.

241) A. SCHMELLER, Bayerisches Wörterbuch II, München 2/1869, S.782.

242) Vgl. J. SCHATZ, Wörterbuch der Tiroler Mundarten, Innsbruck 1955, S.186.

243) F. LUSCHAN, Zusammenhänge und Konvergenz, in: Mitteilungen der Anthropologischen Gesellschaft 48/49, Wien 1918/19, S.65.

244) Schweizer Idiotikon II, 1885, S.946 (= fla mihi podicem!); – *Hobel* dann auch für ein Hohlmaß (Trinkglas) sowie für Dummkopf, Narr.

245) E. BORNEMANN, Sex im Volksmund, Reinbek 1971, dort auch *Hobel* = Penis, *hobeln* = koitieren. Im Schweizerdeutsch findet sich *Hobi* = verschnittener Hengst, Wallach (Idiotikon II, 1855, S.948).

246) Schweizer Idiotikon II, 1885, S.948. *Hober* = *Hobel*, vgl. Anm. 244.

247) Zu diesem Problem vgl. J. BOTTERO (Ed.), Le problème des Habiru à la 4e rencontre Assyriologique international, Paris 1954 (Cahiers de la Soc. asiatique XII) und R. de VAUX, Le problème des Hapiru après quinze années, in: Journal of Near Eastern Studies 27, 1968, S.221 ff. – Zu den Habiru verdanke ich viele Hinweise meinem ethnologischen Lehrer Prof. J. HENNINGER (Bonn/Fribourg).

248) H. und R. KAHANE, in: Jewish Quarterly Review 52, 1961/62, S.289 ff.; – vgl. M. VOGEL, Onos Lyras I, 1973, S. 148 ff. und passim.

249) M. v. OPPENHEIM, Die Beduinen, Vol. I-III, Leipzig 1939/1943, Wiesbaden 1952; – L. STEIN, Die Šammer-Ǧerba, 1967, S.31 ff. – Eine für unsere Thematik ergiebige Darstellung der turkmenischen Stämme in der Südosttürkei biete Ali RIZA, Cenupta Türkmen Oymaklari, in: Kisim 1-5, Istanbul 1931-33, bes. in 1, S.90 mit Abb. 15 und 4, S.59 ff.

250) W. F. ALBRIGHT, Yahweh and the Gods of Kanaan, London 1968, S.43 und hierzu M. VOGEL, Onos Lyras I, 1973, S.148 ff.

251) F. MISTRAL, Lou Trésor... Dictionnaire Provençal-Français I, Barcelona 1968, S.533.

252) K. E. GEORGES, Lateinisch-deutsches Handwörterbuch I, Basel 9/1951, S.882.

253) Vgl. A. van GENNEP, Manuel de Folklore... I, Paris 1946, 2, S.614 ff.

254) Hierzu M. VOGEL, Onos Lyras I, 1973, S.401 ff. – Daß hier ost-westliche Beziehungen vorliegen, zeigt auch A. STEI-GER, Altromanische Pferdenamen, in: Etymologica. Walther von Wartburg zum 70. Geburtstag, Tübingen 1958, S. 767-796, bes. 789.

255) Vgl. auch C. BROCKELMANN, Arabische Grammatik, Leipzig 1948, Kap. II, §§ 20 ff. und J. GREENBERG, in: Word 6, 1950, S.161 f.

256) J. POKORNY, Indogermanisches etymologisches Wörterbuch I, Bern/München 1959, S.525 f.

257) Vgl. L. KUNZ/P. KURFÜRST, Scheitholt – Kobza. Ein Beitrag zur Kenntnis der volkstümlichen Zitherinstrumente in den böhmischen Ländern, in: Acta Musei Moraviae LXIII, Brno 1978, S.227 ff. (auf diese Abhandlung machten mich Proff. E. EMSHEIMER und V. KARBUSICKY aufmerksam); – V. VINOGRADOW, Kirgiskaja narodjana muzyka, Frunze 1958, S.165 ff., wo sich mehr zur Terminologie von *Komyz* = *Kobuz* findet.

258) Hierzu M. VOGEL, Chiron, der Kentaur mit der Kithara, Bd. II, Bonn 1978, S.532 ff. und auch HARRISON/RIMMER, European musical instruments, London 1964, S.15.

259) W. WIORA, Zur Vor- und Frühgeschichte der musikalischen Grundbegriffe, in: Acta musicologica 46, 1974, S.125.

260) Vgl. A. MARTINET, Function, Structure, and Sound change, in: Word 8, 1952, S.1 ff. und E. COSERIU, Synchronie, Diachronie und Geschichte. Das Problem des Sprachwandels, München 1974, bes. S.94 ff.

49. Schariwari-Kapelle in Binscheid

51. Doppel-Eselshochzeit in Jucken

Doris STOCKMANN, Berlin

MUSICA VULGARIS IM FRANZÖSISCHEN HOCHMITTELALTER: JOHANNES DE GROCHEIO IN NEUER SICHT

Unsere Kenntnis darüber, was 'Volksmusik im Mittelalter' sei, ist noch immer höchst unvollkommen, selbst wenn wir uns auf europäische und im Mittelmeer-Raum anzutreffende Verhältnisse beschränken. Auf mehrere grundlegende Fragen gibt es bisher keine befriedigende Antwort, z.B.: Wie unterscheidet sich mittelalterliche Volksmusik von anderen Musikarten der Zeit? Welches Merkmalssyndrom kann für sie als charakteristisch gelten? Gibt es überhaupt ein solches Syndrom, d.h. ein typisches Bündel von Grundmerkmalen, oder bestehen charakteristische Unterschiede – etwa im lateinischen Westen, im byzantinischen Osten oder in den islamisch beeinflußten Gebieten? In welchen konkreten Fällen wäre es – um historischen und soziokulturellen Entwicklungsprozessen auf die Spur zu kommen – angemessener, von stammesgesellschaftlichen Musikpraktiken zu sprechen, in welchen von 'Volksmusik', und in welchen etwa von populären ('volkstümlichen') Genres? Ja, ist es überhaupt sinnvoll, den sehr viel jüngeren Volkslied- bzw. Volksmusik-Begriff samt seinen spezifischen kultur- und geistesgeschichtlichen Implikationen auf mittelalterliche Verhältnisse zu übertragen?

Ich möchte diesen Fragen im folgenden nachgehen, und zwar anhand des Terminus *musica vulgaris*, einem Fachbegriff der mittelalterlichen Musiktheorie, dem wir zuerst im lateinischen Schrifttum französischer und italienischer Provenienz begegnen, später auch in theoretischen Abhandlungen anderer Länder im Einzugsbereich der römisch-katholischen Kirche. Programmatischen Charakter erhält dieser Begriff im ausgehenden 13. Jahrhundert, als progressiv orientierte Kreise des jungen Stadtbürgertums neue Formen des Musiklebens entwickeln, in Nordfrankreich bzw. im anglonormannischen Raum etwa in den städtischen *puys*: das sind von der bürgerlichen Intelligenz getragene Musikergesellschaften, an denen auch Teile der Geistlichkeit und des Adels partizipierten.

Zu den wichtigsten Quellen, aus denen wir etwas über den Charakter jener *musica vulgaris* erfahren können, gehört der berühmte Musiktraktat des JOHANNES DE GROCHEIO. (In der Musikwissenschaft ist die Namensform GROCHEO seit vielen Jahrzehnten fest eingebürgert; in der Handschrift des Traktats schreibt sich der Autor jedoch GROCHEIO.)

Seit der (nicht ganz fehlerfreien) Erstübersetzung im Jahre 1900 durch Johannes WOLF (veröffentlicht in den *Sammelbänden der Internationalen Musikgesellschaft*) wurde dieser Traktat viel zitiert und immer wieder interpretiert, allerdings meist nur bruchstückhaft. Ernst ROHLOFF, der sich seit seiner Leipziger Dissertation von 1925/26 mit GROCHEIO beschäftigte, übersetzte das Werk neu; letzte Frucht dieser lebenslangen Arbeit ist die 1972 erschienene Faksimile-Ausgabe der beiden Handschriften des GROCHEIO-Textes[1]. Auch in ihr gibt es, wie wir sehen werden, einige gravierende Mißverständnisse; namentlich die uns interessierende Interpretation der *musica vulgaris* bleibt widersprüchlich und unbefriedigend. Das Gleiche muß man auch im Hinblick auf andere GROCHEIO-Interpretationen feststellen (RIEMANN, SCHERING, GURLITT, WIORA, ZOLTAI, KNEPLER, REESE u.a.), die zusammenfassenden Darstellungen in *MGG, Riemann-Lexikon, New Grove Dictionary, New Oxford History of Music* usw. eingeschlossen[2].

Ich mußte mich im Zusammenhang mit der Arbeit an einem historisch orientierten Buch über Volksmusik[3] mit Mitteralterproblemen und auch mit GROCHEIO beschäftigen, wozu ich – außer dem Originaltext (d.h. den beiden vorliegenden Handschriften-Faksimiles und den Editionen) – natürlich auch die verschiedenen Übersetzugen und die Sekundärliteratur heranzog. Dabei ging es mir anfangs lediglich um das Sammeln von Information; ich hegte keinerlei kritische Absichten, auch weil ich glaubte, daß es in bezug auf einen 700 Jahre alten Autor, der der Wissenschaft seit mindestens 80 Jahren wohlbekannt ist, nichts zu korrigieren und schon gar nichts Neues zu entdecken gäbe. Erst gewisse Unklarheiten, Unstimmigkeiten, ja direkte Widersprüche in den verschiedenen Übersetzungen und Interpretationen machten es notwendig, eine genaue Analyse der Grocheio'schen Aussagen vorzunehmen, z.B. alle im Traktat enthaltenen statements zur *musica vulgaris* in einer kompletten Synopsis zu erfassen und diese mit den anderen von Grocheio beschriebenen Musikarten in Beziehung zu setzen, kurz gesagt: eine systemanalytische Betrachtung vorzunehmen. Dies ist umso lohnender, als Grocheio ein Klassifikationssystem der in seiner Umwelt gebräuchlichen Musik vorlegt, das im gesamten Mittelalter völlig einzigartig dasteht und sich von allen anderen Musikklassifikationen seit der Spätantike, d.h. seit BOËTIUS, unterscheidet. Gerade deshalb besitzt es für die Volksmusikforschung so großes Gewicht.

Ich gebe im folgenden einige ausgewählte Aspekte aus einer größeren Abhandlung zu diesem Thema wieder[4].

Zunächst einige Bemerkungen zur Person des Johannes de Grocheio und zur Entstehung seines Traktats. Sehr viel läßt sich nicht sagen, da über die Herkunft des Autors und sein Leben kaum etwas bekannt ist. Grocheio lebte als Magister in Paris um oder vor 1300[5]. Er dürfte als *regens Parisius* (so viel wie Akademiedozent) ein akademisches Lehramt am *Collegium Sorbonnicum* bekleidet haben (ROHLOFF 1972, S.11). Die Sorbonne bestand damals knapp ein Jahrhundert und war noch eine rein theologische Lehranstalt, eine Tatsache, der Grocheio mit entsprechend ausführlicher Beschreibung der *musica ecclesiastica* Rechnung trug, allerdings auf eine in mancher Beziehung durchaus unübliche Weise, wie sie seiner realistisch-aufgeklärten Denkungsart entsprach. Daß er dabei bestimmte Schranken gleichwohl nicht üoerspringen konnte, wird sich noch zeigen.

Eine ausreichende materielle Versorgung hat ihm sein Amt (sofern die diesbezügliche Annahme der Forschung überhaupt zutrifft) offensichtlich nicht eingetragen, denn aus den einleitenden Sätzen seines Werkes geht hervor, daß die Abfassung des Traktats einigen ihm *befreundeten jungen Männern* zu danken ist, da sie den Magister Grocheio um eine kurze Darlegung der Musiklehre baten: diese jungen Freunde haben – wie der Autor sagt – *zu den nötigen Dingen meines Lebensunterhalts lange Zeit die größte Hilfe gewährt* (ROHLOFF 1972, S.110f.). Dies deutet darauf hin, daß Grocheio kaum aus begüterter Familie stammte, was seinen erstaunlich offenen Blick für die sozialen Unterschiede im damaligen französischen Musikleben zumindest teilweise erklären würde.

Daneben aber muß es noch andere, stärkere Impulse gegeben haben, Welt und Umwelt so zu sehen, wie er sie in seinem Werk von Augen führt. Obwohl direkte

Nachrichten fehlen und biographische Details unbekannt sind, gehört Grocheio geistig zweifellos zum Umkreis des von ROGER BACON herkommenden franziskanischen Nominalismus, einer progressiven Richtung innerhalb der Scholastik, die in Paris ihr wichtigstes Zentrum besaß. In dieser Denkrichtung, basierend auf Erfahrung, Erkenntnis und Mathematik, dominierten nicht (kirchliche) Autoritäten und Meinungen, sondern Fakten und Quellen, nicht spitzfindige Dialektik oder das, was in den Büchern steht, sondern die unmittelbaren Erfahrungen mit der Wirklichkeit, mit Natur und Welt.

Unterbaut durch die Bekanntschaft mit dem naturkundlichen Schriften des ARISTOTELES und durch die Verarbeitung aller nur erreichbaren sachlichen Informationen, auch aus dem Orient (wie schon Heinrich BESSELER hervorhob), war die verbreitete Tendenz zu naturwissenschaftlich orientierter Empirie gleichbedeutend mit einer gewaltigen Erweiterung, ja Explosion des stofflichen Wissens. Auf diesem Boden erwuchs im frühen 14. Jahrhundert die neue Naturwissenschaft des Pariser Forscherkreises um WILHELM VON OCKHAM, dem als einer seiner Hauptvertreter der Astronom, Mathematiker und Musiktheoretiker JOHANNES DE MURIS angehörte (neben anderen mit ihren Erkenntnissen zukunftsweisenden Physikern bzw. Mathmatikern).

Auf diesem Hintergrund ist Grocheios Werk zu sehen. Heinrich BESSELER kennzeichnete es als den *eigenartigsten und selbständigsten Versuch, aus der neuen Sicht auch ein neues Gesamtbild der Musik zu entwerfen... Unverkennbar geschult am Aristotelischen Empirismus* faßt Grocheio *die Musik als gesellschaftliche Wirklichkeit und entwickelt aus diesem Ansatz, unter ausdrücklicher Beschränkung auf seine Pariser Umwelt, zum ersten Mal eine soziologisch unterbaute Formenkunde*, die weder Vorbilder hatte, noch Nachfolger fand[6]. Aus jedem Abschnitt seiner Schrift spricht der Geist eines *vorurteilslosen Beobachters*, gleichgültig ob es sich um natur- oder gesellschaftsbezogene Probleme handelt.

Die verschiedenen Aspekte der Musik – ihre akustischen und physiologischen Voraussetzungen, ihre morphologischen Eigenschaften, ihre psychologischen Wirkungen wie ihre sozialen Verankerungen – bieten für Grocheio einen ständigen Anreiz, seinen Untersuchungsgegenstand auf mehreren Ebenen zu diskutieren und die dabei gewonnenen Ergebnisse für sein Gesamturteil fruchtbar zu machen. Dieses Vorgehen ist fast schon 'interdisziplinär' im heutigen Sinne zu nennen. Und so wundert es nicht, daß manche Erkenntnis, die erst mit den Aufstieg der modernen Wissenschaften im 19. und 20. Jahrhundert endgültig gewonnen oder verifiziert werden konnte, bei Grocheio vorweggenommen ist.

Als Beispiel sei jene erstaunliche Aussage über das auditive Diskriminationsvermögen des Menschen herausgegriffen, das Grocheio im Zusammenhang mit den Prinzipien der Zeitmessung und der Erklärung des musikalischen *tempus*- Begriffes als gleichsam selbstverständliche psycho-physische Ursache für die natürliche Begrenzung des im Prinzip unendlich teilbaren zeitlichen Kontinuums ins Spiel bringt. Die Übersetzung der betreffenden Textstelle (ROHLOFF 1972, S. 138f.) lautet:

Dieses Maß (das tempus) teilen einige (Theoretiker) in 2 gleiche Teilglieder, andere in 3 usw. bis zu 6. Wir aber sagen, daß es bis ins Unendliche teilbar sei, weil es am Prinzip des Stetigen teilhat. Jedoch, da es ja auf instrumentale und vokale Klänge (sonis et vocibus) angewendet wird, sagen wir, es sei teilbar bis zu dem Punkt, wo der Gehörsinn einen Unterschied wahrnehmen kann.

In diesen wenigen Sätzen stecken nicht nur richtige Beobachtungen über die Grenzen der menschlichen Sinneswahrnehmung (d.h.: die von der Art der Rezeptoren und der Reizdarbietung abhängigen sogenannten Unterschiedsschwellen, soweit sie das zeitliche Auflösungsvermögen des Ohres betreffen), also Teilerkenntnisse über die Struktur des menschlichen Hörfeldes, dessen Beschaffenheit erst seit der Mitte des 19. Jahrhunderts in der Sinnespsychologie und Psychophysik schrittweise experimentell erforscht wurde; es stecken darin auch frühe Keime zu Erkenntnissen über alternative Codierungs- und Decodierungsformen musikalischer Parameter, mit denen sich – unter den Stichwortpaaren kontinuierlich-diskret und analog-digital – gar erst die heutigen, der Informationsverarbeitung gewidmeten Querschnittswissenschaften beschäftigen.

Von solcherlei empirisch begründeten, in ihrer Modernität überraschenden und bestechenden Einzelaussagen ist das ganze Werk durchzogen.

Der Autor weist zunächst einmal auf die damals kaum beachtete Tatsache hin, daß es *mehrere, voneinander abweichende Teile der Musik gibt, entsprechend den verschiedenen Gebräuchen, Mundarten und Sprachen innerhalb verschiedener Staaten oder Regionen (Partes autem musicae plures sunt et diversae secundum diversos usus, diversa idiomata vel diversas linguas in civitatibus vel regionibus diversis,* ROHLOFF 1972, S.124f.) und daß es deshalb so schwierig sei, eine befriedigende Klassifikation der Musik zu erreichen. Für damalige Begriffe noch ungewöhnlicher ist, daß er daraus (im Unterschied etwa zu dem italienischen Theoretiker JOHANNES GALLICUS) die Konsequenzen zieht: Er beschränkt sich nämlich auf denjenigen Ausschnitt aus der zeitgenössischen Musikpraxis, den er einigermaßen überblicken konnte, beschreibt die Musikarten und Musizierbereiche, wie sie in Paris, dem hochmittelalterlich-progressiven Zentrum der Künste und scholastischen Gelehrsamkeit, üblich waren, da die dortige avancierte Musikpraxis, auch um ihres gründlichen theoretischen Studiums willen, wohl als Beispiel dienen könne.

Diese in seiner unmittelbaren Umgebung übliche Musikpraxis ordnet Grocheio in 3 Hauptklassen ein[7], die er prinzipiell unterscheidet (ohne die zwischen ihnen bestehenden Beziehungen außer Acht zu lassen):

1. die *musica vulgaris,* auch *musica simplex vel civilis* genannt;
2. die damals ganz moderne Mensuralmusik (*musica mensurata,* auch als *musica composita vel canonica vel regularis* bezeichnet) – eine Musik für Gebildete und Kenner, für die eine ganz neue *ars scribendi* geschaffen werden mußte, die Mensuralnotation nämlich;
3. die kirchliche Musik (genauer: die liturgische Musik) – *musica ecclesiastica,* die aus den beiden anderen hervorgebracht wird *(ex istis duobus efficitur)* und diese – im Hegelschen Sinne – in sich aufhebt *(ad melius ordinantur).*

Im Klassifikationsprozeß ist Grocheio jedoch offensichtlich nicht in dieser, sondern im umgekehrter Reihenfolge vorgegangen. Er trennte zunächst die liturgische von der nichtliturgischen Musik, wobei diese durchaus zum Umkreis der Kirche gehören oder geistlichen Charakter haben konnte (wie das *organum* oder der legendenartige *cantus gestualis*). Sodann suchte er nach Kriterien für die Unterscheidung der nichtliturgischen Musikarten. Dabei spielte die Mehrfachumschreibung durch Adjektiva eine wesentliche Rolle: diese Adjektiva sind nämlich systematisch aufeinander bezogen, und zwar so, daß *composita* und *simplex, canonica vel regularis* und *civilis* sich gegenseitig erläutern. Dazu später noch ein Wort.

Über die drei genannten, in der französischen Metropole und ihrer Umgebung vertretenen Grundkategorien der Musik macht der Autor unter ganz verschiedenen Aspekten Aussagen. Folgende Gesichtspunkte finden Beachtung:
- ihre soziokulturelle Funktion,
- die sozialen Trägerschichten: d.h. die Ausübenden (Sänger, Spieler), die Zuhörer, die Verfasser,
- ihre Inhalte (dies gilt speziell für die Vokalmusik),
- ihre Wirkungen (die beabsichtigten oder tatsächlich beobachtbaren),
- ihre musikalischen Merkmale im engeren Sinne: Ausdruckscharakter, Tempo, Vortragsweise; tonaler Charakter; Formtypen (Art, Anzahl und Abfolge der Formteile, generelle Kennzeichnungen),
- Merkmale, die mit dem Kompositionsprozeß und der schriftlichen Fixierung verbunden sind,
- Werturteile.

Weiterhin gibt er für die einzelnen Gattungen vergleichende Hinweise, d.h., er beschreibt die zwischen einzelnen Genres der drei genannten Musikarten bestehenden Beziehungen anhand musikalischer Form-, Stil- oder Kompositionstypen, z.B. zwischen *musica vulgaris* und *musica ecclesiastica*. Grocheio liefert damit ein treffliches Beispiel für das, was man *intersoziale Aneignung von Musik* nennen kann[8]. Die damit umschriebenen Vorgänge prägen der Epoche des Hochmittelalters, speziell in Frankreich, ihren progressiven Charakter auf und ermöglichten – zumindest teilweise – ihre herausragenden musikgeschichtlichen Leistungen.

Ich beschränke mich im Folgenden auf eine Analyse der *musica vulgaris* und ziehe die anderen beiden Musikarten nur insoweit heran, als Grocheios Aussagen darüber zur Vertiefung dieser Analyse beitragen können. In erster Linie gilt es herauszufinden, was sich hinter dem Terminus *vulgaris* samt seinen Bestimmungsstücken *simplex* und *civilis* verbirgt und welche Übersetzung (ins Deutsche, Englische usw.), wenn es passende Termini überhaupt gibt, ihn am genauesten trifft:

Volksmusik?

Volkstümliche/populäre Musik?

Musik der Allgemeinheit?

Gewöhnliche oder alltägliche Musik?

Weltliche Musik?

für Laien bestimmte Musik?

Musik für Ungebildete? Oder noch etwas anderes?

Dieses ganze Begriffsspektrum ist in der Literatur zu finden. Dazu kommen noch solche Kennzeichnungen, die sich primär an den Begriffen *simplex* und *civilis* orientieren, wie *bürgerliche Musik* (bezogen auf *civilis*) oder *weltliche Einstimmigkeit* (bezogen auf *civilis* und *simplex*). *Einstimmig-umgangsmäßige Musik* wählt H. BESSELER (in: MGG, Artikel *Ars antiqua*), eine Umschreibung, die – ohne jedes Wort zu übersetzen – alle drei Komponenten des Grocheio'schen Terminus erfaßt. Sie scheint mir von allen bisherigen Charakterisierungen die beste; gleichwohl: den von Grocheio anvisierten Kern der Sache trifft auch sie nicht.

Johannes WOLF und Ernst ROHLOFF übersetzen *civilis* durch *bürgerlich*, *simplex* jedoch durch *einfach* (und nicht einstimmig), was manches für sich hat, da "einstimmig" leicht (als pures Unisono) mißverstanden werden kann; *musica vulgaris* gibt WOLF an zentralen Stellen mit *Volksmusik* wieder, an anderen benutzt er *volkstümlich*, das ROHLOFF durchgängig einsetzt.

Es fragt sich, ob mit dem um 1800 geprägten Begriff *volkstümlich* (der eigentlich mehr zum Bedeutungsfeld von *popularis* gehört) der von Grocheio gemeinte Sinn adäquat erfaßt ist. Kann man ihn überhaupt, samt seinen spezifischen historisch-gesellschaftlichen Implikationen, ohne weiteres auf die Verhältnisse des Hochmittelalters übertragen? Und wenn ja, welche Bedeutung soll man ihm beilegen?

(a) die der Wortschöpfer?

(Joachim Heinrich CAMPE, 1794: *volkseigentümlich* für *national*; Friedrich Ludwig JAHN, 1809/10: *Volksthum, volksthümlich, Volksthümlichkeit* für *das Gemeinsame des Volkes, sein innewohnendes Wesen, sein Regen und Leben*, später so viel wie *dem Volk als Ganzem entsprechend*),

(b) die daraus abgeleiteten Bedeutungen *allgemein verständlich*, aber auch *allgemein beliebt*?

(c) die gewandelte, in gewisser Weise verengte, jedoch insgesamt eher schillernde Bedeutung, die der Begriff speziell in Verbindung mit Liedern und Melodien unter dem Einfluß der Folkloreforschung erhalten hat?

(Dieser Bedeutung können auch pejorative Momente beigemischt sein. Man vergleiche z.B. entsprechende Kennzeichnungen noch nicht bei Franz Magnus BÖHME 1895, aber im 20. Jahrhundert, z.B. bei Zoltán KODÁLY 1937 bzw. 1956 und G. KERÉNY 1964, obwohl der Begriff zunächst lediglich den Tatbestand umschrieb, daß *im Volkston* verfaßte Kunstlieder des späten 18. und 19. Jahrhunderts sich durch Schule, Gesangvereine, Liederbücher und dergleichen verbreiten, daß sie beliebt werden und schließlich in die mündliche Tradition übergehen, wobei Variantenbildung fehlt oder sich in wesentlich bescheideneren Grenzen bewegt als in der ausschließlich schriftlos tradierten Volksmusik.)[9]

Die in bezug auf *volkstümlich* erörterten Fragen stellen sich in modifizierter Form für jeden der zuvor angeführten Termini, d.h. für jede Übersetzung bzw. Interpretation des Grocheio'schen Dreifachbegriffes *musica simplex vel civilis, quam vulgarem musicam appellamus*. Dabei ist klar, daß eine zutreffende Kennzeichnung des von Grocheio gemeinten Musizierbereiches nicht notwendigerweise mit einer Übersetzung der verwendeten Einzelbegriffe, die sich ja mehr oder minder im Rahmen der Wörterbuch-Bedeutungen zu bewegen hat, zusammenfallen muß. Wir werden sehen.

Es ist in diesem Rahmen nicht möglich, die einschlägigen Traktatpassagen im Detail zu analysieren und alle zur Analyse notwendigen Überlegungen und Aspekte auch nur zu nennen. Dazu gehört z.B. die Rolle der Zahlensymbolik, die in theoretischen Abhandlungen mehr beachtet wird als in der musikalischen Praxis und manchen Widerspruch zwischen verbaler Gattungsbeschreibung und zitiertem Beispiel zur Folge hat; dazu gehört die enge Beziehung zwischen vokalen und instrumentalen Gattungen, die in Grocheios Konzept eine sehr wichtige Rolle spielt und gewissermaßen den Schlüssel für das Verständnis des Terminus *vulgaris* liefert; dazu gehört ferner das Problem der Schriftlosigkeit der *vulgaris*-Traditionen, oder präziser: die Tatsache, daß aufgrund bestimmter soziokultureller Prozesse Teile dieser Traditionen gerade im 13. Jahrhundert den Sprung in die Schriftlichkeit vollziehen, was ja eine gewisse Voraussetzung für ihre theoretische Behandlung bildet. Dazu gehört nicht zuletzt das hochinteressante Problem der *vulgaris*-Tonalität: die Regeln der Kirchentöne sind nämlich für die gesamte *musica vulgaris* nicht verbindlich (während in Vortragsstil, Tempo und Ausdruckscharakter durchaus Beziehungen zur liturgischen Musik bestehen). Ausführlicher habe ich darüber in Weimar auf der letzten Tagung der Study Group on Analysis and Systematization des ICTM (1981) gesprochen[10].

Trotz dieser Auslassung sehr wichtiger Teilfragen will ich versuchen in aller Kürze einen Eindruck vom Traktatinhalt zu vermitteln und meine Analyseergebnisse zu begründen.

Grocheio behandelt im Rahmen der *musica vulgaris* 11 Gattungen oder Musiktypen. Zwei davon erwähnt er nur beiläufig, die übrigen 9 stellt er mit unterschiedlicher Ausführlichkeit dar (sodaß sich nicht alle auftauchenden Fragen mit wünschenswerter Klarheit beantworten lassen; auch gibt es widersprüchliche Äußerungen im Text. Sie entstehen u.a. daraus, daß jede Gattung mehrmals, in verschiedenen Zusammenhängen behandelt wird. Dabei sind die einzelnen Genres teilweise separat, teilweise – sofern sie Ähnlichkeiten ausweisen – auch als Gruppen beschrieben, was die Merkmalsindentifizierung erschwert). Für die meisten Gattungen werden aus dem zeitgenössischen Repertoire Textanfänge als Beispiele zitiert, z.B. Lieder von bekannten Trouvères (wie THIBAUT DE CHAMPAGNE, dem König von Navarra, 1201–1253), d.h. Lieder, die in schriftlicher Aufzeichnung vorlagen und z.T. auch erhalten blieben, sodaß wir Grocheios Merkmalsbeschreibungen überprüfen können. (Die dabei evtl. auftretenden Diskrepanzen können mit der erwähnten Zahlensymbolik zusammenhängen, aber auch mit dem Variabilitätsspielraum der Aufführungspraxis solcher Gesänge, die z.T. sogar in mehreren notierten Fassungen überliefert sind. Im übrigen kann für das Hochmittelalter keineswegs immer davon ausgegangen werden, daß Merkmale aufgrund von Notierungen beschrieben wurden. Die reine Hörerfahrung und das musikalische Gedächtnis spielten beim Erkennen und Klassifizieren von Melodien sicher ein ziemlich wichtige Rolle, war doch diese Epoche bis in die höfische Sphäre hinein noch tief von memorialer Überlieferung geprägt.)

GROCHEIO faßt die verschiedenen *vulgaris*-Gattungen in 3 Gruppen zusammen; zwei vokale und eine instrumentale, und zwar:

1) refrainlose *cantus*-Formen (das sind vor allem die erwähnten Chansons der Trouvères und die in den *puys* gepflegten Genres: *cantus coronatus* und *cantus versualis*, ferner der *cantus gestualis*, eine Spätform der epischen chanson de geste),

2) Refrain-Formen, *cantilenae* genannt (vor allem das Rondeau, die vokale Estampie und ein *ductia* genannter Tanzliedtyp),

3) schließlich *sonus*-Formen, d.h. Instrumentalgattungen (hierzu gehören in erster Linie die auf der *viella* gespielte Estampie und *ductia*, sowie die instrumentalen Zusätze zum *cantus coronatus*; dazu kommt noch die beiläufig erwähnte Musik für Trompeten und Pauken bei festlichen Veranstaltungen, Speerspielen usw. Für die 3 *viella*-Genres ist charakteristisch, daß sie stets mit Vokalgattungen irgendwie verbunden sind, entweder in Form von Nachspielen beim *cantus coronatus* (vielleicht auch Begleitpassagen und Zwischenspielen), oder indem sie auf vokalen Melodietypen basieren bzw. an vokale Vorbilder in der einen oder anderen Form

anknüpfen, so bei der instrumentalen *stantipes* und *ductia*. Diese schon in der Gleichnamigkeit zum Ausdruck kommende Bindung der Instrumentalgattungen an vokale Genres (die in der Grocheio-Literatur, noch in jüngster Zeit, viel Verwirrung gestiftet hat) steht nach meiner Auffassung mit Grocheios *vulgaris*-Konzept in direktem Zusammenhang.

Ein kurzgefaßter Überblick über die *vulgaris*-Gattungen sieht folgendermaßen aus:

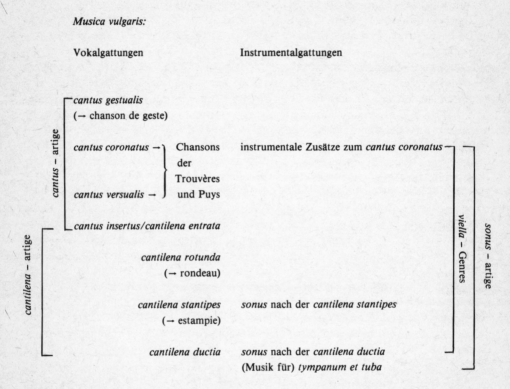

Musica vulgaris:

Vokalgattungen   Instrumentalgattungen

cantus gestualis
(→ chanson de geste)

cantus coronatus → Chansons der Trouvères und Puys   instrumentale Zusätze zum *cantus coronatus*

cantus versualis →

cantus insertus/cantilena entrata

cantilena rotunda
(→ rondeau)

cantilena stantipes   *sonus* nach der *cantilena stantipes*
(→ estampie)

cantilena ductia   *sonus* nach der *cantilena ductia*
(Musik für) *tympanum et tuba*

cantus – artige / *cantilena* – artige / *viella* – Genres / *sonus* – artige

Eine ausführlichere Übersicht, die die verschiedenen Aussagen Grocheios zu den einzelnen Gattungen unter verschiedenen Aspekten als Synopsis bietet, braucht wesentlich mehr Raum (siehe die Tabelle: Gattungen der musica vulgaris und ihre Merkmale nach S.170).

Hier gibt es für jede Gattung Kurzkennzeichnungen (als direkte Zitate, wörtliche Übersetzungen, sinngemäße Wiedergabe oder auch erschlossene Angaben). So ist es z.B. möglich, die ganz unterschiedlichen sozialen Trägerschichten der *musica vulgaris* mit einem Blick zu erfassen: Bei den Ausübenden reicht sie von hochgeschätzen Künstlern (wie dem bei Hofe eingeführten Tassinus) oder Magistern und Adepten (z.B. in den städtischen *puys*) über professionelle Spielleute und Epensänger bis hin zur städtischen und ländlichen Jugend; bei den Zuhörern von einfachen Dienstleuten und Arbeitsvolk bis hinauf zu Königen und Landesfürsten, die wir ja auch unter den Autoren finden. Desgleichen lassen sich alle Genres der *Darbietungskunst* (die *cantus*-Typen und Instrumentalgattungen) leicht von den usuellen Gattungen sondern (alle *cantilena*-Typen). Volksmusik im engeren Sinne ist vor allem in dieser Gruppe, den Refrainformen, zu suchen.

In ähnlicher Weise lassen sich die musikalischen Merkmale schnell überblicken, die Formtypen, die Arten der Refrainbildung, die tonalen Eigenschaften usw. (Erklärende Kommentare zu den einzelnen Aussagen der Tabelle, die hier aus Raumgründen nicht gegeben werden können, sind in meiner bereits genannten Abhandlung zu finden, vgl. Anm. 2).

Wie wir sehen, subsumiert Grocheio unter dem Begriffskomplex *musica vulgaris* ganz verschiedenartige Genres und Musizierbereiche:

- Erstens: die 3 vokalen *cantilena*-Typen als Genres der städtischen und ländlichen Volksmusik, wobei die Stadtfolklore überwiegt, während die Musiktraditionen der Bauern (aus der Normandie) allenfalls im *rotundellus*, dem Rondeau also, ins Blickfeld kommt. Zu Grocheios Zeit beginnen diese für schriftlos-usuelles Singen besonders geeigneten Refrainformen, die auch andeswo zu Frühschichten vokaler Volksmusik gerechnet werden, sich über ihre ursprünglichen Trägerschichten, die Jugend beiderlei Geschlechts, hinaus zu verbreiten und allgemeine Beliebtheit zu erlangen, nicht nur in bürgerlichen, sondern auch in höfischen Kreisen, ja bis in die Sphäre der für Kenner reservierten *musica mensurata*[11].
- Zweitens: Professionell dargebotene Gattungen wie der *cantus gestualis*, der aufgrund seiner Tradierungsbedingungen und seiner strukturell-vortragsmäßigen, inhaltlichen, vor allem aber soziologischen Merkmale zur Folklore im weiteren Sinne gerechnet werden muß, zumindest im 13. Jahrhundert, als gewisse elitäre Ansprüche dieser um 1100 entstandenen, vom weltlichen Feudaladel getragenen, als Ganzes jedoch weiter zurückreichenden Gattungstradition vollkommen verschwunden sind[12].
- Drittens: Genres, die man vielleicht als populär oder volkstümlich im Sinne der erwähnten Definition (c), d.h. der durch die Folklore-Forschung entstandenen Bedeutung, bezeichnen könnte, wie der *cantus versualis* (gelegentlich auch als *cantilena* bezeichnet), der nach Grocheios Angaben auf die gehobenen künstlerischen Ansprüche des *cantus coronatus* bewuß verzichtet, um für die Belange der müßiggängerischen jungen Leute geeignet zu sein, für die er als Erziehungsmittel gedacht ist. (Möglicherweise sind auch die von Grocheio nur beiläufig erwähnte *cantilena entrata*, auch *cantus insertus* gennant, sowie die repräsentative Signalmusik für *tympanum et tuba* unter dem Stichwort populär einzuordnen, jedoch eher im Sinne der Definition (b), d.h. allgemein bekannt/beliebt, mit durchaus fließenden Übergängen zu entsprechenden Folklore-Genres.)
- Schließlich: Gattungen der gehobenen, höfisch-patrizischen Musiziersphäre und der bürgerlich-intellektuellen *puys*, wie der *cantus coronatus*, das Trouvère-Chanson also, und die *viella*-Genres. Ihre Ausführung war in der Regel Musikfachleuten und professionellen Künstlern vorbehalten. Grocheio beschreibt sie als hochartifizielle, subtile Genres der Darbietungskunst für die privilegierten Klassen und Kennerschichten, was die Berühmtheit einzelner Stücke nicht ausschließt, jedoch kaum im Sinne einer für alle Volksschichten geltenden Popularität zu verstehen ist. Im Hinblick auf diese Gattungsgruppe sind Termini wie *volksmäßig*, *volkstümlich*, *alltäglich* usw. eher irreführend. Das Gleiche gilt für die von ROHLOFF für den *viella*-Spieler gebrauchte Bezeichnung *Stehgeiger*, der zum Vokabular des

19./20. Jahrhunderts gehört und auf einen ganz anderen Musikantentyp abzielt.

Die von Grocheio im Rahmen der *musica vulgaris* besprochene Gattungs-Palette ist also nicht nur reichhaltig, sondern auch sehr breit gefächert. Das bedeutet keineswegs, daß das gesamte zeitgenössische Repertoire außerhalb der *musica ecclesiastica* und *mensurata* etwa vollständig erfaßt wäre. Ein kurzer Hinweis auf Fehlendes kann vielleicht zum besseren Verständnis von Grocheios *vulgaris*-Konzept beitragen.

Nicht erwähnt werden z.B. Arbeitsgesänge, Hirtenfolklore, rituelle Lieder, Totenklagen, Straßenrufe, Wiegenlieder und dergleichen, Gattungen also, über die wir zwar für das 13. Jahrhundert kaum Zeugnisse besitzen, von denen wir aber annehmen dürfen, daß sie – wie in der Antike – existierten. Das sind Genres, denen unser Autor vielleicht niemals begegnete (er beschränkte sich ja im wesentlichen auf das Pariser Musikleben, soweit es sich in der Öffentlichkeit oder den ihm zugänglichen Kreisen abspielte) oder die er ihrer Geringfügigkeit wegen (z.B. Straßenrufe und Wiegenlieder, die damals niemand notiert hätte) nicht der Erwähnung wert fand. Der wichtigste Grund für das Fehlen dieser Gattungen liegt sicher in der Art ihrer Überlieferung und Existenzweise. Anders als das Rondeau und die übrigen *cantilena*-Typen, die durch ihre Einbeziehung in die allgemeine Musikpraxis in die Interessensphäre der Gebildeten gerieten und damit – zumindest teilweise – den Sprung in die Schriftlichkeit vollzogen (ohne daß deshalb ihre ursprüngliche Tradierungsform und deren Trägerschichten außer Kraft gesetzt waren), wurden die genannten Genres – mangels Interesse in bürgerlichen, höfischen oder gar kirchlichen Kreisen – nicht in die Schriftkultur einbezogen, sondern verblieben als rein orale und memoriale Tradition in ihren begrenzten Trägerschichten. Die *ars scribendi* erreichte nicht einmal ihre Texte, geschweige denn ihre Melodien, während der ebenfalls *ex usu* realisierte *cantus gestualis* zumindest textlich aufgezeichnet wurde.

Ingesamt war Schriftlichkeit noch eine durchaus partielle Eigenschaft der *vulgaris*-Praxis, auch was alle übrigen Gattungen betrifft. Doch beginnt sich das Bild – verglichen mit dem Frühmittelalter oder auch mit der entwickelten Stadtkultur der Spätantike – deutlich zu wandeln. Das zeigt nicht nur das erhaltene Erbe an Aufzeichnungen aus dem *vulgaris*-Bereich – so wenig umfangreich es uns unter Forschungsaspekten auch erscheinen mag; das zeigt auch die Ausführlichkeit, mit der Grocheio selbst die verschiedenen Formen der *ars notandi* behandelt, einschließlich der *musica falsa*, die sowohl für die neue Mensuralmusik wie für die tonalen Eigentümlichkeiten der *musica vulgaris* ganz unentbehrlich war. Die Art und Weise, wie er die Grundlagen der *ars scribendi* einführt und an welcher Stelle seines Traktats (nämlich bevor er auf die einzelnen Musikarten eingeht, vgl. ROHLOFF 1972, S.124 f.), läßt klar erkennen, daß für ihn die schriftliche Fixierung allgemeine Voraussetzung ist und daß das Aufgeschriebene prinzipiell Vorrang hat (was eine Berücksichtigung des auditiven Urteils keineswegs ausschließt). Aus dieser Sachlage würde sich auch die relativ geringe Berücksichtigung des zeitgenössischen Spielleute-Repertoires außerhalb der *viella*-Praxis erklären.

Wenn man von den legendenhaften Typen des *cantus gestualis* absieht, fehlt in Grocheios Übersicht jedoch auch das nichtlateinische geistliche Lied paraliturgischen Charakters, das damals allenthalben in Mittel- und Westeuropa aufblühte und in vielen Ländern – im deutschsprachigen Raum und angrenzenden Regionen, in Nord- und Mittelitalien sowie auf der iberischen Halbinsel – in die schriftliche Überlieferung Eingang fand. Ist ihre Nichterwähnung durch Grocheio – obwohl doch die (Frankreich durchquerenden) Jakobspilger gerade diese Lieder in ihren jeweiligen Sprachen sangen – 1. ein wertvoller zeitgenössischer Hinweis auf die im französischen und anglonormannischen Sprachbereich (nach den erhaltenen Quellen zu urteilen) merklich schwächere Ausprägung dieses Gattungskomplexes, oder 2. ein Hinweis auf ihre kirchlich-offizielle Unerwünschtheit (eine Gattung also, für die man als Magister einer theologischen Lehranstalt keine Propaganda machte), oder aber 3. ein Fingerzeig, wie der Terminus *vulgaris* zu verstehen sei?

Ich kann auf knifflige Textpassagen, die teilweise eine andere Übersetzung erfordern als bisher, hier nicht eingehen. Um mit Grocheio zu reden: *Ein zu tiefes Eingehen auf Einzelheiten erzeugt nämlich Überdruß und hält die Mehrzahl von der Erkenntnis der Wahrheit zurück.*

Abschließend deshalb nur die Ergebnisse meiner Analyse. Nach meiner Erkenntnis handelt es sich bei der sehr komplexen Gruppe von Gattungen, die Grocheio als *musica simplex vel civilis, quam musicam vulgarem appellamus* zusammenfaßt, um dreierlei:

1. um 'einfache' Musik *(simplex)*, d.h. Musik, die der schriftlichen Fixierung nicht unbedingt bzw. nicht im gleichen Maße bedarf wie die *musica composita*, die mehrstimmige Mensuralmusik (Kondukte, Motetten und dergleichen); *simplex* ist das klassifikatorische Gegenstück zu *composita* ('zusammengesetzt') und im Sinne von *non composita* zu interpretieren.
2. um 'einheimische' Musik ('einheimisch' ist eine der mittellateinischen Bedeutungen von *civilis*, die unverständlicherweise bisher nirgends zur Interpretation herangezogen wurde; *civilis* wird als klassifikatorisches Gegenstück zu *canonica vel regulata* gebraucht, Kennzeichnungen, die die Mensuralmusik einerseits als aus der lateinischen kirchlichen Tradition hervorgewachsen ausweisen, andererseits einen neuen Typ von strengen Regeln umschreiben, während die *musica vulgaris vel civilis* zwar nicht Volksmusik mehr ist, aber auf einheimischen, d.h. Volkstraditionen basiert, Traditionen also, die nicht so strengen Regeln unterliegen, wenngleich gewisse ungeschriebene Normen auch hier befolgt werden.
3. um Musik, die auf 'volkssprachlichen' (nämlich altfranzösischen) Texten basiert ('volkssprachlich', 'muttersprachlich', 'nationalsprachlich' sind mittellateinische Bedeutungen von *vulgaris)*[13] – eine Musik also, die sich von der lateinischen kirchenmusikalischen Tradition unterscheidet. Auch diese (sonst durchaus geläufige) Bedeutung ist in der Grocheio-Literatur nicht beachtet worden, möglicherweise weil man sich dabei mit den *viella*-Genres schwer tat.

Diese dreifach gekennzeichnete Musik hat überwiegend weltliche, kann aber auch geistliche Inhalte haben (genauso wie die Mensuralmusik, die ebenfalls als geistliches und weltliches Genre, letzteres oft mit *vulgaris*-Elementen durchsetzt, existiert). Sie ist 'einfach' (im Unterschied zur mehrstimmigen Mensuralmusik), aber sie ist nicht unbedingt 'einstimmig' im strengen Sinne, da ungeschulter Gruppengesang und vokal-instrumentale Misch-Genres (wie der *cantus coronatus*) einbezogen sind. In sozialer Hinsicht kann diese Musik zur höfisch-patrizischen Umwelt gehören oder zum Repertoire der bürgerliche Bildungsschichten (z.B. in der Jugenderziehung oder den *puys*); ebenso aber kann sie der Unterhaltung der plebejischen Stadtbevölkerung dienen (wie der *cantus gestualis*), oder sie kann aus bäuerlichen Singtraditionen stammen, z.B. aus der Normandie. Das alles heißt: städtische und ländliche Folklore, usuelles, professionelle und artifizielle Musikübung sind hier auf einen Begriff gebracht.

Musica vulgaris vel civilis vel simplex ist also weder bloß Volksmusik, noch bloß volkstümliche, bürgerliche, höfische usw. Musik. Sie ist vielmehr all das zusammen, umfaßt alle Klassen und Schichten, reicht vom einfachsten ländlichen Tisch- oder Tanzlied bis zum subtilsten Trouvère-Gesang, vom musikalisch anspruchslosen Epenvortrag auf öffentlichen Plätzen, zugeschnitten auf die Unterhaltungsbedürfnisse der städtischen Dienstleute, Arbeiter und Alten, bis zur kunstvollen Estampie-Improvisation des hochgeschätzen *artifex in viella*, der vor Königen, Landesfürsten und anderen Angehörigen der Feudalaristokratie spielte.

Musica vulgaris fördert die 'intersoziale Aneignung' von Gattungen, d.h. jenen zwischen den verschiedenen Musiziersphären einer Klassengesellschaft möglichen und unter bestimmten historischen Bedingungen in dieser oder jener Form stattfindenen Prozeß kulturellen Austauschs, in dem Triebkräfte musikkultureller Entwicklungen sichtbar werden[14]. *Musica vulgaris*, wie Grocheio sie beschreibt, schafft wesentliche Voraussetzungen dafür und enthält zugleich schon Früchte solcher intersozialer Austausch- und Aneignungsprozesse. Sie verbindet alle Bevölkerungsteile der damaligen französischen Gesellschaft, alle Bürger des Landes, alle die eine gemeinsame Sprache sprechen, die *langue d'oil*, das Altfranzösische nämlich, das gerade damals die anderen Dialekte (z.B. das Picardische) zu verdrängen beginnt.

Grocheios *musica vulgaris* basiert aber nicht nur auf einer gemeinsamen Sprache, sondern auch auf einem gemeinsamen Musikerbe, das mit dieser Sprache verbunden ist. Für dieses musikalische Erbe muß das nationale Idiom der Ile-de France, das Altfranzösische, als fundamentale *generative* Komponente angesehen werden. Sein Einfluß bleibt nicht auf die linguistische und poetische Struktur der Texte beschränkt, sondern erstreckt sich auch auf die musikalischen Intonationsmuster – die Vortragsweisen, die rhythmische und melodische Gestaltung, was man durch manche Bemerkung unseres Autors belegen kann. Dies allein erklärt, warum Grocheio unter das Schlüsselwort *vulgaris* (also volks- oder nationalsprachlich) unbedenklich auch rein instrumentale Genres subsumiert, weil auch sie am typisch französischen musikalischen *Gestus* partizipieren.

Musica vulgaris als Ganzes ist also nicht Volksmusik, aber sie fußt in ihrer Gesamtheit auf einheimischen, in der Musikfolklore bewahrten Traditionen, die im 13. Jahrhundert in den unterschiedlichsten Formen und Gattungen – vokalen wie instrumentalen – fruchtbar gemacht, weiterentwickelt werden:

1. in den populären Refrainformen (den Rondeaux, Virelais und Balladen),
2. in den verschiedenen Genres der Trouvère-Kunst,
3. in den volkssprachlichen geistlichen Gesängen epischen und lyrischen Charakters (z.B. den legendenhaften Typen des *cantus gestualis*, der die – zumindest in der Tendenz – alle Bevölkerungsschichten umspannende Funktion der alten *chanson de geste* zwar längst eingebüßt hat, jedoch in den Händen professioneller Vermittler weiterlebt und – für ein neues Publikum zurechtgemacht – zur Keimzelle eines neuen folklorisierten Gattungstyps heranreift),
4. in den neuen Instrumentalgattungen (von den repräsentativen Geleit- und Einzugsmusiken über die Signaltypen bis zu den instrumentalen Tanzformen und Vortragsstücken: den *Duktien, Estampien, notae* usw.).

Vor allem über diese zuletztgenannten Instrumentalformen wird eine neue Ära der Darbietungskunst eingeleitet, eine bis dahin in dieser Weise nicht existierende Art instrumentalen Musizierens, die für genießendes Zuhören gedacht und gemacht ist (und für die in zunehmendem Maße auch schriftliche Sammlungen entstehen)[15].

Die meisten der genannten Genres wandern später auch über die Grenzen, nach Spanien, England, Deutschland usw. Aber auch ihre Herausbildung in Frankreich selbst verlief höchstwahrscheinlich nicht ganz ohne Anregungen von außen, z.B. von Spanien (speziell im Hinblick auf das *Virelais*, das Grocheio nicht ausdrücklich erwähnt), aber auch von Italien. Erinnert sei in diesem Zusammenhang an DANTES epochemachende Schrift *De vulgari eloquentia*, in der auch französische *vulgaris*-Beispiele zitiert werden.

Gleichwohl haben wir es hier mit einem musikkulturellen Prozeß zu tun, der in den meisten Ländern Europas erst sehr viel später, teilweise sogar erst im 18./19. Jahrhundert zu beobachten ist: Er dient dazu oder trägt zumindest in hohem Maße dazu bei, die Trägergruppen der geschilderten Vorgänge – die Sänger, Dichter, Instrumentalisten und ihre Zuhörerschaft, seien sie Feudale, Bürger oder Bauern, Angehörige der Klöster und Kirchen oder Laien – in einer sprachlich und kulturell überfremdeten (hier: latinisierten) Bildungswelt in ihrem nationalen Selbstbewußtsein zu stärken.

Noch drei abschließende Bemerkungen:

Musica vulgaris vel civilis vel simplex als Ganzes ist also eine durchaus widersprüchliche Einheit, ein wahrer Schmelztiegel verschiedenster Einflüsse und Strömungen im Bereich 'national' geprägter Musik. Nur zweierlei ist sie nicht: sie ist nie kirchlich (im Sinne von liturgisch oder kodifiziert), und sie ist nicht nach einem Kanon fester Regeln komponiert wie die Mensuralmusik. (Gemeint sind erstens die neuen Mensural-Regeln der *musica praecise mensurata*, die eine völlig neue Art der Notierung notwendig machte, während die *musica vulgaris* durchaus noch mit der alten Quadratnotenschrift geschrieben werden konnte, weil sie einen Musiktyp repräsentiert, den Grocheio mit der Formulierung *non ita praecise mensuratam* kennzeichnet, d.h. *nicht so genau gemessen* oder *nicht unbedingt auf diese Weise* [wie die Mensuralmusik] *gemessen*; zweitens sind die speziellen Konkordanz- und Konsonanz-Regeln gemeint, die das gleichzeitige Erklingen mehrerer selbständiger Stimmen organisieren). Beide Typen von Regeln waren für die Mensuralmusik, das musikalische Idiom der damaligen Pariser "Avantgarde", das erst im 14. Jahrhundert den Beinamen *ars antiqua* erhielt, die Voraussetzung, nicht aber für die *musica vulgaris*, die ja nicht einmal unbedingt auf schriftliche Fixierung angewiesen war. Insgesamt ist die Verbindlichkeit von Normen, Modellen und Regeln im *vulgaris/civilis/simplex*-Bereich weniger zwingend, da Kodifizierungen fehlen und regelrechte Schulung keine conditio sine qua non ist.

Zweitens: Die im Laufe meiner Untersuchungen herausgefilterten Bedeutungen 'volkssprachlich' für *vulgaris* und 'einheimisch' für *civilis* würden, zusammengenommen, den von ROHLOFF und anderen benutzten Terminus *volkstümlich* in gewisser Weise rechtfertigen, aber nur, sofern die früher angegebene Definition (a), d.h. die der Wortschöpfer, zugrundegelegt und die in der Musikwissenschaft und Folkloreforschung gängigere Definition (c) auf jenen Bruchteil des *vulgaris*-Repertoires eingeschränkt wird, für den sie gelten mag. Ich würde als Kurzterminus jedoch 'einheimisch' vorziehen, weil er das Moment der Volkssprachlichkeit automatisch einschließt und langwierige Erklärungen überflüssig macht (vgl. Anm. 13). Außerdem legt er über Charakter, Herkunft und Verbreitung einzelner *vulgaris*-Gattungen nichts fest und enthält keine Werturteile. Er läßt offen, ob eine Gattung aus der Volksmusikpraxis stammt oder einer Mischtradition angehört, an der professionelle Sänger und Spielleute beteiligt sind, oder ob sie gänzlich neu entwickelt wurde, wie die von höfischen und bürgerlichen Dichterkomponisten bzw. Instrumentalkünstlern auf der Basis vorhandener Traditionen[16] geschaffenen Genres, mit denen sie – als Feudale wie als Bürger – ihr nationales Selbstbewußtsein zu stärken suchten.

Und drittens: Wenn man Grocheios Definiton der *musica vulgaris* im Gesamtsystem seiner Musikbetrachtung analysiert und wertet, wie ich es hier versucht habe, so zeigt sich nicht nur das, was schon immer an ihm gerühmt wurde, sein *vernünftiges Raisonement* (RIEMANN), seine Praxisorientiertheit und scharfe Beobachtungsgabe, seine Unvoreingenommenheit, seine Abneigung gegen alle Spekulation und sein Realitätssinn, sondern es zeigt sich auch, daß er die Mehrdeutigkeit der von ihm gewählten Termini (die auch durch die Dreifach-Umschreibung nicht völlig aus der Welt geschaffen wird) bewußt in Kauf nahm, um die widersprüchliche Einheit seines Gegenstandes, den vielspältigen Charakter der *musica vulgaris* sichtbar zu machen[17]. Mit einem Wort: man darf sagen, saß Grocheio eine klassifikatorische Meisterleistung vollbracht hat, ohne den auf vertrackte Weise sich unterscheidenden und auch wieder miteinander zusammenhängenden Fakten, denen er in seiner musikalischen Umwelt begegnete, Gewalt anzutun. Und das können gewiß nur wenige Musiktheoretiker für sich in Anspruch nehmen.

ANMERKUNGEN

1) E. ROHLOFF, Studien zum Musiktraktat des Johannes de GROCHEO, einer Lehrschrift aus dem Zeitalter der Hochscholastik, msch. Diss. 1926, Druckfassung: Leipzig 1930 (Media Latinitas Musica I); – ders., Der Musiktraktat des Johannes de GROCHEO, nach den Quellen hrsg. mit Übersetzung ins Deutsche und Revisionsbericht, Leipzig 1943 (Media Latinitas Musica II); – ders., Die Quellenhandschriften zum Musiktraktat des Johannes de GROCHEIO, im Faksimile hrsg..., Leipzig 1972. Alle Textzitate sind dieser Faksimile-Ausgabe entnommen. Die Edition und Übersetzung von J. WOLF in: SIMG I, 1899/1900, S.65-130, wurde vergleichend herangezogen.

2) Vgl. die umfangreiche Literatur- und Zitatenzusammenstellung in meiner Abhandlung "Musica vulgaris bei Johannes de Grocheio", in: Beiträge zur Musikwissenschaft 25, 1983, S.3-56, besonders Anm. 7.

3) "Volksmusik im Geschichtsprozeß", Reclam-Verlag Leipzig (in Vorbereitung).

4) S. Anm. 2.

5) Über die Namensschreibung, den in der Literatur verschieden angegebenen Titel des Traktats (dazu u.a. H. BESSELER in: Mf. 2, 1949, S.229-231) und die Entstehungszeit des Werkes vgl. ROHLOFF 1972, S.171f. Entgegen der im neueren musikwissenschaftlichen Schrifttum durchweg vertretenen Meinung, daß der Traktat um 1300 geschrieben sei (so auch MGG und RieL), macht ROHLOFF eine Reihe von Gründen geltend, die auf ein früheres Entstehungsdatum hinweisen *(um das Jahr 1275)*; *um 1280* vermerkt übrigens auch schon H. J. MOSER (Musiklexikon, Artikel 'Grocheo', alle Aufl. seit 1935).

6) H. BESSELER, Musik des Mittelalters und der Renaissance, Potsdam 1931, S.135; – ders., Zur 'Ars musica' des Johannes de Grocheo, in Mf. 2, 1949, S.231; – vgl. auch BESSELERS Ausführungen in: AfMw. 8 1926/27, S. 186f.

7) ROHLOFF 1972, S.124f.

8) Näheres zu diesem Begriff bei G. KNEPLER, Geschichte als Weg zum Musikverständnis, Leipzig 1977, S.220ff., 226.

9) Vgl. dazu u.a. F. M. BÖHME, Volksthümliche Lieder der Deutschen im 18. und 19. Jahrhundert, Leipzig 1895, Vorwort, S. IIIff.; – Erk-Böhme, Deutscher Liederhort, Bd. I, Leipzig ²1925, Vorwort (von F. M. Böhme 1892), S. IV; stärkere Betonung abwertender Urteile bei Z. KODÁLY, Die ungarische Volksmusik, Budapest 1956 (ungar. Ausg. 1937), S.12f., 70-74. Dort heißt es über das volktümliche Kunstlied u.a.: *spiegelt vor alle den Geist der erlahmenden Mittelklasse*, mit *weichen, schmachtenden Mollweisen und trippelnden, zwitschernden Durmelodien; Ton ihrer Gefühlsduselei, ihrer weinerlichen Klagefreudigkeit*; ähnlich auch G. KERÉNYI, Volktümliche Lieder, Budapest 1964, S.5-10.

10) "Tonalität in europäischer Volksmusik als historisches Problem", in: Musik im Zeichen sozialer Erkenntnis. Fs. für G. Knepler zum 75. Geburtstag, Berlin (im Druck).

11) Die von Grocheio genannten Jugendlichen beiderlei Geschlechts stellen als Unverheiratete eine der wichtigsten Trägergruppen der Musikfolklore dar, da sie speziell den Gruppengesang bei rituellen und anderen Anlässen ausüben. Sie tradieren damit einen von *lange wirkenden Faktoren* (KNEPLER) beherrschten Kernbereich der Volksmusikkulturen, an dem professionelle Sänger und Spielleute samt ihrer spezifischen (für musikalische Entwicklungsprozesse überaus fruchtbaren) Vermittlerrolle zwischen den verschiedenen Klassen und Schichten in der Regel nicht beteiligt sind. Das Besondere an den französischen Refrainformen, das sie von verwandten Genres (etwa in Ost- und Südosteuropa) unterscheidet, ist, daß jener Austauschprozeß zwischen verschiedenen Musiziersphären, jene *intersoziale Aneignung* gleichwohl stattfindet, sei es mit oder ohne Hilfe professioneller Musikanten, und daß wir dadurch einige historische Anhaltspunkte mehr besitzen, als es in der Geschichte der Folklore die Regel ist. Übrigens machte die musikwissenschaftliche Mediävistik schon früh auf den Volksliedcharakter und nichtartifiziellen Ursprung der französischen Refrainformen aufmerksam, z.B. F. GENNRICH (Grundriß einer Formenlehre des mittelalterlichen Liedes, Halle 1932, S.62, 95) und H. BESSELER, der 1925 (ZfMw. 7, S.43) auf diese *nicht aus einer Oberschicht abgesunkene, sondern aus alter volktümlicher Überlieferung jetzt in die neuaufstrebende bürgerlich-städtische Kultur eingehende Musik* hinwies.

12) Vgl. dazu meine (Anm. 2 genannte) Abhandlung, besonders die Kommentare 9 und 19, einschließlich der dort angeführten Literatur (u.a. BECK 1911, GENNRICH 1923, 1932, 1952, CHAILLEY 1948, 1955). Die Zusammenhänge zwischen frühgeschichtlichem Heldenlied und späteren Formen gesungener Heldendichtung untersuchte neuerdings H. ROSENFELD (Artikel 'Heldenballade', in: Handbuch des Volksliedes, Bd. I, München 1973, S.57-58), allerdings unter Beschränkung auf den germanischen Sprachbereich. Er unterschied dabei zwischen a) den alten Heldengesängen, wie sie als Preis- oder Gedächtnislieder, Totenklagen, Gesänge auf Stammesheroen und dergleichen durch antike oder frühchristliche Geschichtsschreibung z.B. für Italiker, Kelten, Goten und andere germanische Stämme bezeugt sind (vgl. G. WILLE, Musica Romana, Amsterdam 1967, S.560, 576, W. NIEMEYER in: MGG IV, 1955, Sp. 1812ff., 1817f., auch A. BUCKLEY in: Jahrbuch für musikalische Volks- und Völkerkunde 9, 1978, 53ff.), b) dem mittelalterlichen – wie er es nennt – *Heldenzeit -Lied* (zu ihm würde die *chanson de geste* gehören, deren Stoffe sagenhaften Charakter tragen oder geschichtliche Vorgänge aus der nationalen Vergangenheit des Frankenreiches erzählen), und c) der Heldenballade. Rosenfeld betont, daß für keine der genannten Gattungen ein Unterschied bestehe, wie der zwischen *Volks- und Kunstlied im romantischen Sinne*, wie immer die historischen Verbindungslinien zwischen den einzelnen Gliedern dieses in späturgesellschaftlicher Zeit wurzelnden Gattungskomplexes konkret beschaffen gewesen sein mögen. Stoffliche und in der episch-narrativen Darstellungsweise liegende Ähnlichkeiten, die auch einen bestimmten Grundtyp des musikalischen bzw. musikalisierten Vortrags nahelegen, sind als gegeben zu betrachten. Was in jedem Fall wechselte (entsprechend der großen historischen Zeitspanne samt den in ihr sich vollziehenden gesellschaftlichen Veränderungen), waren die sozialen Trägerschichten des Epengesanges: seine Sänger, sein Publikum, d.h. seine 'gesellschaftliche Reichweite'. Obwohl das vorhandene Material an historischen Zeugnissen dürftig genug ist, darf man vielleicht davon ausgehen, daß in späturgesellschaftlicher und frühgeschichtlicher Zeit der epische Gesang zwar vor allem im Umkreis der Stammesfürsten und ihrer Kriegergefolgschaft lebte, vermittelt durch hochgeachtete Sänger (der Barde in Gallien und anderen keltischen Sprachgebieten, der Skop bei den Angelsachsen, im Altnordischen später der Skalde), daß er aber gleichwohl dem Stammesverband als Ganzem galt und auch

so bewertet wurde, während er zur Zeit der Kreuzzüge, in einer sehr viel differenzierteren und schon rein zahlenmäßig stark angewachsenen Gesellschaft, vor allem Ausdruck der christlichen Ideale des weltlichen Feudaladels, seiner Ritter- und Knappenschaft war, ohne die breite Masse der Bevölkerung zu erreichen bzw. jene Welle der Identifizierung hervorzubringen, wie wir sie von anderen aus Oberschichten stammenden Gattungen kennen. Zur Zeit Grocheios haben sich die Verhältnisse jedoch schon ins Gegenteil verkehrt: Jetzt sind es vor allem oder sogar nur noch die unteren Bevölkerungsschichten, hauptsächlich in den Städten, die sich für den *cantus gestualis* interessieren. Und ähnlich verhält es sich später mit der Volksballade über Heldenstoffe und mit dem Legendenlied.

13) In der Grocheio-Literatur habe ich weder für *civilis*, noch für *vulgaris* die hier herangezogenen Bedeutungen gefunden, obwohl zumindest *volkssprachlich* für *vulgaris* sonst durchaus gebräuchlich ist. Ganz konsequent, wenn auch nicht in Verbindung mit Grocheio, benutzt diesen Begriff z.B. F. GENNRICH für die nichtkirchliche mittelalterliche Liedkunst (vgl. schon seine Formenlehre von 1932, S.6, 132, 140, 159, 175, 177 u.ö., in gleichem Sinne *vulgärsprachlich*, ebda S.37, 39, ebenso MGG XIII, 1966, Sp. 829, 831, 833, 840ff.). Auch sonst sind *volkssprachlich, landessprachlich* oder *nationalsprachlich* für die nichtlateinische Dichtung des Hochmittelalters keineswegs ungewöhnlich. Mit Bezug auf Grocheio enthalten nur neuere Arbeiten entsprechende Aussagen. B. KIPPENBERG (Der Rhythmus im Minnesang, Eine Kritik der literar- und musikhistorischen Forschung, München 1962) folgt zwar dem üblichen Interpretationsschema [S.121: *musica vulgaris* (= *einstimmige weltliche Musik*), S.123: *volkstümliche Musik (musica vulgaris)*], sagt aber bei Behandlung des Schaffensvorganges, in dem nach Grocheio der Text Priorität hat, deutlich, daß *hier die volkssprachlich-romanische, zumal die altfranzösische Sangesdichtung* gemeint ist (S.19). Ebenso bringt H. van der WERF (The chansons of the troubadours and trouvères, A study of the melodies and their relation to the poems, Utrecht 1972), obwohl er keinen der genannten Termini benutzt, klar zum Ausdruck, daß es sich bei den vokalen Trouvère-Gattungen, auf die Grocheio Bezug nimmt, und bei seiner *musica vulgaris* insgesamt um *music with French texts and instrumental music* handelt (S.38). In den jüngsten, ziemlich ausführlichen Grocheio-Artikel (New Grove Dictionary of Music and Musicians, vol. 9, London 1980, S.664f.) haben diese Erkenntnisse leider keinen Eingang gefunden. Dort bleibt Grocheios *civil or simple music, which he called 'vulgar'*... in dieser Hinsicht nach wie vor uninterpretiert. – Auch einige ausgesprochen terminologische, auf Theorieverständnis ausgerichtete ältere Arbeiten wie G. PIETZSCH, Die Klassifikation der Musik von Boetius bis Ugolino von Orvieto, Halle 1929, M. Appel, Terminologie in den mittelalterlichen Musiktraktaten, Ein Beitrag zur musikalischen Elementarlehre des Mittelalters (Diss. Berlin 1935), und H. P. GYSIN, Studien zum Vokabular der Musiktheorie im Mittelalter, Eine linguistische Analyse, (Diss. Basel 1958), Zürich 1959, Reprint 1972, enttäuschen in dieser Frage: PIETZSCH geht auf Grocheio überhaupt nicht näher ein: GYSINS Abschnitt über Grocheio (S.108-124) basiert ausschließlich auf Wolfs Edition und Übersetzung (entsprechend heißt es S.111 *die einfache oder bürgerliche Musik; wir nennen sie auch Volksmusik* und für *vulgaris volkstümlich*; ROHLOFFS Untersuchung von 1930 und die Edition von 1943 bleiben unerwähnt, die Literaturbasis ist schmal und vollkommen veraltet); und Appel führt lediglich an, daß *cantus/musica vulgaris* (ähnlich wie *cantus laicus, cantus gentilis* und *cantus rudis*) *einfach die Zugehörigkeit zur Volksmusik andeuten sollen* (S.74). Obwohl die Autorin Grocheios Traktat in ihre Untersuchungen einbezogen hat, sind die Begriffe *cantus/musica civilis* und *cantus puplicus (Volksgesang)* nicht erwähnt; für *cantus/musica vulgaris* ist nur HIERONYMUS DE MORAVIA als Beleg angegeben. – Nicht weniger hat man sich um die Interpretation von *civilis* bemüht, das entweder unübersetzt bleibt oder mit *bürgerlich* bzw. *weltlich* wiedergegeben wird. Die Bedeutung "heimisch", "einheimisch" oder "heimatlich" ist bislang – soweit ich sehe – im musikwissenschaftlichen Schrifttum nicht verwendet oder gar diskutiert worden. Vgl. dazu Artikel *civilis* (Bedeutung 3/b; *spectat ad gentes territoria/patrius, notus, usitatus*, z.B. *civilis sive vulgaris*), in: Mittellateinisches Wörterbuch, 15. Lieferung, Berlin 1973, bes. Sp. 657. Über diesen Punkt und andere hier zu Debatte stehende Übersetzungsfragen habe ich mich mit Fachleuten des Mittellateinischen Wörterbuches ausführlich beraten; besonders danke ich R. GRÜNDEL für wertvolle Hinweise und vergleichende Textbelege.

14) Siehe dazu die Literaturangaben in Anmerkung 8 und 10.

15) Vgl. dazu die grundlegende Untersuchung von L. SCHRADE, Die handschriftliche Überlieferung der ältesten Instrumentalmusik, Lahr 1931, 2. ergänzte Aufl. (mit Nachwort), hrsg. von H. J. Marx, Tutzing 1968.

16) Zu den vorhandenen Traditionen gehören – außer Volksmusik und Spielmannsmusik – auch die regionalen Dialekte der Kirchenmusik, über deren außerordentliche Divergenz Grocheio selbst berichtet. Er weist nicht nur auf die verschiedenen Gebräuche der Kirchen hin *(diversos usus ecclesiarum)*, sondern bemerkt auch, daß eine Beschreibung der verschiedenen Teile der Kirchenmusik *nur für einen bezüglich der verschiedenen Gebräuche der Kirche erfahrenen und vielgeübten Mann nicht schwierig* sei, denn: *obgleich es mehrere und in sich verschiedene Teile gibt* (d.h.:

eine allgemein verbindliche Systematik des *cantus ecclesiasticus*), *werden sie im übrigen nach den verschiedenen Gebräuchen und Gewohnheiten so sehr verschieden gestaltet, daß ihre Verschiedenheit kaum auf irgendeine Einheit zurückgeführt werden kann* (ROHLOFF 1972, S.156f.). Diese wichtige Bemerkung eines Zeitgenossen über die Vielfalt der Regionaldialekte im Kirchengesang des ausgehenden 13. Jahrhunderts auf französischem Boden stützt die Auffasungen derjenigen Forscher, die davon ausgehen, daß ein nicht unbedeutender Anteil des kirchlichen Repertoires (speziell im Antiphonen-Bestand, aber durchaus nicht nur dort) den jeweiligen einheimischen Gesangsüberlieferungen in dieser oder jener Form verpflichtet war, wozu die starke Verwurzelung vor allem des niederen, zum Teil aus dem Bauernstande stammenden Klerus in solchen einheimischen Singtraditionen sicher nicht unwesentlich beitrug. Vgl. dazu B. STÄBLEIN in: MGG XI, 1963, Sp. 1267ff. und Beispiele 1-7; ferner P. AUBRY, La musique et les musiciens d'église au Normandie au XIIIe siècle d'après le "Journal des visites pastorales" d'Odon Rigaud, Paris 1906 (betreffend die bischöflichen Beanstandungen des vom niederen Klerus gepflegten paraliturgischen Repertoires im Raum Rouen); – Y. ROCKSETH, Danses cléricales du XIIIe siècle, Paris 1947; weitere Hinweise in Arbeiten von J. A. WESTRUP, H. ANGLÈS, J. TIERSOT, F. RECKOW, J. JANOTA, L. TREITLER, W. WITTROCK, W. WIORA, W. LIPPHARDT, B. RAJECZKY u.a., die Hymnologie und Volksmusikforschung zu verbinden suchten (s. dazu die Anmerkung 2 genannte Abhandlung).

17) Insofern kann ich der allzu negativen Einschätzung Grocheios durch H. van der WERF nicht zustimmen (a.a.O., S. 19, 38f., 44, 153-155, 158). Sie mag daraus resultieren, daß er nur die für sein Thema belangvollen Einzelaussagen geprüft und nicht versucht hat, Grocheios Gesamtkonzept zu verstehen, führt aber zu einer völlig unangemessenen Abwertung dieses so wichtigen mittelalterlichen Theoretikers. Formulierungen wie *puzzling remarks, very ambiguous wording, too ambiguous and too sweeping, ambiguous meaning, distinction...is so blurred, circuitious discussion, beset with many problems, failure, he fails, subdivision tumbles down, his dividing lines fall down almost completely, distinction is nullified, doubt upon Grocheo's value as a reporter on contemporary musical practice, Grocheo's inability to be precise* etc. überwiegen so stark, daß die spezifische klassifikatorische Leistung und die – trotz einer Reihe von Unklarheiten – wichtigen Informationen, die uns Grocheio als Zeitgenosse, mit dem damaligen Verständnis für Wichtiges und weniger Wichtiges, zu vermitteln sucht, dahinter völlig verschwinden. Auch B. KIPPENBERG, der von den gleichen Einzelproblemen ausgeht wie van der WERF, ist keineswegs ohne Vorbehalte gegenüber verschiedenen Aussagen Grocheios, seine Gesamteinschätzung aber wesentlich ausgewogener und insofern gerechter (a.a.O., S.18, 124f., 128f.). Daß viele Einzelfragen über die *musica vulgaris* offenbleiben – entweder weil Grocheios Bemerkungen zu knapp ausgefallen sind, oder weil wir, 700 Jahre später, von der zeitgenössischen Musikpraxis, auf die sie sich beziehen, einfach zu wenig wissen und deshalb auch seine Terminologie und Beschreibungsart nicht vollständig nachvollziehen können – ist unbestritten. Dies darf aber m.E. weder dazu verleiten, unangemessene Forderungen unsererseits dem mittelalterlichen Autor anzulasten, d.h., ihm vorzuwerfen, daß er unsere Fragestellungen nicht ausreichend beantwortet, noch darf es dazu führen, daß wir ihn als unbrauchbar abstempeln und überhaupt darauf verzichten, einen solchen Traktattext als Ganzes verstehen zu wollen.

VERZEICHNIS DER ABKÜRZUNGEN

AdW	=	Akademie der Wissenschaften
AfMw.	=	Archiv für Musikwissenschaft
Art.	=	Artikel
cant.	=	cantus
cantil.	=	cantilena
cor.	=	coronatus
Fs.	=	Festschrift
gest.	=	gestualis
instr.	=	instrumental
Jb.	=	Jahrbuch
Mf.	=	Die Musikforschung
MGG	=	Die Musik in Geschichte und Gegenwart, hrsg. von F. Blume, Kassel etc. 1949–1979
Mittellat. Wb.	=	Mittellateinisches Wörterbuch bis zum Ausgang des 13. Jahrhunderts, in Gemeinschaft mit der AdW zu Göttingen, Heidelberg, Leipzig, Mainz, Wien und der Schweizerischen Geisteswissenschaftlichen Gesellschaft hrsg. von der Bayerischen AdW und der AdW zu Berlin, Berlin 1959ff.
RieL	=	Riemann Musiklexikon, 12. völlig neubearb. Aufl., hrsg. von H. H. Eggebrecht, Mainz 1959–1975
SIMG	=	Sammelbände der Internationalen Musikgesellschaft
ZfMw.	=	Zeitschrift für Musikwissenschaft

Ghizela SULITEANU, Bukarest

ANTIQUE SOUTH-EAST-EUROPEAN ELEMENTS IN THE RUMANIAN AND GREEK CONTEMPORARY MUSICAL FOLKLORE.

In the process of affirming ethnomusicology, besides outlining its principal disciplinary features[1]), an important place is occupied by the data which musical art and culture depending on oral tradition, can offer for contemporary science. This consists not only in the multi-, inter- or intradisciplinary research, ways which already produced fruitful results[2]), but at the same time as a means of studying some problems, regarding equally the issues of folklore music language, as well as the different stages of socio-historical existence of the human factor itself. The so widened area of ethnomusicology, is in a position to generously reply to more and more complex problems, as f.ex.the tackling of knowledge of earlier periods, for which written musical documents can not be found, but whose reminiscences from remote times can nowadays offer us true proofs for evidencing and understanding some aspects too little or not known at all[3]).

In this way, the attempt to identify some antique elements common to the contemporary Rumanian and Greek musical folklore, directed us to the attestation of a very ancient autochtonous South-East-European stock found up to today with these two peoples. A series of theoretical and practical premises have thus been based on a relatively rich material studied in the light of a suitable methodology, and initially by means of the comparative method[4]).

1. As theoretical premises there have been considered, first and foremost, certain data referring to that antique period between the seventh century (B.C.) and second century (A.D.)[5]), which made its important contribution in the subsequent periods of the protoformation of the Rumanian people and of the existence and development of the Greek people, as well as in the capacity of expressing folklore music to follow a slower evolution as compared with verbal expression. Among these have been situated the aspects offered by the implications of the human element in its position as holder of a socio-artistic collective, and individual conception regarding the function of folklore in general, and of the musical one in particular.

1.1. Historical data attest for antiquity the striking character of a Thracian fund on a wide area in time and space, from the Baltic Sea und up to disparate points on the East Coast of the Mediterranean Sea. Also the nucleus of the Thraces' existence appears situated in the middle of the Balkan peninsula, with powerful Dacian tribal ramifications, from the North of the Danube up to over the central chain of the Carpathian mountains. The fact is known that Dacea occupied a basic place in the process of the proto-formation of the Rumanian people.

1.2. As regards to the Greek presence in this period, its powerful affirmation is revealed with special historical, cultural and artistic value, with repercussions on the whole subsequent life of Europe, Asia Minor and the Mediterranean coasts of Africa. In relation to this, appears to us also the theoretical premise by which are taken into consideration the multiple socio-historical connections which evolved in this part of the world, from antiquity and up the present, between the component peoples in the framework of which there has been pointed out the high level of Greek cultural, artistic life and civilization. The impact of the Roman world should also be noted in this context, at the same time another basic component of the Rumanian people's birth.

1.3. Situated at different levels of inter-influence, these connections could favour – in the framework of specific folklore of each component people –, the presence of common phenomena, possibly resulting either from a general-human primary stock, from relationship, or due to the appearance at one time of a situation of socio-historical and cultural predomination of one people over another. For the Rumanian and Greek peoples, concerning the very ancient period, of these the vein of relationship appears to be the most plausible.

We have to deal here with a common fund, but equally difficult to be attributed to Thracian-Getae-Daces, as well as to the antique Greeks or to other peoples. In a previous study[6] in which I attributed some folklore phenomena to an ancient stock, I drew attention to the fact that if we do not know surely in what measure these belonged exclusively to the Thraces, we can in exchange affirm that the existence area of this musical stock could be much wider, including equally also a part of the Greek population or other peoples situated in the South-East European zone.

1.4. Then one affirmed – with help of the theoretical premise for the present paper –, that there existed with the ancient Greeks also a folklore music, but it has not been taken into consideration by the ancient writers and even by those who followed. Only in this way can one consider the affirmation of the Roman historian Aristide QUINTILLIANUS in his book *About music*, by which he considers Hellenic music at a higher level than that of the Thraces, which he considered as primitive and barbarian. But in reality, he compared two different levels of musical culture, in which the level of written music was really more evolved with the Greeks[7]. In this sense the Rumanian musicologist Octavian Lazăr COSMA specifies that we deal here with two musical spheres, Hellenic and Thraco-Dacian, each of them representing separately *a certain taste, temperament and culture*[8].

1.5. With regards to the human factor, considered as belonging to the antique Thraco-Getic-Roman period, have been included about 70 generations[9] which could have succeeded one another up to the present, that is for approximately two thousands and five hundred years. For this interval the collective memory could keep a series of folklore elements whose functional existence and morphological expression favoured the respective folklore phenomenon, a slower evolution[10].

1.6. Also with help of the theoretical premise but also with the practical, has been the consideration of the collectivities dispersed along time from the large masses of people to which they belonged, respectively the Rumanian and the Greek peoples. Thanks to their specific tendency to conserve, many of these collectives could maintain up to today, a series of peculiarities met by the rest of the people either in a more evolved level, or even on the way of extinction. This situation could be ascertained by research undertaken with the Rumanian people, regarding the Balkan branches, Arumanian, Fîrsherots, Meglenites and Istrians, as well as with the Greek people, for example so as reveals the folklore material of Asia Minor, the Dodécanesse[11] archipel and Crete and Cyprus islands, studied by the scientist Samuel BAUD-BOVY[12]. Authentic folklore oases of these zones possess an excellent folklore material for the comparative Rumanian–Greek problems concerning the remote past and which consolidates beyond doubt the premises offered by data found with the Rumanians from Rumania, and with the Greeks from Continental Europe.

1.7. In connection with this, a valorous theoretical premise possibly to be verified in practice, is the capacity of the contemporary Rumanian and Greek folklore, to include besides authentic newer creations, also the traditional stock with its manifestations of different degrees of old times, up to those from the remote past.

During time, the factors of folklore evolution appeared and affected it more or less, firstly depending on the function of each category separately. Some folklore categories as for example the every day songs or the accompaniment music of the non-ritual dances, can evolve faster and some types can even pass away, whereas some types, such as lamentations and certain lullabies, ritual songs from the funeral repertory, could maintain themselves functionally and stylistically from antiquity up to today.

2. As practical premises of direct application, there have been considered the different modalities of objective attestation, from the archeological proofs and a relatively rich bibliography from the very ancient times and up to the powerful morphological thematical and typological elements found in the Rumanian and Greek musical folklore material. The process of continuity in contemporaneity of some musical elements found in South-East European antiquity, can no longer be regarded sceptically, but as an ethnomusicological demonstrable fact.

2.1. From numerous works based on archeological and written documents regarding the antique sources of music and their value for Rumanian music, we shall cite the study *Muzica Daco-Romana* by Vasile TOMESCU, recently published[13] and in which are syncretically and critically reproduced the most important data from a rich bibliography. In this way, the author leads us also to the antique Greek music, by evidencing its connection with the Thraco-Getic musical art. *Themes mythologiques, moeurs et coutumes antiques, caractères d'une pensée artistique, formes d'une expression musicale (...), voilà ce qui constitue le terrain d'un art thraco-gète fortement attaché à l'art des Grecs Anciens, oú la musique de people roumain enfonce ses racines et dont elle se réclame comme un prolongement[14].*

2.2. And if during the time there have been also other musical contacts between the subsequent generations for this time regarding directly Rumanians and Greeks, by the structure of the folklore categories affected, the antique Greco-Thracian period, although the most remote, evidences nowadays elements from the purest stratum, possibly to be submitted to a comparison based on a common substratum. Given this situation the subsequent presence of the Byzantine musical culture in the religious Christian Ortodox ceremonial as well as that of the songs of Greek-Phanariot influence which appeared in the Rumanian urban folklore[15], situates itself on a different plan of lesser importance not, affecting the ancient folklore stock of the Rumanian people.

Even the presence of the flourishing cultural-artistic life of the towns of commercial Greek colonies implanted in antiquity between the VIIth century (B.C.) and the III-rd century (A.D.) at the Black Sea, could not affect, by their demographic[16] structure, the folklore of the autochtonous geto-dacian population from the peripheral villages and even less the population from the interior of Dacia who had a different religion, stage of civilization and socio-artistical conception. Also, in this way, one may presume that the connection between Rumanian folklore and Greek, appears to us formed only by those elements originated from the antique pre-roman folklore substratum, and not determined by some living together or influence more recent in time.

2.3. The fact could seem paradoxical that – although today much differentiated and situated at the extremities of the Balkan peninsula-, the Rumanian people in North and the Greek people in South –, these peoples hold still nowadays in spite of distance and different existences, some common folklore musical elements. Partially these are characteristic for the whole zone, but partially absent from the other Balkan peoples, or possibly still unknown to the researchers. In both cases, we deal with reminiscences from the most ancient musical folklore stratum found today and the elements which at present are missing from the folklore of other Balkan peoples çould be explained also by the historical structure characteristic for the Rumanian and Greek peoples, maybe thus deeper anchored in South-East-European antiquity[17]. The fact is that due to the common musical folklore elements, Greece appears to us today as the Balkan country nearest to the Rumanian folklore.

2.4. About half a century ago, when the Rumanian musicologist George BREAZUL informed for the first time about the possibility of the existence of some antique elements in Rumanian musical folklore, he referred to some sonorous premodal rudimentary systems[18], without touching the problems concerning musical typology of certain folklore categories.

The subsequent research about the remote pas, regarding the traditional musical life of the Rumanian people[19], have also utilized the archeological discoveries concerning instrumental music[20], going up to the neolithic period whose continuity could be attested to nowadays, through some creeds bound with the funeral ceremonial, the building of houses, the cult of the sun and certain tribal gentilic signs[21].

All these studies had the power to much enlarge the area of knowledge of the remote past and to pave the way for the attempt to answer new questions more and more courageously, as, for example those concerning the attestation of an ancient cult of the sun in the pre-roman period[22], and in connection with it, new testimonies about a spiritual unitary culture regarding the autochtonous population in this part of Europe and up to the Asiatic Mediterranean-Aegean coasts.

2.5. From the rich Greek musical folklore material, the bibliography we had at our disposal[23] appeared as a result of the intensive ethnomusicological research undertaken especially during the last five decades in the framework of the Greek Folklore Research Center, by Melpo MERLIER, Samuel BAUD-BOVY, Georg K. SPIRIDAKIS and Spiros D. PERISTERI. And if by not knowing the Greek language we have missed the textual contexts, in exchange, the musical notations have given us the satisfaction of finding a real treasure concerning comparative problems. At the same time, the introductive studies in French and English provided us with modality, of the existence of different folklore categories in whole Greece.

Very precious in this matter have been – aside from the description of the function of the song for the respective occasions –, also the publishing of some musical types with respective variations, which are able to reproduce a part of the evolution process of the Greek folklore melodics, as well as its relation regarding the stage, more or less advanced, as compared with the Rumanian material.

2.6. In Rumanian musical folklore, as well as in Greek, there can still be found in the present deep folklore transformations with a relatively rapid disappearance of some phenomena, different strata of stylistic evolution. Among these, there is evidenced the unitary and continuous line of a specificity issued from a unitary ancient substratum which became characteristic for the respective people. So also in the case of the existence of Greek musical folklore, certain peculiarities can find their explanations only by relating to this archaic stock which the researchers could happily still write down.

3. The comparative tackling had in view a real material which – in spite of its attributed antiquity –, has to be considered as a result of a permanent evolution, even if this happened slower than the rest of the musical folklore, and also with possible differentiations belonging to an existence which became characteristic to each of the two peoples. On the other side, there have not been submitted to comparison, elements belonging to the first stages of musical evolution of a general-human stratum, but those already able to represent a more advanced stage, possible to mark a cultural stage specific to a people.

The Rumanian and Greek material in study has been divided – for methodological reasons – formally only into two groups: In the first group certain morphological typological elements, as well as modalities of stylistic expression referring to: a) the sonorous system; b) the motive of repeated finale; c) the slipped finale towards the inferior semitone; d) antiphonal performance; e) implications of polyphonic performance and f) musical typology.

The second group had in view certain folklore categories holding morphological peculiarities of the first group and in which there have been found for this time typological similitudes and regarding certain musical types with a certain social function, between the Rumanian and Greek folklore. (The lullaby, the funeral ceremonial, the nuptial repertory, ancient narrative songs, carols, dance songs and the doina of the pastoral type.)

Between these two groups there exists in fact a tight inter-relationship as although the mentioned morphological elements can also be found in other folklore categories at different evolution levels and possibly also with other peoples, but only for the categories mentioned in the second group they are found in the same manner with the Greek and Rumanian peoples.

3.1. The first group appears characterized also through the stylistic component elements which manifest themselves alone very scarcely. Frequently they appear in different associations and, in at least three ways: the sonorous system, the motive or the cellule of cadence and the style of execution, and these often with the musical type. But followed even each of them separately, all the elements mentioned in the first group have the quality to draw attention to their archaic structure.

a) The sonorous structure, although the most general element, presents common features able to constitute principal characteristics. These are: the tri- and tetratonic premodal substratum in the hypostases of: Major second–Minor third; Major second–Minor third–Major second; Major second–Major second–Minor third;

perfect fourth–Major second–perfect fourth; having the mi sound as central sound with final role *(example I, a-d).*

I

a) ; b) ; c) ; d)

If the first formula is that which musicologists, for example Robert LACHMANN and Walter WIORA consider *the first natural expression of the verbal musicalized language*[24]), in exchange the other formulas nearly related[25]), represent more evolved stages, signalized by PLUTARCH (50 A.D.-125 A.D.) as archaic characteristics for the antique Hellenic period. He refers in this sense to the data concerning *stenohorias kai oligohordias* mentioned by the Greek musician Terpandru in the VII-th century B.C. Or, their frequence is characteristic in the strata of contemporary musical folklore of ancient structure with Rumanians as well as with Greeks *(example II, e-i).*

II

e) ; f) ; g)

h) ; i)

Other aspects are offered by the pentatonic structures centred on the basic re and mi as well as the modes re and mi issued from them and with possible alterations of the sounds: sol in the position of chromatic inflexion in the modes re and mi, or with the diminishing of the Major Sixth in the mode re[26]).

b) The formula of repeated finale has been signalized for about two decades as a characteristic present in a certain manner as an exponent of the archaic stock of South-East European folklore music[27]). Situated on its way to extinction, it presents itself nowadays by the prolonged repeating of a sound, after which comes a pause, followed by the double repeating and also prolonged of the same sound on two syllables emanated from the amplification of the last syllable of the last word. With the Rumanian people this peculiarity is present only in the funeral ceremonial from the South-Western zone of the country, whereas in other zones and folklore categories it can be met in light different forms as reminiscences of this style of performance *(example III, j).*

III

j) fi = re, i = re

It seems that this peculiarity is found in certain songs – historical ballads with Serbians and Bulgarians of Rodopi, but being on its way to extinction, it does not appear constant in the same song and in the same performance. So, speaking with a singer of Rodopi, after his performance I requested him to repeat it, he sang but without using the formula of repeated finale, and our insistence was in vain, the singer no longer remembered the characteristic of his first execution.

As regards the other peoples, this characteristic seems to exist sporadically only with the Arumanian population in the funeral ritual, whereas with the Greeks it seems to constitute a peculiar presence for the zone of the Dodécanese Islands and Macedonia of Continental Greece, both for the funeral repertory and for the oldest stratum of the kleftic songs[28]).

It seems that the persistence of this peculiarity depends also on its presence in a collective execution and maybe it can disappear or become fluctuating in individual performances, so as we met it before with the Bulgarian countryman of Rodopi. c) The sound prolonged and slipped towards the inferior semitone, appears as beginning cellule or most frequently depending on cadence with role of cesura. This chracteristic is relatively frequent in the older stratum of the lamentations in the funeral ceremonial with the Rumanians, as well as with the Greeks of Dodécanese (Rhodos) *(example IV, k)*.

IV, k)

d) The antiphonal style of execution is present with the Rumanians in the funeral ceremonial songs, nuptial songs, winter feasts songs, as well as in the satirical extempore verse chanted during a folk dance. Each time it appears as an exponent of some archaic modalities of manifestation[29]) with implications in ancient forms of collective manifestations.

In Greek folklore, antiphony is practised in dance songs but it seems – according to the musical structure of the funeral ceremonial –, that here too exist in some places certain songs in antiphonal execution. Samuel BAUD-BOVY signalizes this style in the table songs *Tavla* from Occidental Crete[30]).

e) Another common feature can be considered the predilection found in Greek folklore as in the Rumanian, for the monophonic execution. The light but also peculiar polyphonic implication of antiphonal nature, the description of which regarding the feminine duo of Carpatos[31]), by Samuel BAUD-BOVY[32]), corresponds with the performance of the bride's song and the funeral ritual song in the Rumanian folklore, region of Banat.

Here we have to deal with the same prolonged sound with bourdon value, on which the other group of women develop a good part of their song melodics whose prolonged finale is utilized in its turn as bourdon for the execution of the other group. Here we have the simplest and most archaic polyphonic stratum, highly developed and characteristic in the narrative historical songs in the Greek, Albanese, Arumanian folklore, where we can meet it again *(example 27)*.

f) Our special attention has been drawn to the melodic construction of the more evolved musical type, whose outlines are centred on the pillar sounds and on motives of a pentatonic nature, very closely related to the musical types predominating in Rumanian folklore and too little found with the other Balkan peoples. We have to deal here with the pentatonic re-mi-sol-la-si with the finale on the second degree mi here with value of first sound and the cesuras on the first degree with value of subtone (re) and on the third degree, here with value of Third of the final sound.

On these pillars the melodics evolve using a sinous ascendent-descendent course in which appear – not by chance – as stopping sounds within an ample melismatic framework, the ancient premodal tri- and tetra-tonic systems mentioned before. Beside these there are situated the melodies of Major-Minor structure evolved from the pentatonic re, as well as the melodies of the Major type of ancient structure, developed around the tritone sol-la-si with the finale on the first degree.

3.2. To these mentioned morphological and stylistic general characteristics, one may add also other peculiarities of ancient structure as for example the hiccuped finale or risen to the third, quint or perfect fourth, or the touching of the finale descending, directly by the Minor Third or the perfect fourth. These too can be related to the autochtonous South-East-European stock, being present almost with all the Balkan peoples and not only with Rumanian and Greek peoples. This is why more important seem to us the first morphological elements mentioned and which constitute also the chracteristics of the oldest stratum present in the folklore categories which will be exemplified in continuation.

3.3. The comparative operation of joining two or more melodies has been realized in a wider meaning by the fact that the types had in view each time been considered regarding the possible level of evolution different from one people to another. If the melodies submitted to comparison appear most of the time as variants near enough, other times they are different as subtypes or even as completely different types, but belonging by their principal nucleus, to the same typological class[33]).

3.4. At the same time there has been considered also the phenomenon ascertained by the psychoethnomusicological study regarding the existence of a certain connection situated at different typological levels between certain folklore categories[34]. From these we refer especially in this case to the origin in the same melodic stock, exponent of a certain evolutionary stage of musical folklore expression when it was less diversified. Or, as in the case of similitudes between children's folklore and that practised by adults for children, where we often meet the utilization of the same musical language able to correspond more directly to the communication with the child.

At a superior level there could be found typological similitudes even between more evolved categories, as for example between some lullabies and doina[35], or between some every day songs and ballads, or between these and the melodies of the pastoral type, or between the bride's song and doina, etc., or even between all the musical folklore categories existent in a certain stage in the folklore of a people[36].

3.5. The signalized typological phenomenon but referred to some similar types or nearly related, commonly found with several folklore categories, and these belonging to different peoples, attests to us the presence of the same generating stock, for this time found in a geographically larger area, as in the case, of an ancient part in the Rumanian and Greek folklore. For this time the process is different from that which happens within each people separately. It presents itself independently from the first problem and can refer to possible approachings of historical order between the peoples involved.

3.6. The musical types, of which some examples will be given in this study, belong to some folklore categories able by their function, to maintain themselves through time, even during several thousands years. These folklore categories constituted the second group methodologically mentioned before and represent the lullaby, the lamentation, the narrative song and the doina of the pastoral type.

For the examples given we shall not analyze the morphological elements already presented, but the same will be accompanied – according to case –, only by some comments regarding the place they occupy in the respective folklore category of the two peoples.

I. The lullaby whose musical type is to be compared, can be frequently found with the Greeks and the Rumanians at different evolutionary stages. Important appears the fact that beside more evolved subtypes there live together also the primary tritonic and tetratonic types of antique substratum.

In connection with this type Gheorghe CIOBANU signalizes its presence also in Iran[37], but its powerful affirmation in the Rumanian and Greek folklore induces us to think – in spite of the geographical distance –, of the autochtonous South-East European Thracian stock with its ramifications in Asia Minor.

LULLABIES

Mg. 2542 a
res. G. SULITEANU, 1962   Ex. 1 ROUMANIAN   orig. Bucuresti
                                                                        ex. Sofita Tiru, 42 years

î , Liu liu liu liu fa = ta mea, Liu liu liu liu fa = ta mea.

Dorothy COMMINGS,
Lullabies of the world
p. 140-141

Ex. 2 GREEK

orig. Nicosia – Cyprus

in J. A. WACHMAN,
L'écho de la Valachie,
Nr. 17

Ex. 3 ROUMANIAN

orig. Muntenia

fg. 7796 a,
res. E. COMISEL,
trans. G. SULITEANU, 1965

Ex. 4 ROUMANIAN

orig. Crivat, Ilfow
ex. Dumitra Tiganila,
X/1939

in Ellenika DEMOTIKA
TRAGOYDIA D.5. B.1 p.383

Ex. 5 GREEK

orig. Dodekanez, Kios, 1958
ex. Maria Papadeofanous,
42 years

in Samuel BAUD-BOVY,
Chansons de Dodecanese
vol. II, 1938, p.163, ex. 4

Ex. 6 GREEK

orig. Nisyros, 1933

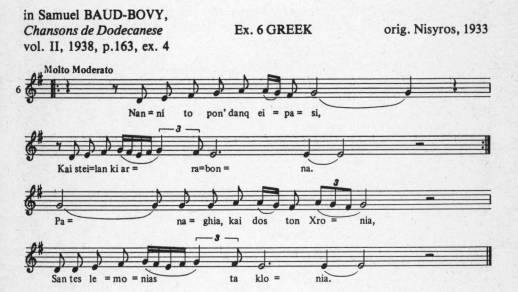

II. The funeral ceremonial *(examples 7-13)* occupies in the Rumanian folklore a very important place not only due to its powerful vitality, but at the same time to certain ancient structural peculiarities. From these, two phenomena of stylistic order: a) the performing utilizing the formula of repeated finale on prolonged sounds after a pause and b) the lamentation accompanied by the sounds of the flute, prompted especially the broadening of knowledge also towards the folklore of other peoples and especially of the Balkan ones.

For that we named the formula of repeated finale, by amplification of the last syllable of the final word of verse on two syllables with prolonging – after a short pause – of the vowel from the penultime syllable to which is attached a new syllable, we have mentioned before that this constitutes also a characteristic for the Greek musical folklore of an older type. But with the Rumanians, it is signalized in our time under this form only in the region of Banat. Certain types from the neighbouring regions prove their presence in the past, as for example in the ritual funeral song from Hunedoara where the apocope of the last line seems to understand the continuation of the verse according to the ancient style[38]).

FUNERAL SONGS

mg. 1045 b
res. G. SULITEANU, 1957

Ex. 7 ROUMANIAN
Day-Break Song

orig. Borlovenii Vechi,
Caras-Severin.
ex. Women group with solo
Paraschiva Banus, 47 years

fg. 5644 a

Ex. 8 ROUMANIAN
LAMENTATION

orig. Lesu, Nasaud.
ex. women group.
res. C. Zamfir, 1935

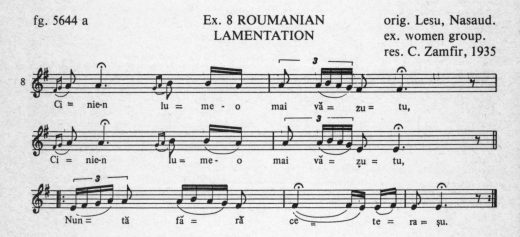

S. BAUD-BOVY,
Chansons de Dodécanese
vol. A, p.315, ex. 3

Ex. 9 GREEK
LAMENTATION

orig. Rodos, Syme

Tson = ri = ses, kai tson =ri= ses to so = (n)o = ma mon.

Ellenika DEMOTIKA...   **Ex. 10 GREEK**   orig. Makedonia
D. 5, ex. 2, p.354   **LAMENTATION**   ex. Vasilike Mratse, 38 years

Ka = li = me = ra son, nas = siou mon, gan eo = noi

stra = no = ro = me=nos.

Kai ti ka = le me = ra de = lo = ni = go.

Kai ti ka= le me = ra de = loui

go kai mi ka = le me = ra = a = li.

N -i = go eou= da = ria = den = i = go.

Ex. 11 ROUMANIAN
Fir's Song

fg. 10253b
res. I. COCISIU   orig. Muncelul Mare, Hunedoara.
trans. R. WEISS   ex. Women group, 1946

Ce = ti = nă de bra= du,

Rău te-ai du = ple = ca = tu, i
longa

Rău te -ai du = ple, ... e = ca = tu.

Ex. 12 GREEK LAMENTATION

S. BAUD-BOVY,
Chansons de Dodécanese,
vol.II, p. 170, ex. 10

orig. Nisyros

Ex. 13 RUMANIAN LAMENTATION

Disc 725
res. C. BRAILOIU
trans. G. SULITEANU

orig. Deia, Suceava
ex. Leontina Niga-voice
Trifanica Nemciuc – big flute

mea   mă =   mu ➝   tă.

For the other characteristic concerning the accompaniment of the vocal execution of funeral songs by instrumental music, we cannot yet refer to Greek folklore. However, in case that these are missing from the Greek folklore, there are two premises which contribute to the supposition that also this manner of practising some funeral songs accompanied by flute or another musical instrument, existed in the past.

The first premise is the mentioning about the existence of this phenomenon in antiquity with the Thraces, by HESYKIUS OF ALEXANDRIA (V-th or VI-th century A.D.) in his *Hesyki Alexandrini Lexicon*, defines the funeral ritual named *torel*, as τοσελλη επισωνημε θσηντιχον δυν ευλω σαχιχον *(sad, Thracian exclamation, accompanied by flute[39]))*.

Also, the presence of flute accompanying the funeral song, is attested in antiquity also with the Romans, by the n a e n i a about which Sextus Pompeius FESTUS (II-nd century A.D.) wrote: *Naenia est carmen, quod in funere laudandi gratia cantatur ad tibiam*[40]. [Naenia is a song with flute accompaniment practized at burials to praise the deceased.] Also, nowadays, we find the attestation of the presence of musical instruments under different forms in the funeral ceremonial with the whole Rumanian people and in the largest segment, of the flute accompanying the vocal performance of the women *(example 13)*.

The second premise is the relatively great frequency of the same musical type with the Rumanian people as well as with the Greek, and it is not by chance that it is nearly related to the type which in Rumania is performed also with the accompaniment of the flute.

III. The n a r r a t i v e s o n g *(table song)* or the b a l l a d *(examples 14-25)*, to comparison relatively recent, realized for the volume in honour of Prof. Dr. Samuel BAUD-BOVY[41]. We have to deal here with one of the most effervescent and evolved folklore categories in the framework of which and not at all paradoxally, just the narrative traditional function has been its criteria of selecting and maintaining throughout the centuries. This has been produced in two somewhat opposite ways. To one, the narrative function of oral communication offered the impulse of a permanent change to correspond to the contemporary events.

To the other, the same narrative function of oral communication attributed the role of keeping the most important events profoundly linked to the spiritual existence of the people.

So beginning with the literary thematic, we wish to mention the possibility offered by contemporary science to submit to comparison the famous works of HOMER, ILIADA and ODISEIA, with certain themes from Rumanian folklore. Also for this time, one arrives at the conclusion that *between the Homeric epos and the Rumanian popular ballad there are not only typological and ethnical relations, but also historical ones. Without reducing them to one source, we are entitled to consider them as more or less independent variants of certain literary types common to the ancient and modern Balkan area*[42]).

To this there may be added the ancient practice itself of the verbal musicalized oral tradition, in the civil and political life of South-East European antiquity, manifested for example with the Thraces and Agatirshi by melopeič performances of some laws or political messages accompanied by an instrument. Given the literary part of the ballad, somewhat more accessible for study thanks to the verbal language, the comparative problems of the musical part, seemed to us more difficult. It initially needed the trial to realize a musical stylistic stratification of the ballad with both peoples, of which then produced the stratum which could offer the richest data for comparison. And this stratum proved to be composed by musical types of lyrical structure, related to those of the most ancient stratum of the everyday song.

So, from the two principal groups of Greek narrative songs[43]): the kleftic songs and the akritic songs, each with a different musico-poetical structure, the first ones seem to hold a tighter correspondence with the old melodies, although according to their literary thematich structure they are newer.

In Rumanian folklore, the narrative song named *ballad* by researchers[44]), holds from the musical point of view, two principal styles of execution: the epic style characterized through recitative-melopeic passages and even recited with verbal intonations only very lightly musicalized thanks to an affective interpretation, and the lyrical style in which the musical type is deprived of recited passages and also near to the older structure of the song. Or, the last corresponded better to the comparison with the Greek folklore[45]).

It seemed interesting to us that between the kleftic songs and the Rumanian ballad of lyrical structure, there are not only common morphological elements as for example the sonorous system with preference for structures depending on the mode Re, or Major-Minor with pentatonic substratum sometimes with chromatic inflexions, or the little beginning motives, or of cadence, but also musical types very nearly related.

Also – and not by chance – given the belonging to the old stratum, the Greek ballad has an amazing relationship with certain musical types from the category of the everyday song, as well as the doina of the pastoral type from Rumanian folklore, and at the same time with some songs from Greek folklore, and even with the type of lamentation previously exemplified.

The ramifications which the musical types of a mentioned folklore category – in our case the ballad –, has with other folklore categories in the folklore of a people, find their explanations in the characteristic morphological and syntactic musical stock, predominant by different modalities in certain stages of evolution of several folklore categories.

But the ramifications reported to the folklore categories of other peoples seem to indicate to us – when they refer to the older stage –, also the process of the belonging to a common musical substratum. For both situations, a possible musical classification could reveal to us the necessity of referring to a wider typological class, in which there might be found their explanation for the multiple crossing references which would be produced in the moment of comparison.

The typological identity of some Greek ballads, as for example *La Belle et le Carron*[46]), or of some kleftic songs[47]), with some ballads or everyday songs, or that we conventionally name doina of the pastoral type[48]), with a large migrating of the Rumanian people of the North-Danube and their Balkan branches, make from the ballad category, in spite of its developed melodics[49]), the most fruitful material of comparative reference.

NARRATIVE SONGS

Ex. 14 GREEK

S. BAUD-BOVY,
La chanson cleftique, p. 98
var. *La belle et Caron*

orig. Rhodos

Ex. 15 GREEK   orig. Fosidia, Agoriani
(1930)

S. BAUD-BOVY, idem,
p. 97, ex. 10

ex. Loukas Timbas, 30 years

kai su eo = trit ol=re=goh,

o wo wa we wo on=re.

Ex. 16 ROUMANIAN BALLAD
Mioritza

mg. 4248 s

res. G. SULITEANU, 1973

orig. Galbenu, Braila

ex. Maria Istrate, 57 years

(♩=240)

16

păi Mi = uo = ri = ţă la = ie , La = ie bu=că = la = ie , m

De trei Zi = le-n = coa = ci, i Gu= ra nu=ţi mai ta = ce,

Gu = ra nu-ţi mai ta = ce, Ori iar = ba nu-ţi pla = ce.

u Ori ieşti bol = nă = vioa = ră, Mi = o = ri = ţă mi = oa=ră= m

Mă = ri ce vor= bi = ră , Şi se sfă = tu = i = ră,

Ba = ciul un= gu= rea=nu, Şi cu cel vrîn = cea = nu,

Ca să mi-l o= moa= re, pe cel mol= do = ve = nu

Că-i mai or = to= ma= nu, Ş-a = re uoi mai mul = te ,

Mîn = dre și cor = nu =te , î Şi cai în,= vă = țați,

Şi ciini mai băr: bați. Ai

Jar de-oi ve = dea pe cîmp a = ler = gîn = dî m

Mai =cu = ta bă = tri = nă, Cu brî = ul de lî =nă,

De mi = ne-n = tre = bîn=dî , Din oki lă = cră: mîn = dî,

Din oki lă = cră = mîn=dî , Jar da = c-ai vă = zu = tu -, m

Da = c-ai în = tîl = ni =tu , Min =dru cio = bă = nel,

Tras pîn = tr-un i : ne: lu

etc.

Ex. 17 ROUMANIAN-AROUMANIAN

Gheorghe MARCU,
Folclor Muzical Aromân
p. 72, 1977, Bucuresti

orig. Livezi, Tulcea
ex. Stere Culina, 32 years

Rubato

Paș = ti pap=lu și-a lui oi , 'N-dzea =nă,sus tu mun = te,

Paș = ti pap=lu și-a lui oi , N-dzea = nă - sus tu mun = te.

Ex. 18 ROUMANIAN BALLAD
Three sisters at flowers

Nic. URSU,
*Cîntece si jocuri din
Almaj*, Bucuresti, 1958,
p. 151, ex. 155

orig. Bozovici,
ex. Talia Vladu, 70 years

Ex. 19 GREEK KLEFTIC SONG

Ellenika DEMOTIKA...

orig. Makedonia, 1961.
ex. Eleni Psati, 67 years

Ex. 20 ROUMANIAN BALLAD
The snake

G. SULITEANU,
Balada sau Cîntecul
Batrinesc,
Braila, 1980.
mg. 4672 b

orig. Marasu, 1975.
ex. Elena Bleznea, 15 years

Sub un plop ma= re-n= flo =rit , Je un soa= re ră=să= rit ,

Nu ie soa= re ră = să= rit , C-i un şar=pe - n= co=lă = cit.

Ex. 21 GREEK KLEFTIC SONG

Ellenika DEMOTIKA...
D.2. A' p. 55

orig. Makedonia, 1952.
ex. Zeses Tsilinis, 48 years

Ke = seis pou=lia, mo=re, tri= cu = li =

na, mo=re, kia=edo nia tou me= tso=

dou n-an

pa = ti ka-,

nan pa = ti ka = ton

sta=gra =   a =

a =   fa.

Ex. 22 GREEK KLEFTIC SONG

S. BAUD-BOVY, *Etudes*
sur la chanson cleftique
p. cit. p. 86, str. I

orig. Atalanta, Locrida

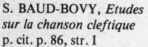

Dio=kse me, ma =   nam',dio= kse me.

Te muq =   ta me feg=ga,   mo=re, me feg=ga =   ri.

Kai ten   an =   gou =   la, ma=na,

mo=re, me dro=siaq.

Ex. 23 ROUMANIAN BALLAD
Novac's Gruia

G. SULITEANU, *Ballada...*
op. cit.,
Braila 1980, p. 317
mg. 5199 Ia

orig. Bertestii de Jos,
ex. Iancu Stefan, 54 years, 1979

Păi,   La crij = ma la   cru = cea'nal=tă,   păi, La Stăn=cu = ța   sprîn=ce=na=tă,

Un = de   beau   voi = nici în=da=tă   ,   Cî = te-o va = dră   ju=mă=ta=te.

Ex. 24 ROUMANIAN BALLAD
Old man

G. SULITEANU, ibid.
p. 255
mg. 4151 Ij

orig. Vadeni
ex. Ion Tudorica,
52 years, 1978

hî Foa=ie ver= de mu=şe= ţel, A ='vea mo= ş-un bă= ie=ţel, mă-,

Sîm= bă=tă mi-l lo= go=dea, Du=mi=ni = că nun =t-avea ,mă. etc.

Ex. 25 ROUMANIAN BALLAD
Master Mason Manole

mg. 3152 A.f.
res. G. SULITEANU

orig. Gura Teghii, Buzau
ex. Smaranda Sterian, 83 years

m , Me= şte = ru Ma= no = le, e, Plim=bă= mi=să plîm = bă , i

Pă Ar = geş, în sus, Pă Ar = geş, în jos.

Pă Ar = geş în jo=su, Plim = bă = mi = să plim=bă ,

Cu no = uă zi= da= ri Cu no= uă lem= nari. î,

Cu Ma = no = le Ze= ce, î , Ca=re mi în = tre = ce,

IV. The doina of the pastoral type *(example 26)*, in the execution of the archaic wind instruments, flute, long shepherd's pipe and bagpipe, is known among the people by the names of its function, and consists in those specific songs which the Rumanian shepherds execute in certain moments of action with the herd, as: *the climbing with the sheep in the mountains*, the *descending from the mountains*, or simpler: *The song of the sheep*. The denomination of *Doina* has been given to it just because it was attributed to the ancient folklore stock of the Rumanian people. The pastoral *doina* holds in Rumanian folklore a special type as compared with the types of vocal *Doina*. One may suppose that due to its specific function in the pastoral medium, of accompanying and leading the sheep, as well as of the possibilities offered by the respective musical instruments, *Doina* had a slower evolution. In this way there could be maintained a style of performance which can be characterized through a melodic line of wide respiration, with sounds prolonged on the principal degrees of the modes Re or Mi of pentatonic structure and representing the tetratonic characteristic to the South-East-European antiquity (la-sol-mi-re), with chromatic inflexions more or less powerful, through the mobility of the fourth degree (sol-sol d.) with the finale on Re or – as a more evoluated stage –on Mi.

Another characteristic is the connection with the vocal melodics of the everyday songs, nowadays considered as belonging to a stylistic older stratum. So with time the pastoral repertory could enter, also some types of songs, but not by chance, with a related structure.

The melodics of the Rumanian pastoral *Doina*, which we find again in the melodics of the ballads – *table songs* from the Greek folklore[50], but especially its presence also in the folklore of the other Balkan peoples, or even in that of some Turkish communities of Asia Minor, as Béla BARTÓK[51] relates, entitle us to attribute it an ancient origin centred on the same antique Thraco-Greek stock.

Ex. 26 ROUMANIAN DOINA

G. SULITEANU, *Poemul
popular "Cind si-a
pierdut ciobanul oile"*
Revista de Folclor, tom 12,
nr.6, 1967

orig. Nereju, Vrancea.
ex. Nicolae Tafta, 46 years
res. G. SULITEANU

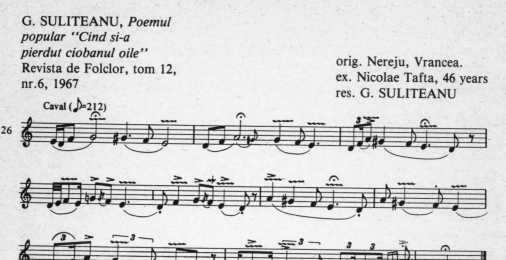

3.7. We conclude for the moment the investigation made in these so attractive comparative problems, but not before mentioning two premises regarding future studies. One premise is the taking into consideration of other folklore categories too, not dealt with in this study as for example the bride's song from the nuptial repertory[52], or the relationship between the Rumanian dance songs and the girls' carols[53], or between the Greek dance songs and the Rumanian carols[54], or the connection between the vocal songs and the instrumental music of the popular dances, or the wide area of reference to the typology of the Greek and Rumanian popular-traditional songs, with the revelation of elements issued from the ancient stock.

Another premise is the completion of the explanations mentioned in the present paper.

Due to the relatively rich material at our disposal, the results of the study have been also more numerous and possible to constitute separate works for each folklore category in view.

In the present study, we have tried an ensemble presentation, more of the perspectives offered by contemporary ethnomusicology to the researcher preoccupied with the knowledge of popular music sources of this part of the world. And if – so as was suggested four decades ago, by the scientist Samuel BAUD-BOVY, preoccupied with Greek folklore, that it how is the when *thanks to the already published material, one can pass to the comparative studies*[55], also the incursion in the remote past, starting from this factual material, appears to us as a bridge not only to Greek-Thraco-Roman antiquity, but also towards a better knowledge and friendship between contemporary peoples.

NOTES

1) G. SULITEANU, A problem of ethnomusicology: The endeavour to delimit principles and laws, in: Narodno Stvaralastvo, an XI/XII, nr. 44-45, Oct. 1972-March 1973.

2) G. SULITEANU, About Inter- and Intradisciplinary researches in ethnomusicology. Paper for the 27-th International Congress of I.F.M.C., Oslo 1979.

3) G. SULITEANU, The value of document of oral attestation in the study of musical folklore in the earlier periods, in: Musikethnologische Sammelbände 5, Graz 1978 p.221-237.

4) Of the four modalities of comparison synthetized by V. M. JIRMUNSKI, the most corresponding to the problems of this study appeared to us the historico-genetic comparison, which considers the similar phenomena as a result of their genetic relationship and their subsequent diversification.

5) Considered so up to the definite consequest of Dacia by the Romans.

6) G. SULITEANU, Premisses concernant l'origine thrace de certains éléments du folklore roumain, in: Actes du II-e Congress International da Thracologie, Bucarest 1976; – just so in: Linguistique, Ethnologie, Anthropologie, Edit. Acad. R.S.R. 1980, p.355-365. In this study there have been taken into consideration only certain sonorous premodal systems, the formula of repeated finale on prolonged sounds, the dance song and the lamentation in the prose-melopeic system.

7) Ibid., p.361.

8) O. L. COSMA, Hronicul Muzicii Românesti, Bucuresti 1978. – G. BREAZUL, Istoria Muzicii Românesti, Tipografia Invătămîntului, Bucuresti 1956, p.9.

9) After the historians, reckoned abt. 35-40 years for each generation.

10) Theory presented in the study G. SULITEANU, Premise pentru studierea folclorului muzical românesc din sec. XIII-lea, in: Studii si Cercetări de Istoria Artei, tom 25, Bucuresti, 1975, p.3-28.

11) Maybe it is not by chance that we meet here the name of Karpatos given to one of the islands similar to the Carpati mountains in Rumania, as well as the name of Carpi, an important Dacian tribal formation which was not conquered by the Romans. This large Rumanian zone holds a series of archaic folklore elements characteristic for the whole Rumanian people.

12) The musicologist Melpo MERLIER in the preface to the volume by Samuel BAUD-BOVY, Etudes sur la Chanson Cleftique, Atena 1958, evidences the fact that the author considers Asia Minor as the birth place of the oldest popular Greek songs, its islands conserving with most accuracy this heritage (p. VIII).

13) Dr. Vasile TOMESCU, Musica Daco-Romana, vol. I., Bucuresti 1978.

14) Ibid., p.291.

15) The first beginning from the VI-th century and the second situated between the end of the XVII-th and the first half of the XIX-th century.

16) Through their function itself of commercial sites, one may suppose that this was the greatest part of Greek, urban origin.

17) This having in view the important role played by the Roman element included in the Dacian stock in the process of the formation of the Rumanian people, and for the Greek people by the Thracian penetration in the South of the peninsula up to Asia Minor on the autochtonous Greek stock, as well as by the powerful Slavish incursion in the process of formation of the other Balkan peoples in the contents of which it seems that only the Albanese through their antique Illyrian-Roman structure, form an older entity.

18) G. BREAZUL, Idei curente in cercetarea cîntecului popular. Moduri pentatonice si prepentatonice (1957), in: Studii de Muzicologie, vol. I., Bucuresti 1965, p.5-62.

19) Undertaken especially by some historians of music: G. BREAZUL, Istoria Muzicii Românesti, Tipografia Invătămîntului, Bucuresti 1956; – R. GHIRCOISANU, Contributii de Istoria Muzicii Românesti, Bucuresti 1963; –O. L. COSMA, Hronicul Muzicii Românesti, Bucuresti 1973; – V. TOMESCU, Musica Daco-Romana, op. cit.; G. CIOBANU, Folclorul muzical si migratia popoarelor, in: Revista de Etnografie si Folclor, tom 12, Bucuresti 1967, nr. 3, p.195-201.

20) V. COSMA, Mărturii arheologice asupra vietii muzicale de pe teritoriul românesc în perioada comunei primitive si a sclavagismului, in: Studii de Muzicologie, vol. I., Bucuresti 1965, p.367-381.

21) G. SULITEANU, Elemente de continuitateetnologică a culturii neolitice Cucuteni-Băiceni la poporul român, in: Anuarul Instit. de Cercetări Etnologice si Dialectologice, Bucuresti 1980.

22) The historians report the presence in Dacia of the cult of Mithras, as being brought by the Roman legions of Oriental structure, without mentioning the stock of autochtonous beliefs.

23) S. BAUD-BOVY, Chansons du Dodécanese, 2 vol., Athens 1935-1938; Etudes sur la Chanson Cleftique, Athens 1958; – M. KEIMENA, Demotikon Tragondion Tes Trakes, vol. A, Atena 1956; Ellenika Demotika Tragoydia, Atena 1968; – G. K. SPIRIDAKIS & SP. D. PERISTERI.

24) R. LACHMANN, Die Musik der außereuropäischen Natur- und Kultur- Völker, Wildpark-Potsdam 1931 (Hand-buch der Musikwissenschaft); – apud Walter WIORA – Älter als Pentatonik, in: Studia Memoriae Bela Bartok Sac-ra, Aedes Academiae Scientarium Hungaricae Budapestini MCML, VI (1956).

25) About the fourth formula G. BREAZUL following the theory of BOETIUS, relates it to the strings of the pre-Or-pheic lyre. See Idei curente în cercetarea cîntecului popular, op. cit.

26) Characteristic signalized by G. K. Spiridakis and E. D. Peristeri for the Greek folklore, op. cit.

27) G. SULITEANU, La formule de la finale répétée dans le folklore musical des peuples roumain et yougoslaves, Kong-resa XVI, Savez Udruzenia Folklorista Jugoslavije, Prizren-Metohia 1967; – Prémisses concernant l'origine thrace... op. cit., etc.

28) The presence in the musical types of the *table songs* (tavla), of the execution style characterized by the interruption of melodics and verse through a short pause usually after 6-7 syllables and the amplified overtaking on two syllables of the last syllable, of the preceding word, appears to us a related style but absent from the Rumanian folklore. This is why the same could issue in these songs rather than from a juxtaposition of the ample melismatic Turkish-Perso-Arab style over the stock of an autochtonous ancient style of execution.

29) G. SULITEANU, The antiphonal style in the Rumanian Musical Folklore, in: Yearbook of the International Folk Music Council 11, New York 1979.

30) S. BAUD-BOVY, Chansons populaires de Crete Occidentale, Archives Musicales de Folklore de Madame Merlier, Géneve 1972.

31) The name of this island with special interesting folklore and related to the Rumanian one, leads us towards the *Carps*, Daco-Thracian inhabitants of the East-Carpathians zone of Rumania.

32) S. BAUD-BOVY, Chansons du Dodécanese, op. cit., p. VII.

33) The notion of typological class represents a superior level to which can be referred a group of different musical types which can prove their belonging to the same nucleus, with original value. The typological class seems to occupy in the hierarchy of typology a place similar to that of the *virtual archetype* in face of which the denomination seems more suitable.

34) G. SULITEANU, The Psychology of Music. The contribution of psychology... Bucuresti 1980.

35) M. KAHANE, De la cîntecul de leagăn la doinâ, R.E.F., tom 9, Bucuresti 1964, nr. 4-5, p.387-411.

36) G. SULITEANU, Viata Cîntecului Popular din comuna Ieud-Maramures, rev. in: Muzica nr. 8-9, Bucuresti 1952.

37) G. CIOBANU, op. cit., p. 198.

38) It is possible that this style of performance disappeared at the moment when the execution as a group was abandoned and restrained to an individual execution.

39) Apud V. TOMESCU, Musica..., p.201.

40) Ibid., p.200.

41) G. SULITEANU, La chanson "cleftique" grecque et la ballade roumaine. Article in the volume in honour of Prof. Samuel BAUD-BOVY, Geneva/Athens 1982.

42) Résumé des communications au II-me Congres International d'Etudes Sud-Est-Européenes, Bucurest 1974, p.273. Thus from the Rumanian Folklore there are taken into consideration the ballads: Miorita, Iovan Jorgovan, Novac, Toma Alimos, Miu, Corbea, etc., for ILIADA and Mosneag bătrîn for ODISSEA.

43) In the volume Ellenika DIMOTIKA... op. cit. the narrative songs are divided according to the thematic character, in four undercategories: *Akritic songs*, *Kleftic songs*, *Historical songs*, *Ballads*

44) Also in Rumanian folklore the narrative song is known among people by the name of *old song* or *table song* and has been delimited according to different literary themes.

45) Otherwise as with the structure of ballads with the other Balkan peoples.

46) S. BAUD-BOVY, La chanson celftique... op. cit.

47) Even that of the ample melismatic ones, possible to have suffered in the meantime a Turkish-Perso-Arab influence, but which permits to outline the musical structure centred on melodics appertaining to the autochtonous Greek fund.

48) We have to deal here with a term known among people more as a completion repeated as refrain, so as it appears in a larger area of Europe up to the Baltic Sea, whereas the songs named *Doina* by the researchers, are known with the Rumanian people nearly similar to the Greek one as *Old songs*, *Table songs*, *Outlaws songs*, *Spring songs*...

49) Unfortunately, we did not have the possibility to better know the music of the Greek pastoral repertory.

50) The discMusica popolare della Grecia del Nord, Folk Music of Northern Greece, Epiro (Epirus), Macedonia, edited by Wolf DIETRICH ; B5 – Ton Trapezon (at the table), Scutari 1974 and A 3 "Oskaros" pastoral melody, Tessalia 1969.

51) Béla BARTÓK, Turkish Folk Music from Asia Minor... op. cit.

52) Comparing the bride's songs with the Macedonians, one has found the identity of certain types considered with the Rumanian people as belonging to the stratum today the most ancient. G. SULITEANU, Quelques aspects des chan-sons de la mariée chez les peuples roumain et macédonien, in: Le Folklore Macédonien V, Skopje 1972, nr. 9-10.

53) G. SULITEANU, Le cantique de souhait "colindatul" des jeunes filles chez le peuple roumain dans le complexe du folklore balkanique, in: ibid. VIII., Skopje 1975, Nr. 15-16.

54) G. SULITEANU, Les chansons de dance des peuples balkaniques et les noëls du peuple roumain, in: ibid. II, Skopje 1969, Nr. 3-4, in which are given several examples from the Greek folklore.

55) Chansons du Dodécanèse, vol. II, Paris 1938, p. VIII.